KB191322

골목상인 분투기

골목상인 분투기 (큰글씨책)

초판 1쇄 발행 2020년 5월 8일

지은이 이정식
감수 박종호
펴낸이 강수걸
편집장 권경옥
펴낸곳 산지니
등록 2005년 2월 7일 제333-3370000251002005000001호
주소 부산시 해운대구 수영강변대로 140 BCC 613호
전화 051-504-7070 | 팩스 051-507-7543
홈페이지 www.sanzinibook.com
전자우편 sanzini@sanzinibook.com
블로그 sanzinibook.tistory.com

ISBN 978-89-6545-045-0 03330

* 책값은 뒤표지에 있습니다.
* 이 도서의 국립중앙도서관 출판예정도서목록(CIP)은 서지정보유통지원시스템 홈페이지(http://seoji.nl.go.kr)와 국가자료공동목록시스템(http://www.nl.go.kr/kolisnet)에서 이용하실 수 있습니다.(CIP제어번호: CIP2020016552)

골목상인 분투기

오늘도 행복한
자영업자를 꿈꾸다

이정식 지음

산지니

책을 펴내며

사업을 한창 열심히 할 때 고향친구에게서 전화가 왔습니다. "급한데 돈 있으면 한 500만 원만 융통해달라"라는 부탁이었습니다. 그러지 못해 미안하다며 양해를 구했지만 한참 동안은 그 친구에게 괜히 죄를 지은 듯했습니다. 아무리 어려워도 어렵다는 표현을 하지 않으니 주변 사람들에게 여유 있는 사람으로 오해하게 만들었던 모양입니다. 대기업 대리점을 하고 있으니 번듯한 사장으로 보였을 수도 있었겠지요. 매출이 커지는 만큼 운용자금도 늘어났지만 늘 먹고살기 빠듯했습니다.

제가 아는 납품업자 중에는 본업 외에도 새벽이면 중학교 유제품 납품 아르바이트를 하고 저녁이면 대리운전까지 '스리 잡'을 뛰는 상인이 있습니다. 그렇게 열심히 뛰니 육체가 앙상해져가는 것은 그렇다지만 어떻게 형편까지 더욱 쪼그라드는 걸까요. 대개의 자영업자가 눈물이 나도록 열심히 일하지만 가난을 극복하지 못하는 이유가 무엇일까 늘 궁금했습니다. 지나고 보니 이 생각이 재벌 대기업의 구멍가게 진출에 대한 문제의식으로 점차 변한 겁니다.

2019년 최저임금 인상이 노동자와 자영업자 간 갈등을 가져오고 결국에는 자영업자들에게 자괴감으로 돌아오는 것을 보았습니다. 그때, 속살을 도려내 아픔을 드러내는 작업이 필요하다고 느꼈습니다. 자영업자들이 모임에 가서 돈은 잘 내지만 끼니 걱정하는 부인의 마음은 내팽개친다는 자조 섞인 표현을 하는 것을 들었습니다. 자영업자들 중 주변에 어려움을 잘 보여주려 하지 않으려는 폐쇄적이고 보수적인 특징을 가진 사람들이 의외로 많습니다. 납품업체, 편의점, 식당, 카페, 미용실 등 업종별로 전국에서 구체적인 사례를 찾고 싶었습니다. 노후 대책은 꿈도 못 꾸는 그들이 얼마나 위기감을 느끼는지, 어떤 상황에서 무엇을 생각하고 있는지 헤아려 보는 것이 급선무라고 봤습니다.

언론사 관계자들과 만나면 대기업과 중소상인들의 피할 수 없는 싸움에 관해 이야기하곤 했습니다. 부산일보 박종호 논설위원에게 '독립운동보다 어려운 상인운동'이라고 말했습니다. 그런 표현까지 할 정도로 자본과의 헤게모니 싸움에 끝이 보이지 않았습니다. 이때 박 위원이 그동안의 경험을 책으로 내보라고 권유해 글쓰기를 시작하게 되었습니다. 거기에다 부산연구원 이정호 원장의 격려에 "목숨까지 길가에 내놓았는데 무엇을 못 하겠어?"라는 각오로 감히 책을 써보겠다고 도전하게 되었습니다. 책을 내겠다고 하니 아내는 펄쩍 뛰면서 반대를 했습니다. 가정사까지 다 드러나게 할 수 없다는 것이었습니다. 저는 "어차피 피할 수 없으니 자영업의 어려운 환경을 글로써 남기는 것이 할 수 있는 유일한 일이다"라는 말로 아내를 설득했습니다. 책을 쓸지 고민할 때 큰아이가 창업에 도전하는 바람에 제 마음은 더욱더 급하게 되었습니다. 직장을 구하기 어려우니 청년에게 창업을 권하는 세상이 과연 옳은 것일까요?

사업 실패를 극복한 성공담을 다룬 다른 책들과는 달리, 자영업의 어려운 현실과 절박함을 말하는 제 글에 사람들이 거부감을 갖지는 않을까 염려가 되기도 합니다. 하지만 일부 상인단체와 대기업 간의 음성적인 기금을 해부해 그들의 결탁이 사회에 어떤 영향을 미치는지, 시민사회는 그것을 어떤 눈으로 바라봐야 하는지 고민하는 계기를 마련하고 싶었습니다.

이러한 마음에 공감하며 이마트타운 연산점 행정소송을 맡아준 류제성, 정상규, 이호철, 최성주 변호사에게 고마움을 전합니다. 그동안 상인운동을 함께해온 우리 상인들에게 위로와 감사를 표합니다. 모든 것을 다 잃고 무대 뒤로 사라진 자영업자들에게 미안한 마음을 전합니다. 숨기고 싶은 상처를 드러낸 용기 있는 주인공들의 사연이 세상에 나간 후 그들을 위한 정책이 쏟아져 나온다면 더할 나위 없이 좋겠습니다. 많이 미흡해서 부끄럽겠지만 그동안 제가 보고, 듣고, 겪었던 사연을 있는 그대로 기록하는 것이 '나다움'이라고 명심하며 글을 적어야겠다고 마음먹습니다. 전국의 자영업자에게 이 책을 바칩니다.

2019년 8월 재송동에서

차례

책을 펴내며 5

1장 먹고살아야 하니까

물러설 수 없는 싸움을 시작하다 13
머리를 밀고 어머니를 만날 생각을 하니 18
국회도서관에 모인 상인들의 울분 23
'갑'도 '을'도 아닌 그저 '병' 27
우리는 투명인간이 아니다 32
엄동설한에 촛불을 들다 37
백발의 상인, 무릎 꿇고 용서를 빌지만 42
목숨 걸고 쟁취해야 될 유통법과 상생법 46
산고 끝에 유통법과 상생법이 통과되다 51
단식이 준 소중한 열매 57
"대통령님 도와주세요" 슈퍼맨들의 간절한 외침 63
시대는 협동조합을 요구했지만 69
새로운 시도, 두리조합 75

2장 이 땅에서 상인, 자영업자로 산다는 건

창업 권하는 사회, 이대로 괜찮을까 83
세계 대회 대상 파티셰도 힘든 자영업 88
무릎을 꿇고 대신 용서를 구해야 94
부채에 생을 저당 잡힌 자영업자 100
빵을 빼앗는 사회 105
대기업과도 해볼 만하다는 착각 110
당신도 자영업자가 될지 모른다 115
납품 상인들의 고달픈 삶 120
헤어 디자이너의 소박한 꿈이 계속되기를 125
식당 주방의 아내는 평생의 동반자 129

3장 전국 자영업자의 이야기

망원시장 두부장수 서울시의원 되다 : 서울 135
나이 먹은 오뚝이, 인천 상인 조중목 : 인천 140
마라톤 정신으로 협동조합을 일구어라 : 수원 145
매장을 지키려 한 노력이 전과 딱지로 : 대전 150
현실정치 도전의 한계 : 광주 155
대리점 단체교섭권이 생존권 : 청주 160
명절 하루도 못 쉬는 편의점에 자율규약이라니 : 부천 165
대형마트 피해는 후세까지 미쳐 : 창원 171
함께 비를 맞아야 동지다 : 울산 176
40년 역사의 반송큰시장을 지키다 : 부산 181

4장 법과 공무원은 우리 처지를 알까

살을 주고 뼈를 취하다 189
식파라치, 유통업자를 먹잇감으로 삼다 194
우리를 갈라놓는 대기업의 공작금 198
마침내 도매업을 지키다 204
우리가 지키려고 하는 것은 사람 210
입점 수단으로 탈바꿈한 상권영향평가 217
중소기업청이 왜 대기업 편을 222
건축허가 반려했다고 아파트 경매처분? 227
상도 외치던 다윗, 청와대에 들어가다 232
"대통령님 고맙습니다" 236

5장 정치와 상인의 함수관계

상인 편들어주는 정당이 부담스럽다니 243
올바른 정치인을 선택할 때 자신의 삶이 달라진다 247
목숨처럼 지켜온 정치적 중립성을 버리다 251
"그 정도 능력이 없으면 가게 문 닫아야지" 258
청와대에서 골목상인 대책을 요구하다 262

깨어 있는 시민이 올바른 세상을 연다 267
대기업에 의지한 상생은 이미 그들의 상권 272
지역 신문 · 방송은 우리가 지켜야 할 자산 277
지역 경제를 활성화하는 지역화폐 283
지역사회는 공무원이 하기 나름 287
정부별 자영업 정책 292

6장 새로운 시작

굼벵이 부부의 간절한 소원 301
응급실에서 무릎을 꿇으며 306
아빠, 괜찮아요? 310
뒤늦은 배움, 마침내 열리는 안목 315
운명처럼 작은 힘을 협회에 보태다 321

글을 마무리하며 327

추천사

"어제는 치킨집, 오늘은 빵집…" 자영업자로 산다는 것은 무엇인가 331
김영춘 국회의원

상인운동이 다양한 연대를 통해 지역공동체 운동으로 334
김종민 부산참여연대 대표

공무원들이 꼭 읽어야 할 생생한 현장의 이야기 338
조종래 부산지방중소벤처기업청장

정부가 더 많은 일을 해야 한다는 사실을 일깨워 342
이정호 부산연구원장

먹고살아야 하니까

1장

물러설 수 없는 싸움을 시작하다

2006년 말부터 기업형 슈퍼마켓(SSM: Super SuperMarket)이 점차 늘어나는 추세였다. 전국적으로 대기업과 중소상인들의 갈등이 표면화되었는데 부산도 예외는 아니었다. 특히 부산 해운대는 신도시가 형성되어 누구나 첫 번째 표적으로 꼽는 곳이라 더욱 심각했다.

납품 도중에 해운대 엘지아파트 상가에서 'LG탑마트'라는 개인 슈퍼마켓을 운영하는 강대호 씨를 만났다. 그런데 강 씨의 얼굴은 사색이 되어 있었다. 그도 그럴 것이 자신의 점포에서 걸어서 5분 거리에 대기업인 삼성 홈플러스가 슈퍼마켓을 개설한다는 것이었다. 개인 슈퍼마켓이 거대 자본과 조직을 가진 대기업 슈퍼마켓에 맞서는 일은 상상도 할 수 없었다. 직원들은 점포의 운명과 함께 자신의 안위를 걱정하며 쑥덕거리고 있었다. 납품 대리점 사장들도 삼성 홈플러스의 입점이 자신들의 납품 시장에 엄청난 영향을 미칠 것으로 예상되자 어떻게 대응해야 할지 몰라 발만 동동 구르고 있었다. 소문에는 홈플러스가 해운대 좌동 내에 점포를 6개나 열려고 한다니 개인 슈퍼마켓 업자들의 운명은 바람 앞의 등불이나 마찬가지였다.

강 씨는 몇 해 전만 해도 역시 대기업인 S사에서 구매 업무를 담당하다 퇴직 후 동네 슈퍼마켓을 열었다. 기존의 지하 점포에 전문 반찬가게를 넣고 야채와 청과가 푸짐하게 진열되도록 매장 리뉴얼 공사를 했다. 그가 자신의 전문지식을 사업에 접목시키면서 이전 점주 때보다 매출은 두 배 이상으로 올랐다. 그렇게 열심히 노력했던 만큼 좌절감도 컸던 모양이다. 더구나 자신이 평생 헌신했던 대기업이 구멍가게까지 차려 영세업자들의 생계를 위협하는 현실은 도저히 받아들이기 어려운 것이었다. 그는 말없이 줄담배만 피웠다. 그 와중에도 눈치 빠른 일부 납품업자는 거래처가 대기업으로 넘어가기 전에 자신이 운영하던 사업체를 넘기고 서둘러 해운대를 떠났다. 대기업은 중간 지역납품업자를 통해 제품을 받지 않고 제조사 본사와 직거래를 하니 영리한 처신이었다.

지금에 와서 돌이켜보니 신흥 상권인 해운대 신도시를 기반으로 꽤 많은 납품 거래처를 가지고 있던 나도 상당한 권리금을 받고 떠날 기회가 있었다. 2000년 3월에 영업을 시작한 이마트 해운대점이 들어오기 두어 달 전이었다. 5000만 원의 권리금을 주겠다며 사업체를 인수한다는 사람이 나타났을 때 순간 넘길까 하는 마음이 들었다. 그도 유통업을 하고 있어서 이마트가 들어온다는 사실을 알고 있었기에 도덕적으로도 문제가 되지는 않았다. 당시 나는 유통업을 시작한 지 2년 반 정도 되었을 때라 사업을 그만두는 것이 아쉬워 마냥 열심히 일하고 싶었다. 골리앗을 상대로 싸우는 다윗이 되지 않을까 우려도 했지만 사업은 그대로 유지하기로 했다. 사실 뾰족한 대안도 없었다. 다른 상인들도 대개 고개를 끄덕일 것이다. 이 사업을 그만둔다고 하여 딱히 다른 사업을 할 것도 마땅치 않았다.

그 대가는 예상보다 훨씬 참혹했다. 이마트가 오픈하는 날에 맞춰 나는 제조사 본사에 이틀분의 납품 물량을 주문하지 않았다. 이마트 오픈 행사 동안 동네 슈퍼마켓은 장사가 안 될 것이라고 예상했기에 주문을 포기한 것이다.

이런 사실을 알게 된 본사의 지점장과 담당자는 점심을 같이 하자며 응원차 나왔다. 오후 내내 송정에서 뱃놀이하며 본사의 배려에 대한 고마움으로 대형마트발 위기를 잊었다. 태풍 전야에 조각배를 타고 뱃놀이를 한 꼴이었다.

사흘 후, 영업을 시작하며 돌아본 동네 슈퍼마켓은 거의 초상집 분위기였고 납품했던 제품은 대부분 반품으로 되돌아왔다. 그 반품은 모두 폐기해야 했으니 상황이 심각했다. 매출은 전혀 없고 반품만 회수하다 보니 그 자리에 주저앉고 싶었다. 피해가 이만저만이 아니었다. 매출이 절반 이하로 뚝 떨어졌으니 앞으로 살길이 막막했다. 그러나 내겐 다섯 살과 두 살배기 어린 두 아이가 있었다. 이대로 가만히 앉아서 죽을 수는 없었다.

떨어진 매출을 만회하고자 새벽부터 밤늦도록 일하며 틈새시장 개척에 나섰다. 일요일이 되면 해운대 장산공원 앞으로 갔다. 이른 새벽에 공원으로 올라갔다가 내려오는 등산객들에게 김밥 재료를 판매하기 위해서였다.

몸이 고달픈 것은 생각할 틈도 없는 세월을 보냈다. 대기업 마트가 들어오더라도 나만 열심히 하면 극복할 수 있다는 자신감이 얼마나 착각이었는지 몸에 새기는 시간이었다. 석 달 동안 일요일도 없이 일하자 본사도 다양한 방법으로 지원을 아끼지 않았다. 6년이 넘는 세월을 하루같이 열심히 일하자 허리를 펴고 하늘을 볼 수 있는 여유가 조금 생겼다.

그런데 이마트라는 호랑이가 설치고 다닌 지 6년이 지나자 또 다시 홈플러스라는 사자를 만난 것이다. 두 번 다시 가만히 앉아서 당할 수는 없었다. 우리 상권을 우리 손으로 지키지 않으면 모든 것을 빼앗길 수밖에 없다. 그 절박한 심정이 중소상공인살리기운동에 적극 나서게 한 원동력이 되었다. 동네 상권의 몰락으로 함께 사라질 것인가, 아니면 동네 상권을 지킬 것인가는 남은 자들의 몫이었다.

망연자실한 상태로 있던 LG탑마트 강대호 씨에게 다가가서 이야기했다. "지렁이도 밟으면 꿈틀거리는데 그냥 당할 수는 없잖습니까? 우리도 힘을 모아 맞서야죠." 그는 눈이 동그래지면서 무슨 방법이 있겠냐며 물었다. 나와 이야기하며 그의 얼굴은 한결 밝아졌다. 일단 긴급 대책회의를 일주일 뒤에 열기로 하고 모일 수 있는 상인들에게 간단한 모임 안내문을 돌렸다.

일주일 뒤 모임에는 슈퍼마켓 점주, 납품업자, 좌동 재래시장 상인회, 편의점주, 야채 · 청과상 등 모두 38명이 모였다. 나는 현재 우리가 처한 상황과 앞으로 입게 될 피해에 대해 설명했다. '해운대구 재래시장 및 상가 비상대책연합회'라는 대책기구를 만

들고, 나는 위원장직을 맡았다.

기금 마련이 필요하다며 내가 먼저 10만 원을 꺼내자 모두 동참해 148만 원이라는 자금이 모였다. 우리 상권을 지킬 수 있는 운영자금이 처음으로 마련된 것이다. 조직이 만들어지고 군자금이 마련되니 무엇이든 할 수 있을 것 같았다. 대기업과의 일전이 시작되는 역사적인 순간이었다.

이때 참가자 한 명이 했던 이야기가 오래 기억에 남는다. "우리나라는 참 이상하게 돌아가고 있다. 대기업이 구멍가게까지 하려 나서는데 정부는 대체 뭘 하는지 모르겠다. 비행기 만드는 대기업이 장난감 만드는 영세기업과 경쟁하려 드는데 국민들이 가만히 보고 있겠는가? 우리가 나서야 한다." 물러설 곳 없는 싸움은 이렇게 시작되었다.

머리를 밀고
어머니를 만날 생각을 하니

입에서 단내가 풀풀 난다. 기업형 슈퍼마켓(SSM)의 입점을 막아달라며 시민단체 등을 찾아가 도움을 요청하면서 얼마나 많은 말을 했는지 모르겠다. 더 이상 입을 열 힘조차 없다. 이른 아침부터 친구의 승용차를 타고 이리 뛰고 저리 뛰었다. 친구는 납품업체를 운영하는 20년 지기인 박후병 사장이다. 자신의 일을 제쳐두고 운전사 역할을 하겠다며 자진해서 나섰다. 열흘도 남지 않은 기업형 슈퍼마켓(현재의 홈플러스 좌동점) 입점 저지 집회로 나의 온 신경은 곤두서 있었다.

모든 것이 낯설고, 사실 속으로는 두려웠다. 하지만 물에 빠진 사람이 지푸라기라도 잡는다는 심정으로 도움의 손길을 찾아 나섰다. 가장 먼저 동구 초량에 있는 부산경제살리기시민연대 사무실로 갔다. 부산의 굵직한 문제점을 다루는 시민단체의 어른으로 알려진 박인호 의장을 찾아 자초지종을 이야기하였다.

박 의장은 흔쾌히 도와주겠다며 "대기업이 구멍가게까지 한다면 부산 경제는 다 죽는다"라며 용기를 북돋아주신다. 박 의장은 2002년 수영구 남천동에 들어서려는 메가마트 입점 반대 때도 열심히 도우며 목이 터지게 외쳤다고 한다. 그러면서 재래시장 상인들에 대한 서운함을 살짝 비춘다. 그 일로 많은 벌금을 물게 되었는데 막상 상인들은 그를 외면했던 모양이다. 그들의 냉정한 외면에 같은 상인으로서 미안한 마음이 들었고, 우리는 변하지 말아야겠다고 결심했다.

이어 KBS 부산 방송국으로 들어갔다. 한 보도국 관계자를 찾아 우리의 상황을 설명하자 그는 "대형마트의 피해는 그간 TV에서 워낙 많이 다루어 시청자가 식상해한다"라고 말한다. 대형마트와 기업형 슈퍼마켓의 차이를 잘 모르는 것 같았다. 나는 "대형마트가 들어서면 반경 3km 내의 상권이 큰 피해를 보는 것이지만, 기업형 슈퍼마켓이 무차별적으로 동네 깊숙이 들어선다면 부산 경제를 송두리째 흔들 것입니다"라고 간절히 말했다. 내 말이 끝나자 그의 눈빛은 약간 호의적으로 변했다. "우리는 지금 몸도, 마음도 너무 힘듭니다. 그러니 제가 머리를 빡빡 깎아서라도 저희의 절박함을 시민들에게 보여줄 것입니다." 일순간 친구 박후병이 눈을 동그랗게 뜨고 날 쳐다보는 것이 아닌가. 우리가 입을 피해의 심각성을 이야기하다가 나도 모르게 삭발하겠다는 각오가 나온 것이다. 상인이 삭발 투쟁하는 일이 드물었던지 그 관계자도 당황해하며 담당 기자와 의논하겠다고 약속을 했다. 머잖아 있을 어머니 기일에 빡빡머리로 어떻게 갈까 하는 생각이 잠시 들었지만 우리의 비장함을 보여줄 수 있는 유일한 방법이었기에 어쩔 수가 없었다.

2009년 2월 19일 오후, 주위에 경찰 병력까지 삼엄하게 배치된 홈플러스 해운대점 앞은 전쟁터 같았다. 200여 명의 상인들이 더 이상 물러설 곳 없는 절박한 처지에서 처음으로 겪는 시위 현장은 팽팽한 긴장감으로 가득했다.

시위 현장은 빨간 피켓과 대형 현수막 그리고 고출력 대형 스피커와 언론사 관계자 등으로 북적거렸다. 사회자는 내가 거래하던 제조업체 황성규 지점장이었다. 사회자의 중요성을 고민해서 입심이 좋은 그에게 특별히 부탁했다. 행사가 시작되고 사회자는 행사 내용과 과정을 설명한 뒤 울분을 토하듯 말했다.

"1997년 IMF 위기 때 우리 국민들은 어땠습니까? 이 국가적 위기를 극복하기 위해 장롱 깊숙이 꼭꼭 숨겨놓았던 돌 반지, 금가락지, 금목걸이를 모아 나라를 위기로부터 구했습니다. 국민들이 나라를 구하는 동안 대기업 재벌들은 무얼 했습니까? 재벌들은 그동안 눈에 뵈는 것이 없었던지 무분별한 사업 확장과 지분 늘리기에 혈안이 되어 있습니다. 그래서 지금 동네 상권을 마구잡이로 삼키고 있습니다. 여러분, 그렇지 않습니까?"

사회자의 진심에서 우러난 호소에 모인 상인들은 격한 공감으로 행사장을 뜨겁게 달궜다. 내가 삭발할 시간이 되어 긴장한 마음을 풀려고 막걸리를 한 모금 마시는데 휴대전화가 크게 울렸다. 한 방송국의 기자가 차가 막혀 10분 정도 늦어지니 방송국 카메라가 도착한 뒤 삭발식을 해주면 좋겠다고 했다. 그러겠다고 약속하고 삭발식을 하기 전에 앞으로 할 일을 선언했다.

"첫째, 현재의 규모보다 큰 시민단체 형태의 법인 상인단체를 설립하여 전체의 자영업자들을 위할 수 있도록 보다 시스템적으로 일을 할 것이다. 둘째, 자영업자들을 보호할 수 있는 시·구군조례 등 관련 입법 운동을 체계적이고 지속적으로 추진할 것이다."

긴장을 많이 한 탓인지 목에서 쇳소리가 나온다. 두 가지의 다짐을 한 뒤, 의자에 앉으니 곧바로 머리카락이 뭉텅이로 잘려나간다. 순간, 내가 왜 이러고 있지 하는 생각에 눈물이 쏟아질 것 같아 수없이 눈을 깜짝이며 하늘을 쳐다봤다. 카메라 플래시가 여기저기에서 터진다. 머리를 미는 도중 현장에 있던 아내와 눈이 마주쳤다. 아내는 시선을 살짝 돌리며 나오려는 눈물을 억지로 참는 듯했다. 아내의 마음을 아프게 하는 것 같아 미안했다.

일반 상인의 삭발이 시민들에게 어색하게 비치지 않기를, 우리

삭발투쟁은 동네 상권을 비집고 들어오는 거대 자본에 맞서 상인들이 절박함을 보여줄 수 있는 수단이었다. (사진: 부산일보 제공)

들의 절박함이 방송이나 신문기사로 잘 다루어져 호소력이 더하기를 간절히 빌었다. 중소상인과 대기업의 투쟁이 시작되는 역사의 현장을 모두가 숙연하게 지켜보고 있었다. 우리 모두는 이날을 영원히 잊지 않을 것이다.

국회도서관에 모인 상인들의 울분

2009년 8월 24일, 사업조정을 신청한 전국의 상인 대표들이 처음으로 모여 기자회견을 하게 되었다. 부산뿐 아니라 서울, 인천, 경기, 충북, 광주 등에서 투쟁 중인 지역 상인들이 열 일 제쳐두고 서울의 국회도서관 소회의실에 모인 것이다. 전국 상인들이 생업을 접고 국회에 모인 것은 전례가 없는 일이었다. 대기업의 골목상권 침해가 이들에게 엄청난 위기였다는 사실은 이것만 봐도 알 수 있다.

상인들은 지역별로 대기업과 맹렬하게 투쟁하고 있었다. 하지만 사업조정신청 절차의 허점 탓에 정부 및 지자체의 대응은 매우 소극적이었다. 그 결과 각 지역의 상인들이 기업형 슈퍼마켓에 무기력하게 당하는 현실을 성토하기 위해 한자리에 모였다. 절규하는 동료 상인들의 목소리에 송곳으로 생살을 후벼 파는 듯 가슴이 아려왔다.

2006년, 중소기업을 보호하던 고유업종제도가 폐지되면서 대기업들은 중소기업 분야에 무차별적으로 진출했다. 대기업으로부터 중소상인을 보호하는 유일한 제도가 사업조정제도*였지만 기업형 슈퍼마켓들은 그 대상에서 빠지려고 온갖 방법을 동원해 상인들로부터 원성을 사고 있었다.

사업조정제도는 인천의 상인들이 가장 먼저 시도했다. 이들은 삼성 홈플러스 익스프레스 옥련점의 개점을 막기 위해 사업조정 신청서를 제출했다. 이후 부산에서도 해운대구 좌동의 홈플러스와 반송동 GS슈퍼마켓 등 개점을 준비 중인 다섯 곳의 기업형 슈퍼마켓에 대한 사업조정을 신청했다.

그러자 대기업들은 지자체의 사업일시정지 권고를 우려하며 서둘러 매장을 열었다. 지역 상인들은 손쓸 사이 없이 당하고는 분통만 터뜨리고 있었다. 한 상인은 "큰 매장에 휴지 몇 개 들여다 놓고 영업 시작했다고 우기면서 사업조정신청 대상이 아니라는 대기업을 보니 머리끝까지 화가 치밀어 오른다. 어떻게 우리나라 대기업 수준이 이 정도로 바닥이냐?"라며 주먹으로 가슴을 친다. 또 다른 상인은 "중기청의 소극적인 태도는 이명박 정부의 대기업 친화적 정책의 결과에서 나온 것 아니냐? 앞으로 정말 큰 일이다"라고 걱정스럽게 말한다. 서울의 한 상인은 "이명박 대통령은 상인들을 만나면 '더 참아라, 법으로는 안 된다, 인터넷 쇼핑몰을 해보면 어떻겠냐?'라며 현실과 동떨어진 말을 하니 억장이 무너진다"라며 한숨을 쉬었다.

---

* 대기업이 중소기업 상권에 진출해 중소기업의 경영안정을 위협하거나 그럴 우려가 있는 경우 정부가 사실 조사와 심의를 거쳐 대기업의 사업 확장을 연기하거나 생산품목, 수량 등의 축소를 권고할 수 있는 제도.

기자회견 도중에 신규철 전국 사업조정 네트워크 집행위원장은 사업조정제도를 정부가 잘못 해석해 문제가 생긴다고 지적했다. “중소기업청은 이미 개점한 기업형 슈퍼마켓은 사업조정신청의 대상이 아니라고 한다. 그러나 레미콘 업종에서는 이미 영업이 이루어진 후에도 사업조정이 이루어진 예가 많다”라며 “영업을 시작한 매장도 사업조정신청 대상이다”라고 주장했다. 부산시의 미온적인 입장에 늘 불안함을 느끼고 있던 터라 크게 공감이 되었다. 사업조정제도를 정상적으로 작동시키기 위해 전국적인 조직을 만드니 없던 힘까지 생기는 것 같아 두 주먹을 불끈 쥐게 되었다.

처음 모인 자리라서 다들 어색해했지만 우린 같은 처지, 같은 운명의 동지였다. 기자회견 사회까지 맡은 신규철 집행위원장은 이런 자리에 익숙지 않은 우리가 편하게 말할 수 있도록 세심한 배려를 해주었다. 신 위원장은 인천에서 복지 관련 시민단체에서 일하다가 상인들의 생존권 문제에 관심을 가지게 되었다고 한다. 그는 상인들의 생존권을 지키려면 법과 제도를 고쳐야 하는데 그 근원적 힘은 전국 상인들의 연대와 조직뿐이라고 굳게 믿고 있었다. 그의 철학과 집념이 모래알 같던 우리를 똘똘 뭉치게 만들었다. 그는 대기업과 상인들의 투쟁이 벌어지는 지역의 기사를 검색하고 어렵게 연락처를 알아낸 뒤 한자리에 모일 것을 전화로 제안해왔다. 그의 노력으로 전국의 상인들이 뭉치게 되었고 잘못 적용되는 사업조정제도의 시행규칙을 바꾸는 중요한 자리가 마련된 것이다.

기자회견 말미에 참여연대와 민주사회를 위한 변호사 모임(민변)은 정부에 근본적인 해결책을 요구했다. 민변의 김남근 변호사는 "기업형 슈퍼마켓과 대형마트의 무분별한 입점으로 인해 동네 상권이 초토화되고 있는 현실에서 사업조정제도는 근본적인 대안이 아닌 임시방편에 불과하다. 따라서 허가제 도입을 골자로 한 유통산업발전법 개정이 시급하다"라고 강조했다. 민변이 허가제 도입을 꺼내자 상인들은 우레와 같은 박수로 화답했다.

이날 참가한 상인들은 기자회견장에서 대형마트와 기업형 슈퍼마켓에 대한 허가제를 실시하고, 신용카드 수수료도 즉시 인하하라고 다 같이 목이 터져라 외치고 또 외쳤다. 영업까지 접고 국회에 모인 전국 상인 대표들이 대기업을 향해 쏜 첫 총성은 메아리가 되어 침묵으로 일관하던 전국 상인들의 귀에까지 들어갔다. 이제 들불처럼 번질 일만 남았다.

'갑'도 '을'도 아닌 그저 '병'

SPC그룹의 삼립식품 대리점 사장들은 계단을 너무 급하게 올라온 탓에 숨을 헐떡이며 들어왔다. 자신들의 기막힌 사실을 알리기 위해 협회 사무실로 뛰어온 것이다. 하루 종일 빵을 납품하느라 저녁밥도 거른 채 겨우 시간을 맞춰 온 이들에게서 삶에 찌든 모습이 느껴졌다. 일찍 도착한 방송국 촬영팀도 이들이 안쓰럽게 보였던 모양이다. 대리점 사장들의 일정에 맞추어 급하게 저녁 7시에 방송 인터뷰를 잡았는데도 촬영팀이 되레 미안한 표정이다.

부산에서 영업 중인 삼립식품 대리점 사장 7명은 삼립식품 본사로부터 4000만 원에서 1억 2000만 원의 채무를 통보받았다고 했다. 갑작스러운 채무 통보에 해결할 방법을 찾지 못하고 가슴앓이를 하다 협회에 연락을 해왔다. 협회가 급하게 MBC 부산 방송국에 제보해 어렵게 인터뷰 일정을 잡았다. 이들 중에 나이가 지긋한 차승해 사장은 본사와 소송 중이라며 가져온 자료를 열심히 들춰가며 설명한다.

차 사장은 1995년에 삼립식품과 대리점 계약을 맺고 소규모 슈퍼마켓에 제품을 납품하고 있었다. 2005년부터는 삼립식품의 요청으로 배송한 매출액의 5~7% 수수료를 받고 부산지역 대형 마트 4곳과 SSM 등 대형유통업체의 위탁배송을 맡았다. 대형유통업체가 본사에 제품을 주문하면 그가 배송하는 것이었다. 제품 발주나 수금 및 행사와 관련된 업무는 본사에서 관리하기에 별도의 계약서조차 작성하지 않았다.

그런데 위탁배송 7년째 되던 2011년 3월, 차 사장은 삼립식품으로부터 대형유통업체의 미수금을 갚으라는 전혀 뜻밖의 채무 확인서를 받았다. 대형유통업체에 출하된 금액과 삼립식품에 입금된 금액이 차이가 난다고 했다. 다시 말해 삼립식품이 유통업체에 납품한 금액보다 입금된 금액이 적다는 것이다. 배송을 맡았던 차 사장에게 책임지라는 금액은 무려 1억 원이 넘었다.

채무확인서를 처음 받았을 땐 너무 놀라 마치 머릿속이 텅 빈 듯 백지장이 되어버렸다고 했다. 정신을 차리고 어떻게 대응할지 고민해야 했다. 그 와중에도 거래처에선 제품이 없다는 전화가 빗발쳐 어쩔 수 없이 빵을 배송하지만 머릿속은 온통 채무확인서뿐이었다고 했다. 한 번은 운전하는 도중에 넋 나간 사람처럼 적색 신호등을 멍하니 보면서 로터리를 지나다가 큰 사고를 낼 뻔했던 적도 있었다. 순간 얼마나 놀랐던지 등에 식은땀이 줄줄 흘러내렸다. 배송 수수료를 받고 위탁배송만 했을 뿐이었다. 삼립식품은 7년 동안 대형유통업체 미수금에 대해 어떤 언급이나 확인 요청도 하지 않았다. 갑작스럽게 자신에게 모든 책임을 전가하는 태도는 도저히 이해가 되지 않았다.

대형유통업체가 삼립식품에 주문한 내용의 발주서를 모아둔

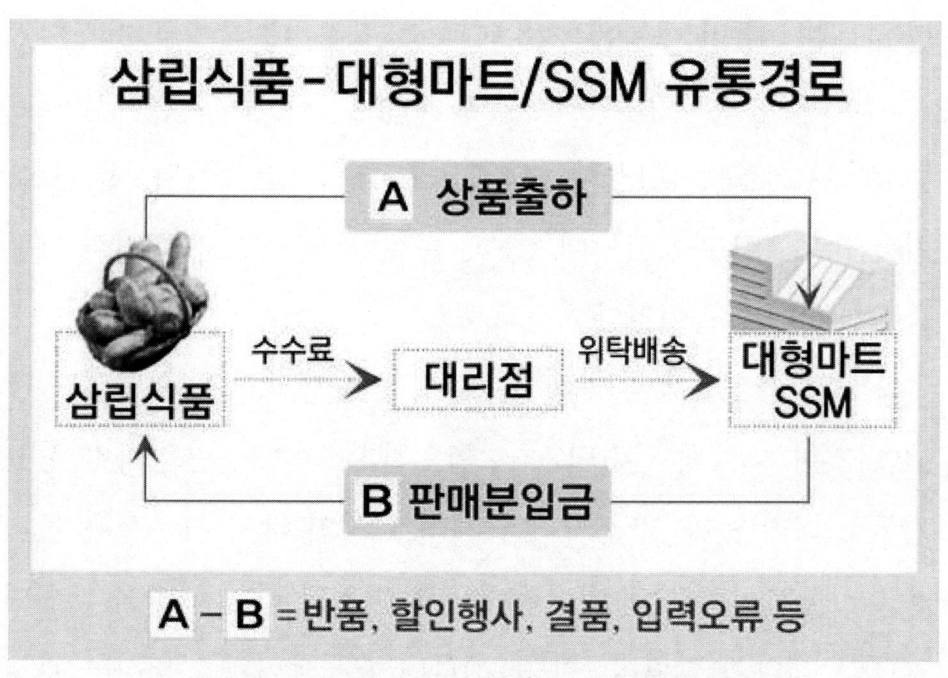

대리점이 불이익을 당할 수 있는 구조를 보여주는
삼립식품 대리점 위탁 배송 흐름도 (사진: 부산일보 제공)

것이 그나마 다행이었다. 하지만 대부분의 대리점 사장들은 발주서를 모아둘 필요가 없다고 여겼다. 대기업 본사를 믿어야 대리점 사업을 원활하게 잘하는 것이라고 생각했다. 그렇게 믿었던 삼립식품이 얼토당토않은 채무확인서를 보내니 증명할 서류 하나 없는 그들은 채무가 걱정되어 자꾸 움츠러들었다.

차 사장이 전산상의 거래 기록을 확인해보니 실제 위탁배송 기간과 미수금 발생 기간이 일치하지 않는 등 삼립식품이 내민 자료는 여러 가지가 이상했다. 본사와 대형유통업체 간의 결재방식이 문제의 핵심이었다. 대형유통업체는 납품된 제품 중에서 소비자에게 판매된 물량에 해당하는 금액만 제조업체의 본사로 입금했다. 이 결재방식을 유통가에서는 '판매분 매입'이라고 불렀다.

힘이 있는 '갑'인 대형유통업체가 선호하는 대금 지급 방식이었다. 힘이 약한 납품업체는 매장 판매 중에 손실분이나 악성 재고를 책임져야 하는 방식이었다. '갑'인 대형유통업체와 '을'인 삼립식품은 그런 관계였는데, '을'의 손실금액을 '병'인 대리점 사장들에게 떠넘긴 꼴이었다.

이들은 "제조업체 본사와 대형유통업체 간의 납품 과정에서 출고 가격이 다르게 입력되거나, 할인행사 내역이 반영되지 않는 경우도 더러 있다. 반품처리가 제대로 되지 않거나 분실된 물건을 미수금으로 처리해 대리점에 떠맡긴 거다"라며 한숨을 내쉬며 말했다. 게다가 삼립식품에는 2011년 4월 샤니와 합병하는 과정에서 대형유통업체와 정리되지 않은 미수금이 있었다. 이 미수금을 한꺼번에 정리하려고 무리수를 쓰며 전국적으로 채무확인서를 보냈다는 것이다.

본사와 소송 중인 대리점이 총 30여 곳에 달했다. 그중 경남 함안의 한 대리점 사장은 재판에서 1심, 2심 모두 승소했다. 김해의 한 대리점 사장도 승소를 했다. 그러나 차 사장은 1심에서 패소해 항소를 했다. 1차 판결의 요지는 전산 내역상 거래대금과 실제 수금 금액이 차이가 나기 때문에 책임지라는 것이었다. 차 사장은 "말도 되지 않는 것이니 2심 재판에서 삼립식품의 책임을 밝히겠다"라며 분이 풀리지 않은 듯 씩씩대며 말했다.

그는 방송이 나간 후 한 달쯤 되어 2심 재판에서 승소했다며 전화를 해왔다. 내 일처럼 기뻤다. 정말 죽고 싶었다는 그의 말에서 그동안 겪었던 많은 고통을 느낄 수가 있었다. 방송 이후 삼럽식품은 미수금인 채무확인서 금액의 80%는 자신들이 책임지겠다고 했다. 나머지 금액만 대리점 사장들이 책임지라고 해서 대다수는 합의를 하며 상황이 정리되었다.

한참 후에 해운대 지역에서 대리점을 하던 H 사장이 운명했다는 소식을 듣게 되었다. 당시 신장투석 중인데도 채무확인서로 인한 스트레스가 너무 심해 하루도 거르지 않고 술을 마신 것이 원인이었다. 나는 만날 때마다 H 사장이 술 마시는 것을 말렸는데 결국 그는 생을 정리하고 말았다. 늘 너털웃음을 짓는, 마음이 착한 사람이었다. 갑작스러운 비보에 가슴이 너무 아팠다.

대형유통업체나 대기업의 불공정 거래 횡포는 어제오늘의 일이 아니다. 계약을 해지하겠다는 '갑'의 으름장 앞에 '을'은 입도 뻥긋하기 힘든 구조다. 갑을 관계는 서로에게 없어서는 안 될 상생의 관계이지만, 현실에서는 생존 사슬에 묶여 있는 주종 관계이다. '갑'이 '을'의 생사여탈권을 쥐고 있기 때문이다. 누구나 상황에 따라서 '갑'이 되고 '을'도 될 수 있지만, 사람들은 '을'의 입장에 서는 경우가 많다. '을'들은 최소한 왜곡되고 부당한 관계만이라도 개선되기를 원하고 있다. 갑을 관계를 개선하기 위한, 보다 근본적인 사회적 대책 마련이 필요하다.

우리는 투명인간이 아니다

추석이 모레인데 납품 차량 수십 대가 부산진구의 한 대형마트를 둘러싸고 주변을 그저 뱅글뱅글 돌고 있다. 우유, 과자, 식품을 동네 슈퍼마켓에 납품하는 상인들의 차다. 연중 최고의 대목인 추석이 코앞으로 다가왔는데 명절 영업을 준비하지도 못하고 이날로 벌써 열흘째 차량 시위를 하고 있었다.

2011년 8월 말 이마트 서면점은 창고형 할인매장 트레이더스로 리모델링해 개점하여 중소상인들의 도매 업종을 침해하려고 했다. 납품 상인들은 이마트의 도매 납품사업 시작에 차량 시위로 항의하고 있는 것이었다. 우리는 대기업인 이마트가 구멍가게나 하는 소매사업도 모자라서 동네 슈퍼마켓에 납품까지 하겠다는 것을 도저히 받아들일 수 없었다.

상인들은 정부와 정치권에 도와달라고 했지만 야속하게도 세상 누구도 손을 잡아주지 않았다. 납품업자를 보호할 법이 없다는 것이었다. 유통법과 상생법은 전통시장이나 소매업체 위주로 되어 납품업자들은 어디에도 하소연할 데가 없었다. 그래서 극단적인 방법인 차량 시위로 이마트의 부당함에 항거하며 자신들의 일터를 지키려 하는 것이었다.

납품업자들은 새벽부터 늦은 밤까지 누구보다 열심히 일했다. 납품 시간을 맞추느라고 식사를 제때 챙겨 먹지 못하는 일도 다반사였다. 끼니 거르기를 밥 먹듯이 해도 세상은 무관심했다. 이마트의 도매업 진출에 고통받는 이들의 처지를 안 보이는 투명인간 대하듯 하는 게 솔직히 서운했다.

지나가는 시민들에게 납품업체의 어려운 현실과 이마트 도매업 진출이 잘못되었다는 것을 알리던 도중 갑자기 가슴속에서 치솟는 서러움을 주체할 수가 없었다. 왜 시민들은 아무도 납품상인들의 처지에 대해 알려고 하지 않을까? 마이크를 들고 지나가는 주민들에게 호소했다. "이마트가 납품 상인들을 거리로 내몰고 있습니다. 부산의 납품 상인들이 이마트에 일터를 빼앗기지 않게 도와주십시오." 목이 터지라고 외치고 또 외쳤다.

아무도 알아주지 않는 서러움 때문이었는지 나도 모르게 들고 있던 마이크에 눈물이 떨어졌다. 뜨거운 햇빛을 받은 아스팔트 지면의 열기까지 얼굴에 스며들었다. 이마에서 땀이 흐르며 얼굴은 눈물과 땀으로 범벅이 되고 말았다. 눈을 질끈 감은 채 차량 시위를 할 수밖에 없는 처지를 알렸다.

그래도 이 광경을 눈여겨본 사람들이 있었던 모양이다. 지나가던 한 할머니가 다가와서 힘내라고 응원을 해주셨다. 남의 일처럼 지켜보던 주위의 상인들을 향해 "부전시장 상인들도 다 같이 나서서 막아야지"라고 하시는 것이 아닌가. 할머니의 한마디가

지쳐 있던 우리를 다시 일으켜 세웠다. 또 어떤 아주머니는 "지켜보니 마음이 아팠다. 힘내라"라면서 피로회복제 한 박스를 건네고는 도망치듯이 사라졌다. 시민들의 격려에 힘이 났다. 탑차에 이어 다른 차들이 속속 합류하면서 경적 소리가 커졌다. 더 이상 우리는 말도 못 하고 보이지도 않는 투명인간이 아니었다.

경찰이 차량 통제를 위해 바리케이드를 설치하면서 분위기는 삼엄해졌다. 경찰 병력과 대치하면서 대형마트 앞 도로는 차 한 대도 오갈 수가 없게 되었다. 납품 상인과 경찰의 언쟁이 길어지며 팽팽한 분위기가 계속되었다. 상인들은 해산을 종용하는 경찰에게 차라리 잡아가라고 하며 막무가내로 버티고 있었다. 경찰의 차량 해산 요구는 이미 분노한 상인들을 더욱 자극할 뿐이었다. 납품 상인들의 생존권을 지키기 위한 목소리는 점점 커져만 갔다. 하지만 차량을 계속 도로에 내버려둘 수는 없었다. 납품 상인들을 설득해 부산진구청 주차장에 화물차를 주차시켰다.

그 뒤 누가 가자고 외치지도 않았지만 이마트 매장으로 우르르 몰려갔다. 상인들은 소리 없이 매장을 줄지어 다니며 자신들의 처지를 시민들에게 온몸으로 호소했다. 시민들은 이들의 처절한 몸부림을 보고 눈이 휘둥그레졌다. 사실 이마트가 도매사업 진출을 시도한다고 했을 때 처음에는 아무것도 할 수가 없었다. 그런데 대책 회의를 하던 중 한 상인이 차량으로 이마트의 부당함을 세상에 알려야 한다고 했다. 그는 "어차피 이마트 도매사업 때문에 납품을 할 수 없다면 탑차가 무슨 필요가 있으며, 운전면허증이 있으면 뭐 하겠냐? 나라에서 차를 뺏든지, 운전면허증을 뺏든지 차로 시위하자"라고 말했다.

순간 걱정이 밀려왔다. 차를 운전해야 먹고 사는 상인들에게 운전면허증은 없어서는 안 되기에 함부로 결정을 내리기가 어려웠다. 추석이 보름도 남지 않은 상황이라 명절 영업도 준비해야 했다. 하지만 이마트의 도매사업을 중단시킬 뾰족한 대책이 없었다. 차량 시위는 궁여지책으로 시작되었다.

지역 언론은 하루가 멀다고 부산지역 납품 상인들의 상황과 이마트 도매사업의 부당함을 알리기 시작했다. 시민단체들도 나서서 정치권의 무관심을 신랄하게 성토하기 시작했다. 결국 서면 이마트의 도매업 진출이 국정감사에서 집중포화를 맞았다. 납품 상인들이 신청한 사업조정 결과에 중소기업청(현 중소벤처기업부)은 도매 납품업도 사업조정 대상이라고 결정했다.

한편, 대구의 한 상인회는 이마트와 이면 합의하며 음성적 기금 10억 원을 받고 이마트 트레이더스 비산점의 창고형 전환을 도와주었다. 밤중에 성문 빗장을 벗기는 이마트 거수기 노릇을 했다며 언론의 난타를 당했다. 그들은 돈에 농락당하며 자신들의 상권을 팔아먹었다.

부산의 납품 상인들은 자신들의 처지를 지속적으로 호소하며 시민들의 호응을 이끌어냈다. 아무리 투명인간 취급을 받아도 모여서 오랜 시간 외치니 그 뜻이 통했던 것이다. 어떠한 회유에도 흔들리지 않고 자신의 상권을 지키며 이후에도 도매업을 계속할 수 있는 터전을 마련했다. 이들 납품업자들의 10일간 차량 시위는 눈물겹고도 무모할 정도로 모든 것을 걸었던 것이다. 그 결과 상생법에서 납품 도매업이 대기업 도매업 진출에 대한 피해 대상에 적용되는 첫 사례가 되었다. 이후 이마트와의 사업조정에서 부산지역에서는 우유, 두부 같은 냉장식품 등 500가지가 넘는 제품을 3년간 배송하지 않기로 합의하며 이마트 도매사업을 중단시킬 수 있었다.

엄동설한에
촛불을 들다

2011년 봄, 식자재 상인 30여 명이 협회 사무실에 찾아왔다. 식품 대기업들이 식자재 유통시장에 뛰어드니 도와달라고 했다. 하지만 그들은 사태의 심각성을 제대로 알지 못하는 것 같았다. 협회가 알아서 해결해주었으면 하는 마음으로 찾아온 것이 느껴졌다. 나는 사태의 심각성을 시민들에게 알리기 위해 당장 집회를 열어야 한다는 입장이었다. 그런데 식자재 상인들은 준비할 시간이 필요해 5개월 후에 집회를 열자며 느긋했다.

충격 요법이 필요했다. 사실 나는 이들의 느긋한 태도를 미리 감지했기에 양쪽 호주머니에 날달걀 두 개를 넣은 채 회의를 진행하고 있었다. 자리에서 일어나 손에 든 달걀을 보이지 않게 숨긴 채 손등을 보였다. "이 손에 무엇이 있는 줄 아십니까? 바로 달걀이 있습니다"라며 손바닥을 폈다. 다들 의아한 눈빛으로 쳐다보았다. "미안하지만 달걀의 운명은 저만이 결정할 수 있습니다. 제 결정에 영향을 미칠 수 있는 사람들은 여기에 모인 상인 여러분입니다. 손에 있는 달걀을 빼앗아 가든지, 아니면 달걀을 깨뜨리지 말라고 저를 설득해야 합니다."

여기저기에서 웅성거리기만 했다. "아무도 저를 설득하지 않는군요." 높이 치켜든 손을 펴자 날달걀은 바닥에 떨어지며 박살이 났다. 모두들 이 광경에 놀라 눈이 휘둥그레지며 쥐 죽은 듯이 조용해졌다. 애꿎은 달걀에게 미안한 생각이 들었지만 나는 더 강하게 말했다. "달걀의 운명이 여러분이고 달걀을 쥐고 있는 제가 대기업이라면 지금처럼 가만히 있겠습니까? 비참하게 떨어진 이 달걀처럼 되지 않게 어떻게 해서라도 막아야 되지 않겠습니까?" 그러면서 "대기업을 막는 일을 누가 할 수 있겠습니까? 정부나 국회만이 그 일을 할 수 있습니다"라고 말했지만 모두 꿀 먹은 벙어리처럼 아무 말이 없었다. 나는 한쪽 호주머니에 있던 나머지 달걀을 꺼내 다시 손을 높이 들었다. "이래도 가만히 있겠습니까? 아니면 우리의 단결된 행동을 바로 보여주시겠습니까?" 다시 치켜든 손을 펴자 달걀은 바닥에 떨어져 박살이 나며 사방으로 튀었다. 그러자 모두들 약속이나 한 듯 곧바로 큰 소리로 대답했다. "예. 하겠습니다."

유통 대기업이 잇따라 SSM(기업형 슈퍼마켓)을 출점시키며 중소기업 업종에 대한 문어발식 사업 확장으로 비난 여론이 전국에 들불처럼 번질 때였다. 일반 도소매 상인들은 하루도 마음 편할 날 없이 유통 대기업과 피눈물 나는 전쟁 중이었다. 식자재 상인들은 주로 식당 등에 납품하고 있었다. 슈퍼마켓을 상대로 하는 일반 도소매 상인들과는 달리 유통 대기업의 SSM으로 인한 피해를 크게 입지 않은 터였다. 일반 도소매 상인들이 판매하는 제품은 가정용이었기에 용량이나 크기가 상대적으로 작고, 식자재 상인들이 취급하는 식당용 제품은 대용량 제품으로 제품 규격이 대체로 크다. 일반 도소매 상인들이 기업형 슈퍼마켓과 전쟁 중일 때만 해도 식자재 상인들은 자신과는 무관한 일이라고 생각했다. 그런데 식품 대기업이 식당이나 요식업체를 대상으로 식자재 유통업에까지 손을 뻗치니 그제야 발등에 불이 떨어진 것이다. 모인 식자재 상인들은 "우리나라 대기업은 돈만 되면 무슨 짓이든 할 수 있는 집단"이라고 소리 높여 비난했다. 식자재 납품 상인들은 식품 제조 대기업으로부터 물건을 받아 그동안 골목 식당이나 요식업체에 납품해왔기에 배신감이 더 컸다.

청정원 브랜드의 '대상'만 해도 자회사 대상베스트코를 설립하더니 2010년 부산 사상구에 있는 식자재 유통업체를 편입하면서 부산의 식자재 업체 4곳을 무더기로 인수했다. 식품 대기업 CJ도 식자재 유통회사인 CJ 프레시웨이를 통해 부산지역 여러 곳의 식자재 유통업체와 접촉하고 있었다. 이 CJ 프레시웨이는 2009년부터 대표적인 지역 중견업체들을 공동 주주로 참여시켜 프레시원이라는 법인회사를 만들었다. 일정 지분을 투자하여 지역 거점 물류센터를 공유하는 방식인데, 지역 식자재 시장을 손쉽게 싹쓸이하겠다는 것으로 보였다.

바람 앞의 촛불 신세가 된 부산의 식자재 상인들이 촛불 행사를 위해 서면 쥬디스태화 앞에 모였다. 식자재 유통시장에 뛰어든 CJ, 대상 등 식품 제조 대기업을 향해 식자재사업 출점 중단을 요구하기 위해서였다. 2월의 억센 바람은 가슴속까지 후벼 팠다.

양손으로 얼어붙은 두 귀를 잠깐 가리며 온기를 모아보지만 손가락 끝은 금방 시리다 못해 가려울 지경이었다. 추운 겨울의 날씨 속에 상인들은 시간이 없어 저녁 끼니조차 때우지 못하고 참석해야 하는 실정이었다. 상인 한 사람, 한 사람이 와서 자리 잡고 앉는 것에도 신경이 쓰였다. 상인들이 얼마나 모일지 피가 마르는 심정으로 지켜보았다.

마침내 촛불 행사가 시작되었다. 상인들의 거친 몸짓과 억센 목소리도 맹추위 앞에서는 멀리 뻗어 나가지 못해 아쉬웠다. 이들이 뜨겁게 토해내는 발언들은 맨바닥에 앉은 식자재 상인들의 심장을 서로 자극할 뿐이었다. 강서구에서 온 50대 중반의 이경수 사장이 식품 대기업과 정부를 향해 맹렬하게 성토했다. "대상이든, CJ든 우리가 그들의 설탕이나 고추장을 팔아준 덕분에 성장한 기업들이다. 그런데 자기 물건 팔아준 소상공인들을 다 죽여가면서 골목 식당에 직접 납품까지 하겠다는 게 과연 상식적인가? 대한민국에서 돈 없는 사람들이 할 수 있는 일은 무엇이 있으며, 지금 정부는 무엇을 하고 있는가?"라며 분통을 터뜨렸다. 이렇게 시작한 촛불 행사는 식자재 상인들의 단결된 힘 덕분에 추운 날씨에도 4차까지 치를 수가 있었다.

4차 촛불 행사 도중 서은숙 부산진구의원(2018년 부산진구청장 당선)이 김영춘 전 국회의원이 참석했다는 사실을 알려왔다. 고마운 마음에 앞자리로 자리를 배치하고 소개를 하려 했으나 그는 극구 사양했다. 행사에 지장을 주지 않으려고 애를 쓰는 모습이었다. 일찌감치 와서 맨바닥에 앉아 있었지만 어두운 탓에 상인들은 그를 몰라봤다. "집회 현장에 오는 국회의원은 한 분도 없다"라고 늘 불만이던 우리로선 그가 자리에 계속 앉아 있었다는 것이 고마울 뿐이었다.

그런 마음을 가진 이가 정치를 한다면 영세 상인들의 처지를 잊지 않을 것이라고 생각했다. 촛불 행사가 끝난 뒤 나는 마음속으로 빌고 또 빌었다. 우리의 보금자리를 지켜달라고 촛불을 두 손으로 감싸고 간절히 기도했다. 엄동설한을 이겨내야 하는 촛불 행사는 이렇게 마치게 되었다.

기업형 슈퍼마켓이 동네 상권에 진입하면서 일반 도소매 상인들을 피눈물 흘리게 할 때도 식자재 상인들은 자신들과 상관없는 일이 벌어지고 있다고 여겼다. 그러나 자신들이 어려움에 처하자 그때서야 협회를 찾아와 급하게 도움을 요청한 것처럼 이 세상에 자신과 상관없는 일은 없다. 상인들이 서로 뭉치지 않으면 대기업으로부터 우리의 일터를 지킬 수 없다.

백발의 상인,
무릎 꿇고 용서를 빌지만

오전 내내 전화가 몰아친다. 실망과 분노에 찬 목소리에 다른 업무를 볼 수 없을 정도다. 특히 부산시 사업조정 관계자의 실망하고 어이없어하는 목소리에는 몸 둘 바를 모르겠다.

얼마 전부터 해운대 센텀시티의 한 상가 1층에 홈플러스가 출점하려고 부동산 계약까지 마쳐서 큰일 났다며 도와달라는 전화가 빈번하게 오기 시작했다. 연락을 해온 60대의 H 씨는 같은 상가 2층에서 슈퍼마켓을 운영 중인 점주였다. 그런데 1층에 홈플러스가 들어오면 2층에 있는 자신의 점포는 위치상 경쟁 자체가 되지 않아 전 재산을 날릴 수밖에 없으니 협회에서 제발 막아달라며 막무가내로 요구하는 것이다.

사정이 딱하고 시간이 없어 보여서 급하게 살펴보니 실제로 부동산 계약이 되어 있었다. 아내와 둘이서 주변 상가를 일일이 찾아다니며 대기업 슈퍼마켓의 입점 사실과 당사자 피해를 설명하고는 사업조정신청 서류를 받으러 다녔다. 편의점, 과일가게, 야채가게, 생선가게를 찾아다니며 매출 등 현황을 파악하고 사업등록증 사본까지 받는 일이 여간 어려운 것이 아니었다. 그래도 포기하지 않고 설득하기를 거듭해 주변 상점주의 동의서를 대부분 받았다. 기본적인 내용과 명부를 작성한 후 중소기업중앙회에 제출하면서 부산시에 관련 사실을 통보하고 조속한 처리를 구했다. 크지 않은 상권에 상인들은 20명 정도라 걱정이 더 커서 부산시에 당부와 협조 요청을 미리 해두는 것이었다.

그런데 이런 준비를 하는 사이에 도움을 요청했던 H 씨가 아무런 말도 없이 돌연 대기업 GS에 상당한 권리금을 받고 자신의 점포를 넘기는 계약을 했다는 청천벽력 같은 소리가 들렸다. 사업조정제도의 초기라서 어떤 결론이 나올지 걱정이 되었겠지만 신청자 대표자인 H 씨가 자신의 이익만을 좇아 점포를 다른 대기업에 넘겼다는 사실에 여기저기에서 비난이 말도 못 할 정도로 터져 나왔다. 대체 어떻게 된 것이냐며 따지는 목소리가 나와 협회로 향하니 몸 둘 바를 모를 정도였다.

종일 걸려온 비난 전화에 본연의 일마저 할 수 없는 지경이 되어 아내를 집으로 먼저 보내고 속상한 마음에 사무실 근처 주점에서 연거푸 소주를 들이켰다. 얼마를 마셨는지 만취상태로 거리를 헤매다 문득 하늘을 보니 보름달 아래 서 있는 나 자신이 더욱 처량하고 참 못나 보였다. 그냥 모든 것 내려놓고 주저앉아 펑펑 울고 싶었다.

불현듯 부산일보 박진국 기자가 떠올라 전화를 걸었다. 박 기자는 상인운동 초창기부터 취재를 해오던 터였다. 새벽 시간이라 자다 전화를 받은 모양이었다. “새벽에 대체 무슨 일이죠?”라는 그의 말에 혀가 꼬인 채 오늘 일어난 일을 횡설수설 설명하며 "정말 이럴 수는 없는 겁니다. 어떻게 이렇게 배신할 수가 있나요? 이제 더 이상 상인운동 운운할 필요가 없겠죠?"라며 전화를 끊으려고 하는데 순간 박 기자가 정신이 번쩍 드는 이야기를 해온다. "원래 모든 운동이 다 그래요. 그래서 동지는 간데없고 깃발만 나부낀다는 노래 가사가 70, 80년대의 학생운동이 끝난 뒤에 생긴 거죠. 그래도 어쩌겠어요? 도와달라는 상인이 한 사람만 있어도 견디고 달려가야죠." 이 말을 듣는 순간 취기가 싸악 날아가 버렸다.

사실 상인운동을 하기 전까지 늘 서점을 찾아 나 자신이 누구인지, 무엇을 하려고 태어났는지를 묻고 또 물었다. 나이 사십이 넘도록 공허한 마음을 달랠 수가 없었다. 그런데 상인운동을 하면서 나에게 던지는 질문이 없어져버린 것이다. 그걸 오늘에야 알게 된 것이다. 그렇다. 어려운 사람의 이야기에 귀 기울여 해결하는 과정에서 나의 존재를 찾게 된 것이다. 박 기자의 충고에 마음이 진정되었다.

이 난리가 일어난 지 나흘이 지난 오후, 아내와 서류정리를 하고 있는데 문제의 H 씨가 찾아왔다. 흐르는 정적을 깨고 백발의 그가 흐느끼며 무릎을 꿇고 용서를 구하는 것이 아닌가. 너무 당황스러워서 왜 그랬냐고 묻지도 못하고 있었다. 그는 사흘 동안 밤마다 자신의 꿈에 내가 나타나기에 괴로워서 도저히 그냥 있을 수가 없어 찾아왔다고 한다. 이제는 모든 것이 끝났다며 그를 일으켜 세우니 자초지종을 이야기한다. 상가 1층에 홈플러스가 들어와 자신은 도저히 장사할 수 없다고 하니 건물주가 기다렸다는 듯이 말했다고 한다. 때마침 GS에서 2층의 슈퍼마켓을 하고 싶어 하니 거기에 넘기면 권리금도 받을 거라고 했다는 것이다. 그렇게 하지 않으면 배수구며 시설 등을 이전의 상태로 복구해 돌려달라고 하기에 어쩔 수 없는 선택을 했단다. 그 결정을 내리기까지 너무 힘들고 괴로워서 잠을 잘 수가 없었다고 말하는 것이 아닌가. 참으로 기가 막힌다. 건물주도 건물주이지만 대기업끼리 한 상가를 두고 서로 입점하려는 행태는 정말이지 꼴사나워 보인다. 이것이 대한민국 대기업의 현주소인가.

되돌릴 수 없는 일이 되었기에 2차 피해가 우려되는 납품업체의 미수금이라도 제대로 챙겨주기를 당부했다. 일부 납품업체로부터 결재금액 중 20~30만 원도 일방적으로 차감하여 입금한다는 원성이 계속 들려왔기 때문이다. 그는 약속했지만 왠지 씁쓸함은 어쩔 수 없는 나의 몫이 되어버렸다.

대다수의 상인들이 이런 경우라면 어떤 선택을 할까? 사업조정제도를 통해 답이 보장되지 않는 투쟁의 길을 걸을까? 아니면 이 H 씨처럼 자신의 이익을 좇아 상대 기업에 점포를 넘겨주며 어쩔 수 없는 선택이라고 위안 삼을까.

목숨 걸고 쟁취해야 될 유통법과 상생법

중소상인들은 국회에서 지식경제부, 외교통상부, 공정거래위원회 등 정부 관계부처 책임자들을 만나 유통산업발전법 개정 문제를 협의했다. 그러나 정부 관계자들은 WTO(세계무역기구) 조항에 위배될 가능성이 있다는 이유를 들며 난색을 보여 서로의 견해차만 확인했다.

중소상인들은 2010년 2월 임시국회에서 'SSM(기업형 슈퍼마켓) 허가제'를 담은 유통산업발전법이 개정되지 않을 경우 18대 국회 전반기의 상임위원 교체와 6 · 2 지방선거 등으로 법안 처리가 더욱 어렵게 될 것으로 생각했다.

이 같은 상황이 여의도 중소기업중앙회에서 단식하는 계기가 되었다. 나는 촛불 행사의 사전 준비를 끝내놓고 회의 때문에 서울에 있었다. 사실 이때의 단식은 SSM법 통과를 위한 촛불 행사 준비 상황을 파악하던 회의 중에 나온 긴급제안이었다. 촛불 행사에 맞추어 상인대표단이 단식투쟁을 병행하면 효과가 극대화될 것이라고 했다.

촛불 행사는 부산에서 시작해 경남, 울산, 대구, 경기, 인천, 서

유통법과 상생법 통과를 위해 국회에서 기자회견을 열었다.

울까지 이어진 뒤 2010년 2월 22일 오후 7시 서울 청계광장에서 다 함께 촛불을 들기로 했다.

중소상인대표단의 단식투쟁과 동시에 부산 · 경남지역 중소상인들이 전국에서 가장 먼저 촛불을 들고 거리에 나섰다. 부산에서는 18일과 19일 저녁 중소상공인살리기협회 400여 명의 중소상인 회원들이 해운대 홈플러스 센텀점 앞에서 'SSM 허가제 촉구'와 '가맹점 허용 반대'를 내걸고 촛불문화제를 열었다.

경남도청이 있는 창원에서도 200여 명의 상인들이 대형마트 규제와 SSM 허가제 도입을 요구하며 촛불을 들었다. 중소상인들의 촛불은 정부와 한나라당을 정조준하기 시작했다. 한나라당의 텃밭인 부산 · 경남 상인들의 반응이었기에 언론에서도 심상치 않다고 여기는 듯했다.

한편으로는 중소기업중앙회에서 전국 중소상인 대표들이 SSM 가맹사업을 포함한 허가제 도입 등을 촉구하며 무기한 단식농성을 2010년 2월 18일부터 24일까지 7일간 진행했다. 전국유통상인회 공동회장이었던 나와 이휘웅, 인태연, 울산 지부장 이재우, 전국상인연합회의 회장 최극렬, 한국슈퍼마켓조합의 이사장 김경배 등이 단식을 시작했다. 상인들이 정부 정책을 비판하며 상복 차림으로 단식투쟁을 전개하는 일은 대한민국 정부 수립 이후 처음 있는 일이었다.

그동안 단식이나 촛불집회를 해본 경험이 없는 중소상인들이 이처럼 투쟁을 선택한 이유는 간단했다. 대형유통업체들이 편법으로 SSM을 가맹점 형태로 전환하는 등 사업 확장에 박차를 가하고 있지만, '기업 프랜들리' 정책을 표방한 이명박 정부와 한나라당은 SSM 규제에 소극적인 태도로 일관하고 있었기 때문이었다.

중소상인들의 농성을 지지하기 위해 민주당 정동영 · 정범구 의원, 민주노동당 강기갑 대표 · 이정희 의원, 진보신당 심상정 전 대표 · 조승수 의원 등이 방문했다. 22일 오전에는 정세균 민주당 대표, 오후에는 노회찬 진보신당 대표가 농성 현장을 찾아 중소상인들을 격려했다. 한나라당에서는 유일하게 부산의 이종혁 의원이 방문했다. 특히 이정희 의원은 자신이 단식할 때 사용했던 구운 천일염이 단식에 좋다고 살짝 건넸다. 대나무에 천일염을 넣어 황토로 봉하고 높은 온도로 아홉 번 구운 소금이었다.

갑자기 결정한 단식이라 사전 지식이 전혀 없었다. 당뇨 병력이 있는 사람이 단식을 하면 큰일 나는 줄도 몰랐다. 단식 전에 속을 비워 장내에 쌓여 있던 숙변을 제거해야 한다는 기초 지식조차 알지 못했다. 다들 끼니를 거르고 물과 약간의 소금으로 생명을 유지하는 정도로만 생각했다. 별 준비 없이 관련법을 통과시키고자 죽기를 각오하고 상복 차림으로 단식농성을 시작한 것이었다. 그러나 우리의 절박한 처지와는 달리 정작 유통산업발전법 개정에 대한 당론을 정하지 못한 집권 여당인 한나라당은 이를 외면했다.

단식을 시작하자 모두들 힘들어했다. 나와 이재우 지부장을 빼곤 대부분 건강에 적신호가 나타났다. 단식 5일째인 22일 오후, 서울 여의도 한나라당 당사 앞에서 SSM 규제 법안 개정을 요구하는 기자회견을 열었다. 상인들은 "한나라당과 정부는 4대강 사업 · 세종시 문제 등으로만 싸울 뿐 길거리에서 단식하고 있는 상인들의 면담 요청에는 일언반구도 없다"라고 비판했다.

한나라당은 WTO 규정 위배 가능성만을 거론하는 정부 기조에 맞춰 일부 의원을 제외하고는 SSM 허가제를 반대하거나 소극적인 입장을 취하고 있었다. 나는 "여당과 정부가 대한민국의 정체 모를 국익을 위해 중소상인들의 생존권에 나 몰라라 하고 있다"라고 호소했다.

상인 대표들의 규탄 발언이 끝나고 연대 발언을 하던 도중 단식 중이던 이휘웅 공동회장이 실신했다. 경남 마산에서 올라온 이 회장은 평소 당뇨와 고혈압 증세가 있었다. 어쩔 수 없는 상황이라 단식에 동참하지만 사실 걱정이었다. 단식이 이어지는 동안에도 다른 이들보다 더 힘들어했었다. 그의 지병 때문에 부인의 걱정은 이만저만한 것이 아니었다. 수많은 플래시가 동시에 터지며 이 회장의 실신한 모습을 카메라에 담았다. 구급차가 오기 전까지 우리는 걱정이 되어 모두의 눈에는 눈물이 그렁그렁 맺혔다. 사회자는 거의 흐느끼듯이 말을 이어갔다. 구급차가 이 회장을 병원으로 후송한 후 다시 마이크를 잡은 우리는 눈물을 흘리면서 "한 명이 아니라 열 명, 백 명이 쓰러질 때까지 싸울 것"이라며 결의를 다졌다.

22일 오후 7시, 부산 · 경남에 이어 서울과 경기, 인천, 울산, 대구 등의 중소상인 100여 명이 서울 청계광장에 모여 SSM 관련법 개정안 처리를 촉구하는 촛불문화제를 열 예정이었다. 청계광장에 도착해 SSM 규제를 호소하는 촛불문화제를 시작하려고 했지만 전 · 의경 5개 중대 350여 명의 경찰 병력을 배치해 행사를 사실상 원천봉쇄했다. 경찰의 봉쇄에 청계광장 대신 인근 청계천 광통교에서 촛불을 밝히려 했다. 우리들은 경찰에게 촛불을 빼앗기지 않으려 팔을 청계천 쪽으로 내밀고 걸었다.

결국 청계광장에서 열기로 한 상인 촛불문화제가 원천봉쇄로 무산된 뒤, 우리는 해산시키려는 경찰을 피해 조계사에 모였다. 여기에 참석한 강기갑 민주노동당 대표는 발언을 통해 정부의 무능함과 여당의 오만함을 비판했다. 이 자리에서 우리는 "더 이상 물러날 곳이 없다. 촛불을 들고 거리에 나와 싸우다가 연행당하겠다. 중소상인들의 단식농성과 촛불은 지방선거로 이어질 것이 분명하다. 심판의 날이 얼마 남지 않았다"라고 확실히 경고했다.

산고 끝에 유통법과 상생법이 통과되다

김무성 의원은 2010년 5월 5일, 집권여당의 원내대표가 되었다. 김 원내대표 취임을 히든카드라고 나는 생각했다. 집권여당의 얼굴마담 격인 김 원내대표의 지역구인 부산 남구에서 대규모 집회를 연다면 아무리 바빠도 신경을 쓰지 않을 수 없을 거라는 계산이었다. 출장으로 서울에 있던 나는 진건호 협회 본부장에게 전화를 걸었다. 5월 7일 점심때였다. 김 대표의 용호동 지역구 사무실 앞에서 인원 1000명이 모일 집회 신고를 남부경찰서에서 낼 것을 요청했다. 미리 남부경찰서 정보과에 전화를 걸어 협회 본부장이 집회 신고하러 갈 것이라며 협조를 구한 뒤였다. 진 본부장이 집회 신고를 한지 4시간 정도 지날 무렵 김무성 원내대표가 직접 내게로 전화를 걸어 왔다. 정보과에서 집회 신고가 들어온 내용이 지역구 사무실을 통해 김 원내대표에게 전달될 것이란 예측이 맞아떨어진 것이다.

굵은 저음으로 그는 "이정식 회장, 그래도 내가 원내대표인데… 월요일 오후에 만납시다"라며 만남을 청했다. 집권여당의 원내대표가 된 지 일주일도 되지 않은 시점에 김 원내대표를 만나게 되는 거였다. 그와의 통화가 끝난 후 긴급하게 전국유통상인연합회 실무진을 통해 각 단체 대표들에게 월요일 원내대표 간담회 일정에 참여해주길 요청했다. 나는 속으로 잘하면 금년 내에 유통법과 상생법*의 통과가 가능하겠다고 생각했다.

사실 지난 2월, 7일간의 단식 때 느낀 나의 생각은 집권여당의 의지와 협조 없이는 두 법의 통과가 어렵다는 것이었다. 김 원내대표 취임년도 말까지 승부수를 던지지 않으면 더는 기회가 오지 않을 수도 있다고 여긴 것이다.

5월 10일 오후, 한나라당 원내대표실에 들어갔다. 2월 단식에 동참했던 상인대표단과 실무진 그리고 시민단체 대표, 변호사 등이었다. 12명의 인원이 줄을 지어 들어가니 그는 우리를 쳐다보고 눈이 휘둥그레졌다. 아마 나 혼자와의 만남인 줄 알았는데 각 상인대표들이 들어오니 무례하다고 느꼈는지 마뜩잖은 표정이었다. 나는 미안했지만 이렇게까지 하지 않으면 여당 원내대표를 만나 담판을 짓기 어려우니 어쩔 수 없다고 생각했다.

우리는 양쪽 소파에 나누어 앉았다. 우리들의 요구사항을 다 듣고는 그는 한참을 아무 말 없이 턱을 괴고 있었다. 제법 오랜 시간 동안 침묵만이 흐를 뿐이었다. 앞에 앉은 상인의 숨소리마

---

* 유통법은 전통시장 상권보호를 위해 전통상업 보존구역 반경 500m 내에서 SSM의 등록을 제한할 수 있도록 하는 내용이 주요 골자다. 또한, 상생법은 대기업의 지분 51% 이상이면 SSM 가맹점을 사업조정신청 대상에 적용시키는 내용이다. 상생법 개정 전에는 '대기업이 SSM을 직영할 경우'에만 사업조정신청을 통해 영업정지 등의 권고를 내릴 수 있었다.

저 들릴 정도였다. 침묵을 깨뜨린 사람은 김 원내대표였다. "알겠습니다. 올 연말까지 두 법을 통과시킬 테니 걱정 말고 돌아가십시오"라고 했다. 어떻게 그 말을 믿느냐고 따지는 상인들에게 무조건 자기를 믿으라고만 했다.

불과 5개월 전의 약속이었다. 한나라당과 민주당은 10월 25일에 유통법을 먼저 처리하고 상생법은 2010년 12월 9일까지 처리하자고 합의했다. 그러나 여당의 자유무역협정(FTA) 특위 조찬간담회에 참석한 김종훈 통상교섭본부장이 "상생법은 영원히 안 된다"라며 반대한 내용이 언론에 다루어졌다. 그는 10월 22일 국정감사에서도 상생법 개정안을 12월 9일까지 처리하기로 한 여야 합의안에 대해 반대한다는 입장을 밝혔다. 한나라당이 유통법만 통과시키려 한다면서 민주당은 2개 법안을 동시에 처리하자고 입장을 바꾸었다. 통상기술자인 김 본부장의 말에 한나라당과 민주당은 오락가락했다. 김 본부장의 딴죽에 여야 합의가 깨져버렸고 상인들은 절망했다.

유통법과 상생법 입법 논란의 초점은 한-EU FTA에 맞춰져 있었다. 홈플러스의 대주주인 영국 테스코가 상생법의 통과에 강한 불만을 가지고 있으니 영국과의 통상 마찰이 우려된다는 논리였다. 김 본부장은 국회에서 수차례 이 논리를 펴며 2010년 4월에 두 법을 동시 통과시키자는 여야 합의를 7개월 동안 막고 있었다.

그러나 마틴 유든 주한 영국대사는 "국내 SSM 관련 규제에 대한 반대 문제와 한-EU FTA 비준 건은 전혀 별개의 사안"이라는 영국의 공식 입장을 밝혔다. 도저히 납득할 수 없는 김 본부장의 독단 때문에 국회가 허송세월을 보냈다. 국회 입법이 지연되는 사이 늘어난 SSM의 개점 수는 전국적으로 200여 곳을 훌쩍 넘겨 버렸다. 야당의원들은 김 본부장이 국회를 우롱했다며 그를 해임해야 한다는 성토가 줄을 이었다. 그 뒤 김종훈 본부장은 새누리당 소속으로 서울 강남구 을에 출마해 19대 국회의원으로 당선되고 2012년 5월부터 2016년 5월까지 의정 활동을 했다.

10월 29일 오후 3시 서울 여의도, 집권여당인 한나라당 당사 앞 기자회견장에 모인 상인들은 약이 오를 만큼 올랐다. 여야 정치권의 공 돌리기 게임에 더는 참을 수가 없었다. 전국유통상인연합회의 공동회장들과 각 지역 회원들은 울분을 표시하는 의미로 각자의 사업자등록증 사본을 찢는 퍼포먼스를 벌였다.

이후 혈서를 쓰는 행사가 있었다. 나는 면도칼로 오른손 새끼손가락을 베었다. 잘린 살점이 힘없이 떨어져 나갔다. 손가락이 따끔거리니 가슴마저 시렸다. 새끼손가락을 흰색 천에 대고 글씨를 적었다. 손가락이 천에 닿으니 머리끝까지 화끈거렸다. 여기저기에서 카메라 플래시가 번쩍번쩍 터졌다.

쌀쌀한 가을 날씨에 그늘이라 그런지 생각처럼 피가 잘 나오지 않았다. 왼손으로 새끼손가락을 꾹꾹 눌러 짜내니 작은 피 뭉치가 나왔다. 상인들은 국회가 상생법과 유통법을 한꺼번에 통과시키라며 피로 '동시 처리'라는 글씨를 썼다. 혈서였다. 그러면서 "한나라당은 유통법을 한 달 정도 먼저 처리해야 한다고 한다. 차라리 한 달 뒤에 2개 법을 동시 처리해달라고 했지만 아무

반응이 없었다. 상생법을 통과시킬 의지가 없는 것이다"라고 했다. 또 다른 상인은 "외국 눈치 보다가 600만 자영업자 다 죽일 셈이냐?"라며 울분을 삭이지 못했다.

4월 23일에 있었던 국회 지식경제위원회(지경위) 회의에 상인대표로 참석했다. 김영환 지경위위원장은 간단한 절차 확인 후 나에게 발언의 기회를 주었다. 나는 많은 국회의원들에게 유통법과 상생법의 입법이 반드시 필요하다며 간절하게 말했다. 많은 의원들의 질문에 대기업의 골목상권 진입에 우리들이 처한 상황과 피해 사례를 열거하며 입에 단내가 나도록 설명했다.

대구의 한 의원은 입법에 대한 동의를 하지 않는 듯해 보였다. 그 의원은 소비자의 불편함과 더불어 농협이 사업조정대상에 들어가면 농민의 피해가 크다고 했다. 그때 부산의 이종혁 의원이 나의 구원투수로 나섰다. 한 시간 이상의 설전이 오가던 중 이 의원은 김영환 위원장에게 잠시 휴회를 신청했다. 그는 휴회 때 옆 사무실로 한나라당의 여러 의원들과 나를 불러 방안을 논의했다. 이 의원은 반대하는 한나라당 의원들을 설득했다. 진심으로 고마웠다. 그 자리에서 농협 구제안으로 농축산물 비율을 정하면 된다는 안까지 나왔다.

다시 회의를 시작할 때 나는 밖에서 대기하는 실무진을 불러들여 구체적인 보충설명을 하는 것이 어떠냐고 물었다. 김영환 위원장이 실무자를 들어오도록 허락해 밖에 있던 신규철 위원장을 불러들였다. 편의점 출점형태와 출점수를 의원들에게 설명해달라고 말했다. 신 위원장은 두꺼운 가방에서 두툼한 종이서류를 꺼내더니 편의점 외 전반적인 내용을 설명하며 의원들의 의문을 해소시켰다. 이종혁 의원의 도움과 신 위원장과의 환상적인 콤비로 지경위를 통과했다.

7개월 후 천신만고 끝에 유통법과 함께 중소상인을 위한 쌍둥이 법안인 상생법이 '찬성 247 대 반대 7'로 11월 25일 국회 본회의에서 통과되었다. 유통법은 그보다 앞선 11월 10일 통과한 터였다.

우여곡절 끝에 통과된 유통법과 상생법 개정안은 우리의 마음을 마냥 흡족하게 하지는 않지만 많은 상인들의 피눈물 나는 산고 뒤에 만들어진 귀한 법이다. 가만히 있었다면 이 법이 만들어지지 않았을 것이다. 어렵게 만든 법이니 만큼 골목상권에 도움이 되도록 다함께 힘써야 할 것이다.

단식이 준
소중한 열매

단식을 하면 배고픔의 고통이 있기 마련이다. 이틀에서 사흘이 가장 힘든 시기이고, 사흘이 넘어 음식을 먹으면 먹자마자 설사하기 십상이다. 배고픈 고통을 잊으려 소금을 새끼손가락 끝에 살짝 찍어 먹으면 이 짭짤한 맛이 꿀맛일 때가 있다. 이내 물을 들이켜면 시장함을 달랠 수가 있다. 그렇다고 마시는 물의 양 조절이 안 되면 민망한 일이 생길 수도 있다. 음식을 먹는 것이 없으니 큰 볼일은 생기지 않지만 몸의 원기가 없어 소변 마려움이 느껴지면 참기가 무척 어렵다. 아차 하면 큰일이다.

새벽 5시가 넘으니 세상이 점차 밝아지는 6월이다. 이른 새벽 눈을 뜨면 야외 천막 속에서 잔 탓인지 온몸이 뻣뻣해지고 얼굴은 부스스하다. 이른 시각부터 하루가 시작되면 저녁 늦은 시간까지 보초 서듯 앉아 있는 시간이 정말 지루하고 힘들다. 도로변에 설치된 천막이라 내리막으로 지나가는 차는 탄력을 받아 쌩쌩 소리를 내니 매우 시끄럽다. 반대 차선의 오르막을 운행하는 화물차의 거친 엔진 소리는 흡사 탱크 같다. 과중한 화물을 실은 트럭에서 나온 매캐한 매연 냄새라도 맡게 되면 정신이 아뜩해진다.

이른 새벽에 화장실을 가는데 주위가 엉망이다. 지난 밤사이 계속 쏟아진 비바람에 천막을 둘러싼 비닐하우스는 뒤엉켜 있다. '단식 11일째'라고 적힌 종이는 비에 젖어 찢겨 나갔다. 한숨도 못 자고 나를 보호하던 이규호 사장은 동이 트자 곯아떨어졌다. 밤새 얼마나 고생을 했던지 몰골이 말이 아니었다. 그는 하루 전 종일 끼니를 걸렀다. 단식을 하는 내 옆에 있으니 자신도 하루 단식하는 것이 도리라며 끝내 식사를 하지 않았다. 내가 단식을 시작한 지 열흘이 넘어 기력이 쇠약해진 상태에서 비라도 맞으면 감기에 걸릴까 걱정했다. 그는 간밤에 내린 많은 비로 천막이 무너지는 것을 막으려 밤새 뜬눈으로 빗물을 계속 비우고 있었다.

광안리에서 '농축산마트'를 운영하고 있는 이 사장은 단식 삼일째 저녁에도 천막을 지키며 유통업에 종사하는 지인들을 불렀다. 많은 상인들을 나의 앞에 앉히고는, 단식을 할 수밖에 없는 상황을 설명하면서 우리가 나서지 않으면 모든 일터를 대기업에 빼앗긴다고 열정적으로 말했다. 까칠한 투로 말을 하는 그였지만 단식 이후 허리가 끊어질 듯 아파하는 나를 보고 손에 차고 있던 팔찌와 목걸이를 풀었다. 나에게 목걸이를 걸어주며 "이 팔찌와 목걸이는 허리가 아픈 나에게 어머니가 선물한 게르마늄 제품인데 효과가 있더라"라고 말했다. 선뜻 내키지 않아 거절하자 "나에게는 아주 귀한 것이지만 지금 이 팔찌와 목걸이의 주인은 회장님이다. 내일이면 허리가 아프지 않을 거다"라며 피식 웃었다. 정말 그에게 고마웠고, 그의 따뜻한 마음 덕분인지 다음 날이 되자 아픈 허리는 언제 그랬냐는 듯이 전혀 아프지 않았다.

그 누구보다 나를 생각해주었던 그는 간밤의 비바람에 나를 지킨다고 못 자다가 동이 틀 무렵 곤히 잠들었다. 옆으로 누운 그의 얼굴을 보니 일전에 하소연하던 말이 생각났다. "피눈물 나도록 이를 악물고 홀로 일어섰는데 이젠 너무 힘들어 버틸 수가 없다. 차라리 이 나라에서 살기 어려우니 이민이라도 가고 싶다." 나는 아무 말도 하지 않았다. 그의 말이 비수로 심장을 찌르는 듯 아팠다.

그는 초등학교 3학년 때부터 아르바이트를 할 수밖에 없었던 어려운 시절을 늘 마음속으로 새기며 살고 있다고 했다. 그런 그였지만 직원을 배려하는 마음은 각별한 모양이었다. 직원들 모두가 한마음으로 똘똘 뭉쳐 어려움을 이겨나가고 있었다. 강말수 야채 반장은 "이 사장 매장에서 일하면서 남의 일이라고 한 번도 생각한 적이 없다. 내 일보다 더 신경이 간다. 정말 열심히 사는 이 사장이 잘되면 좋겠다"라고 말한다. 시금치를 다듬으면서 다시 나를 보고선 "내 아들도 이 사장의 매장에서 아르바이트를 하며 일을 배우고 있다. 아들도 좋아하고 나도 든든하다"라는 것이었다. 평소에 직원들에게 어떤 사장인지 가늠할 수가 있었다. 직원들에게 인정받는 이러한 사업장이 대기업에 밀려서 도태되는 것은 좋은 일자리가 사라지는 결과로 이어진다. 새삼 동네 상권을 지키는 일의 막중한 책무를 실감했다.

내가 17일간의 단식을 할 때 많은 상인들은 자진하여 하루씩 단식에 동참하며 나를 지켰다. 저녁이면 3~5명의 상인들이 함께 했고 낮이나 밤이나 자신의 지인들과 협력업체들을 불러 우리의 처지와 앞으로의 할 일을 설명했다. 어떤 날은 직원이 올 때도 있었다. 한양스토아 본점에서 근무하는 최용성 상무는 저녁에 편지를 적는 나와 함께, 자녀에게 처음으로 편지를 적으면서 뜻깊은 단식 현장에 동참하여 마음이 흐뭇하다고 말했다. 나는 아들 도현이와 딸 가율이에게 편지를 적고 있었던 터였다.

많은 상인들도 우리가 단식까지 하게 된 상황을 알게 되었다. 그러다가 단식 3일째 연제구청장이 이마트타운의 영업등록을 인가해주자 상인들의 분노와 실망은 극에 달했다. 나는 처음부터 그 구청장의 성향을 알고 있었기에 영업등록인가가 날 것이라고

17일간의 '이마트타운 연산점 입점 철회 촉구' 단식 투쟁은
상인들을 하나로 뭉치게 했다.

여겨 대수롭지 않게 생각했다. 상인들도 예상과는 달리 영업등록인가 후 더욱 결집되었다. '자연쌀 유통'의 이미영 사장은 전기장판과 간편한 옷가지를 사 오는 등 하루도 빠지지 않고 이사와 함께 단식현장을 찾아와 나의 건강을 물었다. 이후 납품업체 등 많은 상인들의 응원이 계속 이어졌다.

먹고사는 것이 정치상황과 밀접한 관계가 있다는 것을 직접 눈으로 보고 겪으면서 많은 상인들의 마음속에 자연스럽게 정치적인 지향점이 생겼다. 상인들은 정치적인 판단으로 뭉치지 않으면 누구도 상인들 편에서 상인들을 위한 정책을 만들지 않는다는 것을 알았다. 모여서 회의를 하거나 삼삼오오 이야기를 하면 "정치가 밥 먹여주나?"라고 외쳤던 이전의 생각이 잘못되었다는 자성의 목소리가 나왔다.

김덕수, 이상로, 심학섭, 신용종 사장 등 모든 임원들은 회의 중에도 대놓고 정치적인 발언을 해댔다. 이전에는 공식적인 회의에선 정치적인 발언은 금기시했던 사항이었다. 단식현장에서의 공감대는 5개월 이후 열린 만명상인궐기대회의 촉매제가 되었고, 다시 6개월 후 있었던 6 · 13 지방선거 때 2만 700명이 부산시장으로 민주당 후보를 전폭적으로 지지 선언하는 결과로 나타났다. 당시 재임 중이던 부산시장과 연제구청장은 대형마트 입점에 우호적이던 새누리당(현 자유한국당) 소속이었지만 민주당은 당 차원에서 복합쇼핑몰 입점을 공식적으로 반대하며 경제민주화를 정치 이념으로 삼고 있었다.

이학영 을지로 위원장의 단식현장 방문을 계기로 17일간의 단식을 정리하고 병원에서 이틀동안 건강 상태를 점검했다. 단식현장을 하루도 빠짐없이 들렀던 박영숙 부장은 병원으로 죽과 미음 등 음식을 가져왔다. 누가 시켜서 할 수 없는 대단한 정성이었기에 고마움을 영원히 잊을 수가 없다.

병원에서 퇴원하는 날 아침 일찍 이석구 고문과 이용재 지부장이 들러 내 건강을 살피며 위로의 말을 건넸다. 이후, 이규호 사장이 병실로 들어왔다. 그는 병원비를 계산했다며 "회장님의 17일간의 단식이 상인들의 의식을 바꾸었다. 너무 고생 많았다"라고 하는 것이었다. 이 사장 같은 상인들이 함께하는 세상이라면 힘든 여정이라도 따뜻하고 슬기롭게 헤쳐 나갈 수 있을 것 같았다.

단식으로 연제구청장의 이마트타운 영업등록인가를 막지는 못했지만 그 계기로 상인들은 똘똘 뭉쳤고 우리 손으로 미래를 준비해야 한다는 귀한 교훈을 얻었다.

"대통령님 도와주세요"
슈퍼맨들의 간절한 외침

"아, 예. 반갑습니다. 우리 중소상인들을 보호하기 위해 특단의 조치가 필요하다고 판단하고 있습니다." 사회자의 휴대폰 넘어 들려오는 음성이 대형 스피커를 통해 울리니 "어, 어 문재인 대통령 목소리다"라는 상인들의 소리가 여기저기에서 터져 나왔다. 상인들은 대통령의 음성을 한 자라도 놓칠새라 숨죽여 귀를 기울였다. 사회자가 "중소상인 6대 정책 제안과 골목상권을 살리기 위한 여야민정협의체 구성을 제안합니다"라고 말했다. 여기에 대해 문 대통령은 "이 부분 제가 확실히 챙기고 할 수 있는 모든 일은 하겠습니다. 상인 여러분! 지금까지 대기업의 무분별한 침탈로 골목상권이 다 쓰러지는 동안 정치가 여러분에게 도움을 못 줘서 유감으로 생각합니다. 앞으로 우리 중소상인들이 보호받고 경쟁력을 가질 수 있도록 제대로 된 정책을 만들어가겠습니다. 여러분 힘내십시오"라고 화답했다.

상인들의 염원을 꿰뚫고 있는 대통령의 명쾌한 대답에 박수 소리는 우레와 같았다. 절박한 마음의 상인들이 가게 문을 닫고 만명상인궐기대회에 나온 자리였다. 대통령의 말씀이 현실이었으면 얼마나 좋았을까. 상인들은 그들의 희망 사항을 문재인 대통령 목소리로 성대모사한 것을 알고는 폭소를 터뜨리며 너그럽게 이해했다. 문 대통령 목소리의 주인공은 부산시민 이상목 씨였다. 상황을 파악하고는 모두들 크게 웃으며 박수갈채를 보내주었다.

2017년 11월 20일 오전 11시, 부산시 부산진구의 송상현광장에는 추운 날씨에도 불구하고 상인들이 5000명 넘게 모였다. 부산에서 장사하는 슈퍼마켓 사장, 납품하는 도매업자, 그리고 직원들이 하루 휴점 시위에 나선 것이다. 복합 쇼핑몰 이마트타운을 비롯해 노브랜드, 코스트코, 탑마트, 이마트24 등 부산 곳곳에 줄줄이 입점하려는 대기업 유통업체의 무분별한 매장 확대가 감지되어 불안한 마음에 장사를 할 수가 없다며 거리로 뛰쳐나왔다.

이 많은 상인들이 점포 문까지 닫고 나오게 된 출발점은 이마트타운 영업인가를 막기 위한 5개월 전의 단식투쟁이었다. 상인들은 단식투쟁으로도 세상 사람들을 움직일 수 없자 대규모 휴점 시위로 자신들의 목소리를 크게 만들어 보여주어야겠다고 생각했다.

점포 문을 닫고 만 명의 상인이 모여 위급한 처지를 알리자는 결의가 되면서 집행부는 바빠졌다. 협회 사무처는 김영석 처장을 필두로 기획부터 동원 인원 조직까지 석 달의 시간 내에 대형 행사를 준비해야 했다. 특히 추석이 준비 기간 중간에 있어서 여러 가지로 협조가 어려웠다. 사무처는 추석 이후 일요일도 없이 늦

대기업 유통업체의 무분별한 매장 확대에 5000여 명의 상인들이
가게 문까지 닫고 절박한 마음으로 부산진구 송상현광장에 모였다.

은 시간까지 일해야 했다.

먼저 만명상인궐기대회 개최를 위한 설명회를 부산 소매업체 사장들을 대상으로 서면 로터리 근처 코스웬 금융서비스 대회의장에서 열었다. 코스웬 금융의 이승호 이사는 "우리 회사도 중소기업이니 당연히 대회에 식구들과 같이 참석하겠다"라며 무료로 장소를 제공했다. 이 자리에서 많은 중소상공인 업체 사장들이 만명상인궐기대회 개최를 전폭적으로 지지했다.

수영구에서 소매업체를 운영하는 이숙경 사장은 "그동안 바쁘다는 핑계로 골목상권 보호 활동에 동참하지 못해 죄송하다. 내 사업체를 지키기 위해서라도 회원이 되어 적극적으로 참여하겠다"라고 말했다. 이 사장은 현장에서 협회 가입서를 작성했고 적지 않은 회비를 내는 회원이 되었다. 이후에도 언론 인터뷰나 이마트 관련 재판 준비에도 적극적으로 나서는 등 그 누구보다 열심히 활동하고 있다.

코스웰 금융서비스 설명회에서 용기를 얻어 이번에는 구별 설명회를 순차적으로 열었다. 150명 정도 모인, 해운대구 문화회관에서 열렸던 첫 구별 설명회는 임형준 지부장이 백방으로 뛰어다니며 상인들을 모았다. 이날 참석하지 못한 상인들은 궐기대회에는 모두 오기로 했다며 명단을 제출했다. 임 지부장은 원래 제조업체 지점장 출신이었다. 소매 사업을 하면서 탁월한 사업 수완으로 주위를 돌아보지 않고 사업에 매진해 사세를 확장했다. 주변 소매업체와 교류는 없었다. 그러다 자신의 점포 근처에 이마트 노브랜드가 입점하려고 하자 협회에 찾아왔다. 이후 소기의 성과를 얻게 되자 상인들도 뜻을 모으고 결집하면 대기업으로부터 자신의 사업체를 지킬 수 있다는 것을 깨달았다고 했다.

그러나 모든 구에서 성공적으로 사업설명회가 이루어진 것은 아니었다. 금정구는 미처 준비되지 않았는데 일정상 할 수 없이 강행했다. 단 여섯 명만을 대상으로 사업개요를 설명하는 일도 있었다. 귀한 시간을 내서 참석한 상인들의 입장을 생각하니 사실 낯이 뜨거웠고 기운이 빠졌다.

구별 사업설명회를 순차적으로 마치고 드디어 만명상인궐기대회를 열었다. 그토록 듣고 싶었던 상인들의 소망을 성대모사로나마 대신하며 갈증을 푼 것이었다. 사실 많은 부산 상인들은 문 대통령이 이마트타운 입점 반대 단식까지 한 것을 안다면 이 문제를 한 번쯤은 언급해주길 바랐다. 문재인 대통령이 후보 시절에 인천 부평구의 신세계 복합쇼핑몰 입점 반대 연설을 하면서 결국 신세계가 포기했다는 사실을 알고 있기에 더욱 기대한 것이었다.

신용종 사장은 남구에서 장사를 할 때 50m 옆에 롯데마트가 들어오면서 매출이 곤두박질해, 점포를 내놓고 대형유통업체가 있는 장소를 피해 재기를 시도했다. 신 사장은 그칠 줄 모르는 신세계 이마트의 다양한 형태의 진출에 대해 "해도 해도 너무한다. 복합쇼핑몰에 대형마트 이마트, 에브리데이, 노브랜드, 이마트24로 대한민국 골목상권을 싹쓸이하는데 정부나 대통령이 한마디만 해주지"라며 종종 아쉬움을 드러냈다.

문재인 정부에서 복합쇼핑몰 규제 등 골목상권을 보호하는 정책을 표방하지만 국회에서는 거대 야당의 반대로 입법 통과가 되지 않으면서 실질적인 효과가 없는 상태다. 이낙연 총리는 "최근 몇 년 동안 한국 대기업의 젊은 총수들이 한 일이 머릿속에 별로 떠오르지 않는다. 굳이 떠올린다면 골목상권 침범이다. 대기업이 넓은 글로벌 시장에서 경쟁하고 골목으로 들어오지 않길 바란다"라고 국회 인사청문회에서 말했다.

절벽에 매달린 자영업자들의 심정은 하루하루가 피 말리는 지경이다. 언제까지 자영업자들이 자신의 점포 옆에 대기업 유통업체가 들어올지 몰라 불안한 마음으로 밤잠을 설쳐야 할까. 오죽하면 이들이 휴점을 하고 만명상인궐기대회까지 열었을까. 자영업자들은 이 총리의 발언이 진심이라고 믿고 싶다. 진심 어린 말로 자영업자들의 마음을 보듬었다면 이제부터라도 실질적인 정책이 뒤따르길 기대한다.

시대는 협동조합을 요구했지만

"성공 가능성이 1%도 안 됩니다. 이대로 진행하면 회장님 사업체도 어려워집니다." 협동조합 설립에 뛰어드는 나를 보며 부산일보 경제부 박진국 기자가 한 말이었다. 그의 진심 어린 충고가 가슴에 와닿았지만 그만둘 수는 없었다. 법에만 기대어 골목상권을 지킨다는 것은 '바람 앞의 촛불 같은 삶'이란 생각이 들었다. 정권이 바뀔 때마다 관련 법이 어떻게 될지 모르는 상황이라 벼랑 끝 인생으로 살아가는 것처럼 느껴졌다. 또한, 소비자의 눈높이에 맞는 경쟁력을 갖추지 않으면 언젠가는 외면당할 것이라고 보았다.

한편으로는 상생법의 사업조정신청 조건이 아주 까다로워졌다. 그간 협회에서 사업조정신청을 했지만 신청 단체의 자격에 대해 이마트 같은 대기업에서 계속 트집을 잡았다. 사업자 단체가 피해의 실질적인 대상자로 나서야 했다. 상생법을 활용해 사업조정신청을 하려면 협동조합 형태로 바꾸지 않으면 안 되었다.

대기업은 유통법과 상생법이 통과되어도 변형 출점 형태로 교묘하게 점포 수를 늘려갔다. 관련법에는 구멍이 뚫려 입법 운동도 필요하지만 자체의 경쟁력을 키우지 않으면 안 되었다. 시대가 우리에게 협동조합을 요구했다.

개인적으로는 전국 브랜드인 식품 대기업의 대리점 사업을 15년간 하면서도 지역 경제를 살려야 한다는 모순에 빠져 있었다. 내가 판매한 제품은 대부분 타지역에서 만든 것이었고, 결제 대금은 서울 본사 계좌로 입금되니 지역 자금이 유출되는 구조였다. 이런 현실을 인식하니 지역 경제를 죽인다며 대기업만 탓하던 모습이 부끄러워졌다.

많은 사람들에게 이 고민을 털어놓으며 "협동조합을 설립하는 것이 어떻겠느냐"라고 물으니 모두들 고개를 절레절레 흔들었다. 그렇지만 내 생각은 더 확고해졌다. 나는 "부산은 기장미역과 부산어묵이 유명하지만 동네 슈퍼마켓에 대기업 제품만 진열되어 있다. 그동안 우리들이 지역 경제에 무신경했었다"라고 말했다. 협동조합을 만들어 지역 상품을 브랜드로 개발하고 유통해 지역민이 소비하면 지역 경제가 살아날 것이라고 말하고 다녔다. 대기업 유통망으로 골목상권까지 무너지는 상황에서 우리 삶의 터전도 지키고, 지역 제조업체도 도와줄 수 있는 길이니 쉽지 않지만 충분히 해볼 만한 가치가 있다는 생각이 들었다.

인터넷 쇼핑몰 위주로 유통 구조가 바뀌면서 중간 도매업체가 설 자리가 없어지고, 이마트 등 대기업에서 도매사업을 추진해 골목상권까지 진출하는 상황이었다. 옛 유통 구조를 탈피하고 자체 물류센터를 마련해 가격과 마케팅에서 경쟁력을 갖춰야 했다.

한편으로는 식자재 대기업과 SSM의 사업조정신청 주체가 필요했다. 시기를 놓치면 대기업의 입점을 지켜보면서 아무것도 할 수 없는 지경에 이를 것이 뻔했다. 대리점 사업을 정리하고 조합 설립에 집중하려고 했다. 사람들은 내 생각에 대해 우려했다. 그러나 7년 동안 협회 일에 모든 에너지를 쏟아붓는 사이에 운영하는 사업체도 많이 기울어져 있었다. 식품 제조업체인 본사도 대리점 사장인 내가 협회 회장으로 대형마트에 맞서자 부담이 많은 듯했다. 식품 제조업체도 '을'의 입장에서 대형마트의 눈치를 살펴야 했다. 심지어 회장직을 그만두고 사업에 매진하면 별도의 장려금을 책정하겠다는 제안까지 했다. 대리점 사업은 이래저래 쉽지 않았다. 마침 사업을 인수하고 싶다고 소개받아 찾아온 젊은 사람들이 있어 이참에 정리하기로 했다. 더 이상 조합 설립을 미룰 수 없는 상황이 더욱더 나를 조합 사업에 뛰어들게 한 것이었다.

사업을 정리한 후 본격적으로 조합원 모집에 나섰다. 그러나 조합원 모집은 쉽지 않았다. 협동조합에 대한 상인들의 인식은 매우 부정적이었다. 일부 상인들은 협동조합을 동업 정도의 개념으로 오인하고 있었다. 자조 · 민주주의 · 평등 · 공정 · 연대를 표방하는 협동조합의 기본적 가치는 그들에게 무의미했다. 도리어 가치와 원칙이 주식회사의 개념과 다르다며 협동조합은 현실을 잘 모르는 이상이라고 폄하하기까지 했다. 독자적인 사업을 해오던 상인들이기에 유통 환경이 어려워졌다고 하루아침에 의식이 바뀔 수는 없었다. 그들은 사업성이 있는지가 관건이었기에 그나마 물류센터에 관한 관심은 상당히 높았다. 물류센터를 통한 공동구매로 원가가 최소 20% 정도 절감될 것이라고 예상했다.

2012년 4월, 상인 51명이 모여 부산도소매생활유통사업협동조합(부산유통조합)을 설립했다. 물류센터 건립이 가능한 중소기업 특별법에 의한 조합 형태였다. 전국 최초로 소매상인, 도매상인, 지역생산자가 조합 발기인이 되어 1인당 80만 원씩, 총 4080만 원의 출자금을 마련해 출발했다. 조합원 숫자를 500명 이상으로 늘리는 개방형 조합을 만들고자 했다. 부산유통조합은 골목상권 내 소매점과 도매업체 간의 협력 모델을 실현하고, 대기업 유통업체의 지역경제 파괴 행위에 맞서도록 골목상권의 경쟁력을 제공하는 것을 목표로 삼았다.

광역물류센터를 추진하면서 조합원 공모를 통해 '함께 사는 세상'이라는 뜻의 '두리누리'라는 브랜드 이름을 짓고 특허 등록을 했다. 조합의 일이 척척 진행되고 있었으나 막상 조합원들이 자신의 사업체를 유지한 채 조합 활동을 하는 것에는 한계가 있었다. 전체가 한마음 한뜻으로 움직여야 했지만 조합 회의를 열기조차 어려웠고 상근자들은 늘 힘들어했다. 대다수 조합원들은 조합 제품을 만들어 시장에 진입하는 것이 불가능하다고 생각하는 듯했다. 소매 조합원들은 조합 신제품이 전국 유명 브랜드에 맞서도 결국에는 소비자들에게 선택받지 못할 거라고 지레짐작했다. 그나마 도매 조합원들이 조합의 신제품에 관심을 보일 뿐이었다. 조합에서 신제품이 나오면 소매 조합원들의 입점 동의 및 판매 협력으로 조합이 성장하는 구조로 기획한 것인데 대부분 광역물류센터 건립에만 관심을 쏟는 것 같아 우려가 되었다.

창원에서도 SSM 진출로 타격을 입고 있는 골목상권을 보호하기 위한 '창원중소유통공동물류센터' 건립이 본격화되고 있었다. 물류센터는 창원시 농산물도매시장 옆 시유지 6600여m^2에 지하 1층, 지상 2층 규모였다. 사업비 총 103억 원 중 국비가 54억 8400만 원, 시비가 41억 3600만 원이었고 조합의 자부담이 1억 8000만 원이었다. 조합의 부담금은 1% 정도였다.

인근 창원 지역 상황을 잘 아는 부산 상인들의 기대치는 매우 높았다. 그러나 조합원의 기대와는 달리 부산 전체 물류를 감당할 대규모 물류센터의 입지선정이 쉽지 않았다. 1만m^2 규모의 최적지를 도심에서 구하는 건 '하늘의 별 따기'였다. 그렇다고 접근성을 무시하고 외곽으로 나갈 수도 없었다. 부산시도 관심을 보이는 듯했으나 300억 원이라는 물류센터 예산 규모에 엄두를 내지 못했다. 부산시는 옛 반여동 대우 사택과 기장경찰서 옆 부지 두 곳을 내밀었다. 반여동 부지는 경사 30도 이상의 언덕 위에 자리하고 있어서 물류센터 기능을 수행하기 부적합하다며 조합원들이 부결시켰다. 기장경찰서 옆의 부지는 자연녹지였는데 실측 나온 건축 전문가는 진입로가 좁아서 대형차량이 급회전하여 진입하는 문제점이 있다고 부산시 관계자에게 말했다. 조합원들은 진입로에 대해 한 치의 고민도 없이 전문가의 말에 곧바로 동의하며 입장 정리하는 시 관계자를 보며 생색내기식의 행정이라고 생각했다.

결국 두 곳 다 물류센터 장소로는 부적합하다는 결론이 났다. 물류센터 입지 선정의 어려움과 예산 문제로 물류센터 추진은 물거품이 되었다. 부산시가 적극적으로 나서지 않으면 조합의 힘만으로는 어렵다는 것을 조합원들은 느끼기 시작했다. 조합의 추진력은 뚝 떨어졌고 조합원들은 부산시의 의지를 의심했다. 창원처럼 물류센터가 가능한 시 소유 부지를 제시하지 않고 부적합한 부지로 용역비만 날렸다고 원성이 자자했다.

나는 물류센터 사업을 완성하지 못한 책임으로 며칠 동안 잠을 이룰 수가 없었다. 모든 책임을 지고 이사장직에서 물러나겠다고 조합 이사회에 알렸다. 사업을 정리한 뒤 추진하던 조합의 일들이 머릿속에 파노라마처럼 스쳤다. 협동조합의 기본적 가치와 원칙을 깊이 공감하지 않은 채 물류센터 건립에만 관심이 많은 조합원들로 조합을 추진한 것이 이 같은 결과로 이어지게 됐다. 내 책임이 컸다. 다양한 주체들이 모여서 하는 사업이라 쉽지 않았다. 상인들이 지역 경제의 주체가 되는 의미 있는 시도가 한 줌의 재처럼 날아가는 것 같아 안타까웠다.

새로운 시도,
두리조합

부산도소매생활유통사업협동조합(부산유통조합) 광역권 물류센터 건립 실패를 책임지고 이사장직을 사임하겠다는 의사표명을 한 지 얼마 되지 않아 이사회는 유임을 결정했다. 다시 이사장을 맡은 나는 새로운 비전을 준비해야 했다. 마침 협동조합 기본법이 발효되어 5명이면 조합 설립이 가능해졌다.

하드웨어 측면의 물류센터 건립과는 반대로 이번에는 부산유통조합 내에 실질적인 지역권 유통망을 담당할 작은 조합을 순차적으로 만들기로 했다. 작은 조합은 5명 이상 동일 업종의 조합원끼리 조직했다.

부산유통조합은 '두리누리' 브랜드 홍보와 마케팅을 전담하고 작은 소조합을 설립해 육성시키겠다는 계획을 세웠다. 부산유통조합은 큰 그림을 설계하고 작은 조합이 성장할 수 있도록 도우미 역할을 한다는 것이었다. 부산유통조합은 '두리누리'를 사용한 상품의 생산, 유통, 판매를 위해 '두리식품협동조합'(두리조합)이라는 산하 조합을 별도로 설립했다. 10명의 조합원으로 출발한 두리조합은 도매 조합원 위주로 구성되었는데, 임실치즈 부산 유통총판이었던 '내일촌식품'의 대표였던 아내도 가입했다.

두리조합은 부산유통조합의 전폭적인 지원으로 기장에 500평 정도의 공동창고와 사무실을 마련하며 야심차게 시작했다. 안테나 조합 격인 두리조합이 성장해야 부산유통조합의 미래가 보이는 구조였다. 이후 중기청에서 협업화 자금을 지원받아 저온창고도 완성되었다. 두리조합원들은 조합 창고에 모였고 근사한 물류창고를 보며 흐뭇해했다.

두리누리 상품은 중소업체 제품에 공동 브랜드 '두리누리' 상표를 붙인 것이었다. 국수는 경남 창녕의 공장에서 생산되었다. 품질을 높이고 가격에서 거품을 빼니 경쟁력이 있다는 말이 여기저기에서 쏟아졌다. 대기업 브랜드에 밀려 소비자들의 선택을 받지 못하는 지역의 중소업체 상품에 유통망을 마련하고 판로를 개척하는 게 1차 목표였다. 두리누리 제품이 시중에 나와 확산되니 대기업 식품업체도 긴장해서 추이를 지켜보는 모습이었다. 심지어 조합 제품을 생산하는 제조업체인 사조남부햄을 이용하고 있는 다른 유통회사의 지점에서는 조합이 유사한 어묵제품을 턱없이 싸게 판매한다며 항의하는 일이 있었다는 이야기도 들렸다.

부산의 중소상공인이 만든 공동 브랜드 '두리누리'는 지역 유통업계에 새 바람을 일으키고 있었다. 경남 양산에 있는 '사조남부햄' 공장과 손잡고 간식 소시지 '엄지척'을 내놓았다. 10대들이 많이 쓰는 '최고'라는 단어인 '엄지척'을 상품명으로 정했다. 귀여운 캐릭터와 빨간색의 깜찍한 포장 디자인이 소비자 눈에 띄며 판매가 급증했다. 이미 부산지역 일반 슈퍼마켓에서 많이 판매가 되고 있었고, 두리누리 국수와 함께 대형 도매 전문 쇼핑몰을 통해 전국적으로도 판매가 되었다. 두리누리 국수는 이 쇼핑몰을 통해 전국 250여 개 업소에 팔려나가고 있었다. 부산일보 기사를 보고 연락이 와서 거래하게 된 (주)희창물산을 통해 미국 등 5개국에도 두리누리 국수와 미역이 수출되며 조합원들은 한껏 고무되었다. (주)희창물산에 나가는 물량은 상당하여 조합의 희망으로 느껴졌다. 지역 언론이 고마웠고, 도움의 손길을 내미는 지역중견업체 역시 감사한 마음이었다.

그러나 도매 전문 쇼핑몰이나 수출은 이윤이 거의 없는 구조였다. 조합원들의 슈퍼마켓에 납품하는 제품의 매출이 올라야 조합의 이익이 창출되는 것이었다. 조합의 기개는 거기까지였다. 대리점 사장인 조합원들은 자신의 본사 제품 판매도 버거운 상황이었다. 슈퍼마켓 사장을 설득시켜 조합의 신제품을 판매한다는 것에는 한계가 있었다. 조합 신제품의 슈퍼마켓 입점은 대기업 제조업체 제품의 벽에 막혔다. 대기업 제조업체는 수백 가지의 제품에 인원까지 지원하는데 조합의 겨우 몇 개 제품으로 입점한다는 것은 불가능에 가까웠다. 일주일에 한 번씩 모여서 회의하면 절망감은 푸념으로 변하기 일쑤였다.

대형유통업체에 맞설 대안으로 협동조합을 만들어 조합 상품을 유통한 것인데, 결국 대기업 제조업체 브랜드와 경쟁해보겠다고 무모하게 도전한 꼴이 되었다. 거래처를 뚫기가 너무 어려웠다. 슈퍼마켓들도 낯선 조합의 브랜드 제품을 진열하면 판매하기가 어렵다며 외면했다. 조합원들은 협회장인 내가 대형유통업체 같은 거래처를 뚫지 않으면 어림없다고 여겼으니 말이 안 되는 소리였다.

돌이켜 보면 조합을 만들려는 욕심이 앞섰다. 조합원들의 각자 역할에 의해 발전하는 조합의 큰 비전을 미리 심어주지 못한 탓이었다. 처음 시작했을 때의 용기는 어디 갔는지 현실이라는 벽 앞에 다들 무기력해져버렸다. 그럴수록 내 어깨도 내려앉았다. 그 와중에 두리조합 이사장 임기가 끝나면서 조합원 투표로 신임 이사장직이 아내에게 맡겨졌다. 아내는 조합을 일으켜보려고 안간힘을 썼다. 먼저 조합원들의 조합 창고 입주를 요청했으나 내일촌식품 외에 다른 조합원들은 끝내 응하지 않았다.

처음부터 이 부분을 확실하게 하지 않은 것이 문제였다. 조합원들은 여러 이유를 내세우며 조합 창고로 합류하지 않았다. 조합 창고는 500평 규모로 조합원 모두가 들어올 수 있는 규모였다. 사실 조합원 중 한두 명이라도 창고에 합류를 한다면 창고 비용을 감당할 수 있어서 전환점이 될 것으로 보였다. 하지만 이런 바람은 희망사항으로 끝났다. 매출이 있긴 해도 영업이익이 작아 조합 인건비와 창고 임대료를 감당할 수 없었던 것이었다. 적자가 커지면서 조합 근무자들을 내보냈다. 그 큰 조합 창고에 내일촌식품만 홀로 있었다. 협업화 지원을 받은 조합이라 5년 동안 설비를 사용해야 했다. 조합원들은 탈퇴를 하거나, 남아 있어도 이름만 있었다. 조합원들의 매출이 거의 없어졌다.

워낙 사안이 심각해 내가 조합 창고에 들어앉았다. 협회의 사무국장도 조합 창고에서 협회 일을 보며 조합 일을 거들 수밖에 없었다. 내가 긴급한 협회 일이 늘어나 사업에 전념을 할 수 없자 내일촌식품 직원들만으로 영업하는 세 대의 차량에서는 계속 적자가 늘어났다. 할 수 없이 차량 한 대를 줄이고 판매 일선에 나도 뛰어들었다. 이를 악물고 새벽부터 늦은 밤까지 영업과 납품을 병행하며 부산 전역을 누볐다. 오로지 조합 제품을 많이 판매해야 부도를 막을 수 있다는 생각뿐이었다.

하지만 밑 빠진 독에 물 붓는 격이었다. 살고 있던 광안리 아파트를 판 돈이 기약 없이 목돈으로 들어갔다. 이제는 조합 이사장으로 조합 자금까지 책임져야 하는 아내의 건강이 걱정스러웠다. 조합 초창기에 쓰러진 아내를 다시 넘어지게 하면 안 된다는 생각뿐이었다. 조합의 매출을 올리기 위해 염치를 따지지 않고 슈퍼마켓 사장들을 만나러 다녔다.

일요일 오후, 남구에서 탑세일마트를 운영하는 남재근 사장을 찾아갔다. 거래처를 뚫기 위해 약속을 미리 잡았다. 2층 사무실에 샘플을 들고 올라가니 매장의 젊은 점장 세 명과 함께 기다리고 있었다. 제품 설명 후 부도 직전의 내 처지를 이야기하며 간곡하게 도움을 요청했다. 울음이 올라왔지만 참았다. 그동안 어디에도 하소연하지 못했다. 협회도 내가 시작했고, 조합도 그랬다. 스스로의 힘으로 골목상권에서 일어서는 것이 힘들 줄 모르고 한 건 아니지만 너무 힘든 나머지 지푸라기라도 잡고 싶은 심정이었다. 조합원들은 조합 제품 판로 개척이 어렵지만 협회장인 내가 가면 신제품 납품이 쉬울 것이라고 말했다. 그러나 나도 거래처에 가면 그냥 납품업체일 뿐이었다.

이후 남재근 사장은 슈퍼마켓 사장들의 모임에 나를 초청했다. 그의 도움으로 거래처가 이전과 비교가 안 될 정도로 늘어났다. 두리조합에는 다양한 제품이 없어서 내일촌식품에서 계속 투자를 해 '두리누리' 제품을 만들어갔다. 기장미역, 두부, 자반, 육가공 햄 등 추가로 20가지 정도의 조합 제품을 만들었다. 조합 제품이 대기업 제품과 나란히 진열되어 소비자의 선택을 받으니 언제 그렇게 힘들었나 싶을 정도로 신이 났다. 몸은 힘들었지만 마음은 점차 안정을 찾아갔다.

이 땅에서 상인, 자영업자로 산다는 건

2장

창업 권하는 사회,
이대로 괜찮을까

요즘 대학 졸업 후 취업이 하늘의 별 따기만큼이나 어렵다. 그래서 대학생들은 안정적인 직장이라는 공무원이 되기 위한 시험 준비에 혈안이다. 다들 공무원을 권하는 사회가 되었다고 난리다. 한편으로는 대학가의 다른 한쪽에서 '청년 창업'을 권하는 플래카드가 휘날리고 있는 것도 현실이다.

저녁에 집에 들어가니 큰아들 도현이가 거실 바닥에 무릎을 꿇고 앉아서 커다란 종이를 접었다 폈다 한다. 가위로 종이를 자르고 풀로 붙이더니 알 수 없는 모형을 만들어서 들어 보이고는 "아버지 이것 어때요?"라고 묻는다. 내가 이해할 수 없다는 표정을 지으니 "강아지 옷 도면이에요. 현지와 같이 강아지 옷을 만들어 인터넷에 올려 팔려고요." 한다. 기가 찼지만 아무 말도 못 했다.

도현이는 군대 제대 후 아르바이트를 하면서 2019년 복학을 준비하고 있었다. 그런데 여자친구 현지와 함께 강아지 옷을 만들어 인터넷에서 팔겠다는 것이다. 말리고 싶었지만 조금 더 지켜보기로 했다. 한 가지 일에 집중하고 있는데 처음부터 막으면

기만 꺾어버릴 것 같아 조심스러웠다.

도현이는 이틀 동안 못 쓰는 천을 이용해 도면대로 강아지 옷을 제법 그럴싸하게 만들었다. 25만 원 상당의 중고 재봉틀이 필요한데 두 사람이 모은 돈으로 살 거니 돈은 걱정하지 말라며 재봉틀을 어디 둘지는 고민 중이라고 했다. 옆에서 이 상황을 지켜보던 아내는 사업 거리가 안 된다며 극구 말렸지만 도현이는 자신만만해 보였다.

며칠 후 맥주 한 잔씩을 앞에 놓고 도현이와 현지가 우리 부부 앞에 마주 앉았다. 강아지 옷 사업의 청사진을 발표하기로 되어 있었다. 아내는 탐탁잖게 생각했지만 내가 일단 들어보자며 설득해 모이게 된 것이다. 둘은 자리가 마련된 것만으로도 절반쯤의 허락으로 생각하는 것 같았다. 청년 예비창업가들의 포부는 원대해서 재봉틀을 산 뒤에 사업자등록을 하겠다고 말했다.

아내는 자영업자로 살아온 자신의 인생을 털어놓으며 창업의 어려움에 대해 이야기했다. 상인의 아내로 한평생을 사는 것이 정말 힘들었구나 싶어서 미안했다. 아내의 진심 어린 설득도 청년 창업의 꿈을 막지는 못했고 도리어 더 큰 벽으로만 느끼는 듯했다. 도현이는 SNS로 별다른 활동을 하지도 않아 인터넷 사용 능력이 50대인 나보다 못했고 성격도 사업과는 맞지 않았다. 하지만 그들의 말을 듣고 같이 고민해주는 것이 부모이기 이전에 인생 선배의 도리라고 생각했다. 무조건 반대만 하면 앞날을 스스로 헤쳐 나가는 것을 막아 홀로서기를 못 할 것 같았다.

한 가지 제안을 했다. 사업을 하려면 재봉틀을 두고 작업을 할 장소가 필요하니 사업계획서를 제대로 만들어 오면 사무기기를 갖춘 사무실을 1년간 얻어주겠다고 했다. "사업계획서는 최초 제출일로부터 석 달 이내에는 여러 번 수정해도 좋다. 사업타당성을 평가해 80점을 넘으면 된다"라고 했다.

둘은 시간만 나면 서점이나 도서관을 찾아다니며 사업계획서를 준비하는 것 같았다. 두 달이 지날 무렵에 미팅을 요청해왔다. 부경대학교 근처 식당에서 다 같이 식사한 후 카페로 갔다. 둘은 자신 있는 표정으로 사업계획서를 꺼내놓고 장황하게 설명을 했지만 솔직히 많이 실망스러웠다.

대학교에서 배운 경영에 관한 지식은 현장에서는 소용이 없어 보였다. 둘만의 자의적인 분석이었기에 제대로 맞는 것이 없었다. 나는 몇 가지 질문을 했다. 자신들의 내부 강점과 약점, 자신들과 상관없는 외부환경의 기회와 위협을 SWOT* 분석을 토대로 먼저 물었다. 둘은 서로 마주 보며 우물쭈물 대답했다. 자기자본 규모와 수익성의 구조, 예상하는 경쟁 사업자와 온라인 유통구조를 차례로 물어보았다. 간단하게 말해달라고 했지만 둘은 전혀 예상을 못 한 질문을 받은 듯 당황했다. 나는 괜찮다며 제대로 사업을 알아가는 과정이니 미흡한 부분은 보완해서 다시 가져오면 그때 같이 고민해보자고 부드럽게 말했다.

그 뒤 사업계획서를 만들어가던 도현이는 달라졌다. 한 번은

---

* 강점(Strength), 약점(Weakness), 기회(Opportunity), 위협(Threat)의 머리글자를 모아 만든 단어로 경영 전략을 수립하기 위한 분석 도구.

"마음이 앞서 너무 쉽게 창업을 하려고 했어요. 사업계획서를 보완하면서 많은 것을 깨닫게 되었어요. 저와 현지에게 소중한 경험이 되도록 배려해주셔서 감사합니다"라고 말했다. 이 일이 있고 나서 거리를 지나다 강아지 옷이 보이면 사진을 찍어 아들에게 SNS로 보내주며 놀렸다. "이 강아지 옷 엄청 좋아 보이는데 네 생각은 어때?" 전화기 너머로 크게 웃는 소리가 들렸다. 지금 도현이는 복학 준비를 하며 넓은 세상을 보고자 노력하고 있다.

젊은이에게 무턱대고 창업을 권하는 것은 문제가 있다. 먼저 그들이 좋은 일자리를 구할 수 있어야 한다. 사회적인 경험을 더 많이 쌓을 수 있도록 도와줘야 한다. 취업이 너무 힘들어서 대학 졸업생이나 베이비부머 은퇴자들이 탈출구로 생각한 자영업에 뛰어드는 경우가 의외로 많다. 성공할 확률이 많지 않은데도 불가능한 미션을 가슴에 품고 전쟁터로 넘어온다. 우리 사회가 이들에게 일자리를 제공해주지 못해서다. 그들을 받아 줄 고용이라는 밥그릇이 너무 많이 사라졌기 때문이다. 지금까지 자영업자의 고충을 남의 일처럼 여기고 모두 나 몰라라 했다. 사회와 국가가 해결해야 할 문제를 개인적으로 극복하라고 내버려두었다.

대기업 위주의 경제 시스템에서 정부가 스타트업을 이야기하고 기업가 정신을 논하는 게 얼마나 공허한지 자영업자로 살아보면 금방 알게 된다. 일자리가 턱없이 부족한 것은 우리 경제의 구조적 문제 때문이다. 더구나 4차 산업혁명 시대에는 많은 일자리가 사라진다고 많은 사람들이 난리다. 더 이상 개인에게만 맡겨둘 일이 아니다. 공공성 회복과 자영업 생태계의 복원을 위해 사회적 해결책을 찾아야 한다.

현진건이 쓴 「술 권하는 사회」에는 무기력한 현실을 한탄하며 매일 술만 마시는 남편에게 부인이 참다못해 "누가 그리 술을 권하시오?"라고 묻는 장면이 나온다. 남편은 '이놈의 사회'라고 울분을 토한다. 이후 부인은 남편에게 술을 권하는 '사회'란 놈을 특정인으로 생각하고 미워한다. 사회가 잘못 돌아간다며 술로 신세를 한탄하는 자영업자들이 주위에 부쩍 늘었다. 자영업자들에게 술 권하는 사회를 이대로 내버려둘 것인가.

세계 대회 대상 파티셰도 힘든 자영업

빵의 본고장 프랑스에서 'Mondial du Pain 대회'(세계 제빵 대회)가 2007년에 처음으로 열렸다. 윤연 파티셰는 동네 빵집에서 갈고 닦은 실력으로 이 대회에 도전장을 내밀었다. 대회는 기본 재료 배합과정을 서류 심사한 후 자격이 갖춰진 세계 32개국에서 참가한 파티셰들이 자웅을 겨룬다. 윤 파티셰는 제1회 세계 제빵 대회 건강빵 부문에서 당당히 1위를 차지했고, 홍삼을 재료로 발효한 '미래 인류를 위한 건강빵'으로 특별상을 움켜쥐는 쾌거를 일궜다. 그의 대상과 특별상 수상으로 부산시장은 리옹 시장에게서 사자상 모양의 고급 와인을 받을 정도였으니 그 가치를 알 만했다.

가족 모두가 제빵 기술자였고 부모도 그가 제빵 기술로 살아가길 원했으니 그가 파티셰가 되는 것은 당연한 일이었다. 그는 24세부터 제과 기술을 습득한 이후 2010년 말 가족의 전폭적인 지원 아래 부산의 서원유통 탑마트 신평점에 권리금 1억 5천만 원을 주고 베이커리 사업을 시작했다. 세계가 인정한 제빵 기술을 가졌지만 사업 경험이 없었다. 초기 사업투자비가

과해도 고객이 많은 대형마트 내에 입점해 열심히 일하면 부채를 청산할 수 있을 것이라는 생각이었다.

일반 밀가루에 알레르기 반응이 심했던 그가 유기농 밀가루를 사용해 천연 발효한 제품을 출시하니 소비자들의 반응이 대단했다. 이대로 5년만 장사를 해도 허리를 펼 수 있을 것 같았다.

프랑스 세계 제빵 대회에서 대상을 차지한 윤연 파티셰. 그런 그도 대형마트의 횡포에 속수무책으로 당할 수밖에 없었다.

그런데 장사를 시작한 지 만 2년이 되어가던 2012년 7월쯤 탑마트가 입점 베이커리 매장의 직영화를 추진한다는 소문이 들렸다. 부인 황미선 씨는 매장 직영화 소문을 듣고 기겁을 했다. 마트 안에서 온갖 설움을 받으면서도 이겨내고 겨우 안정을 찾기 시작할 무렵이라서 더욱 힘든 것이었다. 황 씨는 "이대로 가만히 앉아서 쫓겨날 수 없다"라며 남편에게 대책위를 만들 것을 요구했다. 부산 · 경남에 있는 탑마트 안에서 베이커리 매장을 운영하는 점주들 61명이 모였다. 그 자리에 황 씨도 참석했다. 이들은 비상대책위를 만들었고 윤 파티셰가 위원장직을 맡았다. 위원장직을 맡은 그는 도움을 요청하기 위해 다방면으로 수소문한 결과 나에게 전화를 했다. 그를 처음 만난 건 비대위와의 약속이 정해진 탑마트 신평점 바로 옆 식당이었다. 이 자리에서 윤 위원장은 "탑마트의 직영화 방침은 조삼모사한 이중적인 태도다. 이 방침은 입점 베이커리 점주들과 상생하지 않고 역행하는 처사"라며 "탑마트도 용두산 공원 근처 작은 슈퍼마켓에서 시작해 성장한 업체인데도 없는 사람 심정을 모른다"라고 강력하게 반발했다.

당시 협회는 대형마트들의 'SSM 의무휴업 무효 소송'이란 기막힌 사건을 접하곤 대응 마련에 부심할 때였다. 부산지역 대형마트들은 이전에 우리 협회가 발표한 의무휴업효과 자료를 인용해 조례에 참고한 상황을 지적하며 각 부산 구·군을 상대로 소송을 제기했다. 대형마트 측에서는 자료 내용이 협회의 자의적인 논리에 불과하다는 것이었다. 이때 탑마트도 마트 내 입점 상인들의 생존권을 지킨다는 논리로 SSM 의무휴업 무효 소송에 참가했었다. 대형마트 측에서 내세운 논리로는 참으로 궁색해 보였다.

서원유통 탑마트는 일본계 유통업체 (주)바로와 합작한 제조·유통 기업을 설립해 경남 양산에 냉동 생지*를 제조할 6533m² 규모의 공장의 공사를 진행하고 있었다. 서원유통 탑마트는 부산·영남권에 76개의 SSM점포를 운영하고 있었고, (주)바로는 일본에 492개 점포를 갖춘 일본 유통기업 바로의 한국 계열사였다. 특히, 일본계 유통업체 (주)바로가 부산 강서구와 김해에서 대형 슈퍼마켓 바로마트 두 곳을 개점해 운영하고 있다는 점을

* 오븐에 구우면 빵이 되는 냉동 반죽의 완제품.

협회에서도 눈여겨보며 걱정하고 있는 중이었다.

비대위는 탑마트의 직영화 계획이 진행되면 자신들의 매장에 냉동 생지 할당량을 의무적으로 공급할 목적으로 설비나 직영화에 따른 인테리어 비용까지 부담시킬 것이 뻔해 보인다고 했다. 공장이 정착되면 기존 베이커리 점주들은 결국 빈손으로 쫓겨날 것이라고 우려하고 있었다. 남상백 비대위 위원은 "베이커리 델리사업부 임원은 2011년 8월에 베이커리 직영화를 결정했으니 생지 공장이 완공되면 각 매장들이 생지를 공급받아야 한다고 수차례 밝혔다"라며 "1년 단위로 재계약서를 쓸 때 기존 매장의 양도 양수를 전면 금지하는 특약 조항을 신설한 것은 직영화하기 위한 준비 작업이다"라고 주장했다.

이후 비대위 점주들은 지역 언론에 자신들의 억울한 피해를 호소했다. 협회 내에서도 왕성하게 활동을 하던 비대위는 2013년 6월 9일, 서울 여의도공원에서 열린 '경제민주화 국민대회 전국 을들의 만민공동회'에 나가 대형마트 안에서 벌어지는 억울함을 전국적으로 고발했다.

대형마트 내에서 장사를 하면서 마트를 상대로 자신의 매장을 지키려니 모든 것이 눈물겹도록 힘들어졌다. 하루아침에 빵 진열대의 위치가 갑자기 바뀌기도 하니 괜한 트집이 잡힐까 염려되어 관리자의 목소리만 들어도 신경이 민감해져 장사에 집중할 수가 없었다고 한다.

윤 위원장은 탑마트 안에서 장사를 시작한 지 4년 4개월 만에 기존 장비와 이사비용으로 4천만 원을 받고 나올 수밖에 없었으니 1억 1천만 원을 손해 본 셈이었다. 그는 "마트가 처음엔 갖은 방법으로 베이커리 사업자를 유치시키려고 하더니 장사가 잘되니 욕심을 부리더라. 최소 10년 이상은 영업을 보장해야 한다"라고 말했다.

마트에서 나올 고민을 하던 차에 해운대 송정에 신규 입점할 점포가 생겼다. 윤 파티셰는 해운대 송정 공수마을의 신축 매장에 다시 자리를 잡았다. 그곳에서 유기농 밀가루로 천연 발효한 빵을 적자가 커져도 반년이 지나도록 고집스럽게 내놓았다. 그 결과 손님들 사이에 입소문이 나며 해운대 신도시의 고객들이 예약을 하는 등 주말에는 하루 4~5백만 원의 매출로 급성장했다. 수제 전병과 미역과 다시마 분말로 만든 쿠키를 공동 특허도 내는 등 신제품을 개발하며 안정적으로 매장을 운영하는 듯했다. 그러나 공동 사업자였던 두 명의 건물주들은 3년 정도 운영하던 중 의견이 극도로 달라지며 급기야 점포를 통째로 내놓았다. 초기부터 일구어 놓았던 사업기반도 무용지물이 되어 덩달아 가게를 내놓을 수밖에 없었다.

이후 울산 남구 달동에서 '윤연당' 매장을 열고 고로케 제품을 만들어 고속도로 휴게소에 납품하며 냉동 고로케와 쌀 강정과자 기술을 공동특허 출원했다. 울산에서는 재능기부를 통해 '희망 굽는 제빵사' 직업체험 프로그램을 진행하는 등 2년 반 정도 사업하다가 2019년 1월, 부산 수영로터리 곱창 골목 맞은편 아파트 상가에 자신의 이름을 따 '윤연' 제과점을 열었다.

그는 평소 "하나의 건강빵이 탄생하기 위해선 여러 달, 수백 번의 실패를 거듭하지만 건강빵을 찾아 먼 길을 마다않는 손님들을 대하는 건 큰 보람"이라고 했다. 새로운 그의 둥지가 비바람에도 흔들리지 않고 오래 지속되기를 소망해본다.

세계 제빵 대회에서 대상을 수상한 경력, 수십 년 동안 닦은 기술은 그 어떤 것보다 뛰어난 경쟁력일 것이다. 이러한 자영업자가 풀뿌리 경제 주체로 뿌리내릴 수 없는 자영업 환경이 되지 않도록 정부와 지자체가 나서야 할 것이다.

무릎을 꿇고 대신 용서를 구해야

수영중학교 매점은 학교 내 약간 외진 곳에 있었다. 유리문을 열고 매점 운영자를 찾으니 40대 아주머니 한 분이 반기며 안으로 들어오라고 손짓한다. 겨우 엉덩이만 걸칠 수 있는 공간을 내주며 음료수 한 병을 건네더니 자신이 매점을 계속할 수 있도록 지켜달라고 한다. 한 달에 80만 원 남짓한 수익이지만 이런 벌이라도 있어야 애들 학비에 보탠다고 했다.

10년 전에 권리금을 8000만 원이나 주고 들어왔는데 현재는 학생 수가 크게 줄어 겨우 입에 풀칠할 정도라고 한다. 그래도 집 밖에 나와 하루 품삯 받으며 학생들과 도란도란 이야기하는 재미가 쏠쏠하다고 했다. 대화를 나누던 중에도 쉬는 시간에 이따금 오는 학생들을 반갑게 맞았다. 학생들의 고사리 손에 쥐어진 푼돈을 받고선 웃으면서 정겹게 과자나 음료를 건네는 모습을 보니 영락없이 아이들을 좋아하는 성품이다.

학생들의 걸음이 끊기고 다시 이야기를 이어가다 금방이라도 울음을 터트릴 듯한 표정으로 변했다. 학교 본관을 개축하고 우수저류시설*을 설치하는 공사 전에 매점을 비워달라고 해서 쫓겨날 판이라며 어쩔 줄을 모른다.

사실 협회에 제보 전화가 왔을 때 사무처에서는 내가 가보아도 별 뾰족한 해결책이 없을 테니 가지 말라고 했다. 시민단체도 매점 계약 때 임의로 선정해 계약을 체결하는 수의 계약보다는 경쟁을 통한 입찰 계약을 요구하는 상황이었다. 잘못하면 협회와 시민단체의 입장이 서로 달라 곤란할 수도 있으니 조심해야 한다는 의견이었다.

그러나 내 생각은 조금 달랐다. 여기저기서 제기되는 중학교 매점 폐쇄 민원은 규모가 아주 작아 영업이익도 거의 없고 매점주의 연령도 높다는 공통점을 가지고 있었다. 무턱대고 입찰 계약을 하거나 폐쇄를 하면 기존의 매점 운영자들은 아무런 대책 없이 쫓겨날 수밖에 없어 보였다. 현장을 보면 어떤 방도가 생길까 하여 나왔는데 마땅한 수가 떠오르지 않았다. 같이 고민해보자며 학교 주위를 한 바퀴 돌고선 사무실로 돌아왔다.

부산시교육청에 중학교 매점 운영자들의 애로사항을 알리고 사실 확인과 향후 대책을 요구했다. 이후 시교육청과 간담회를 했다. 김석준 부산시교육감은 실태 조사를 하고 그 결과를 바탕으로 각 중학교에 매점 존폐나 운영에 대해 학교 구성원의 의견을 수렴하겠다고 약속했다. 그러면서 중학교 매점 운영자들이

* 우수나 하수 등을 잠시 모아두었다가 다시 배출하며 흔히 우기(장마, 태풍) 등의 집중호우에 의해 우수나 하수 관로가 넘쳐 도로나 건물 등에 피해를 주는 것을 방지하는 목적으로 설치한다.

모여서 협동조합 형태로 조직화하는 것은 어떠냐고 묻는다. 속으로는 운영자들의 나이가 많아 쉽지 않을 것이라고 여겼지만 고민해보겠다고 대답했다.

부산시교육청은 2014년 10월, 폐점 위기에 몰려 있는 중학교 매점에 대한 실태 조사 결과를 발표했다. 부산 시내 중학교 25개 교를 대상으로 실시한 결과, 부산지역 학생 열 명 중 일곱 명은 학생 복지를 위해 매점이 필요하다고 생각하는 것으로 나타났다. 그러나 학교 관리자의 의견은 학생들과 달랐다. 학교장과 행정실장 절반 이상은 "매점 운영이 학교 급식 만족도를 낮춘다"라고 답하며 매점 운영이 필요 없다고 했다. 매점 운영자들의 실태도 처음으로 확인되었다. 이들의 연간 평균 매출은 3670만 원, 영업이익은 1000만 원이었다. 영세하고 불안정한 1년 미만의 단기계약이었고, 나이는 50대 이상이 84%였다.

대책이 시급하다고 여긴 시교육청은 매점 운영상의 문제점을 해소할 수 있도록 하는 권고 내용을 담은 공문을 각 학교로 보냈다. 매점 존폐 등 운영 전반에 대해 학교 공동체의 의견 수렴 절차를 거쳐 학생의 복지 차원에서 적정한 사용료를 받도록 하는 내용이었다. 언론에서도 크게 다루었다. 그러나 매점 운영권에 관한 권한은 학교장에게 있었다. 권고 수준의 시교육청 공문으로는 개선책이 마련되지 않았다. 초조해진 매점 운영자들은 수영중학교 정문에서 집회를 개최하고 싶다고 연락이 왔다.

수영중학교 매점 운영자는 그 단체의 총무였다. 매점의 폐점을 막아보겠다는 절박한 마음으로 동병상련의 매점 운영자들이 연대하여 힘을 보탠 것이다. 지역구 국회의원에게 관련 사실을 알릴 것을 당부하고 협회에서는 부산시교육청과 언론에 보도자료를 배포했다.

2014년 12월 9일 오후 3시, 학교 앞 집회 현장에는 절박한 분들이 모였지만 어딘가 모르게 엉성해 보였다. 대부분 60대 이상의 나이 많은 매점 운영자들이었다. 머리엔 군밤 장수 모자를 눌러쓰고 털신을 신고 나온 형색이라 여느 집회의 분위기와는 사뭇 달랐다. 고령의 집회 참가자들이 추운 겨울 날씨에 쓰러지지는 않을까 신경이 곤두섰다. 경찰서 정보관은 현장을 파악하기 바빴으나 정치권은 그다지 관심을 보이지 않았다.

둥! 둥! 둥! 이들이 울리는 북소리는 듣는 이들의 마음을 파고들었다. 살려달라는 구호는 장송곡처럼 슬프게 울려 퍼졌다. 누구를 원망하지도 세상을 향해 분노도 내뱉지 못하고 도와달라고 애원하고 있는 것이었다. 한겨울에 나이 들고 초라한 이들이 벌이는 집회는 지나가는 이들마저 미안해서 고개를 들 수 없게 하는 것이었다.

추운 날씨 탓에 집회는 빨리 끝났고, 교장실에서 간담회가 열렸다. 수영중학교 매점 운영자의 남편이 대신 나와 많은 대화가 오고 갔지만 진전이 없었다. 수영중학교 교장은 언론에 나온 내용이 사실과 다른 부분이 있다며 시교육청에 정정 보도를 요구했으나 받아들여지지 않았다고 말했다. "평생을 교육자로 깨끗하게 살아왔는데 이 일로 더는 고개를 들고 다닐 수도 없다"라며 눈을 질끈 감았다. 그러면서 "매점 운영자가 자기를 향해 '양의 탈을 쓴 늑대'라는 원색적인 표현을 하니 절대로 매점을 운영하게 할 수 없다"라고 화난 목소리로 말했다. 교육자로서 그동안 지켜온 자부심을 건드린 것에 대해 도저히 용서할 수가 없는 지경으로 보였다. 소통은커녕 서로에 대한 불신과 반목만 커져 더는 협회가 나서서 해결할 수가 없다는 생각이 들었다.

내가 너무 깊이 관여하면서 돌이킬 수 없는 지경에 이르렀다는 후회가 밀려왔다. 오히려 학교장이 측은해 보이는 순간이었다. 내가 무릎을 꿇었다. 매점 운영자를 대신해 용서를 구하고, 그의 힘든 마음을 조금이라도 위로하고 싶었다. "대신 용서를 구합니다. 회원들은 보잘것없는 회장을 믿고 있지만 저는 해결할 능력이 없습니다. 정말 진심으로 사과드립니다." 평생 살면서 처음으로 무릎을 꿇었다. 나도 내가 왜 이러는지 몰랐다. 매점 운영자를 위한 해결책이 없어 궁해서 그랬는지, 아니면 학교장의 처지에 미안한 마음이었는지 모르겠다. 말하는 도중 갑자기 목이 메어 목소리가 가늘게 떨렸다. 학교장도 놀라 반사적으로 무릎을 꿇으며 나를 말렸다. 그는 내 모습에 자신의 힘들었던 마음이 다 풀렸다며 해결책을 찾겠다고 했다.

이후 학교 본관 개축 공사 때 매점 공간을 만들어 1년 반을 운영할 수 있도록 조치하겠다는 약정을 해주어 다행스럽고 고마웠다. 매점 운영자의 남편도 흡족해하며 감사의 인사를 거듭하였다. 매점 폐쇄가 진행되면서 모두가 마음고생이 심해 파국으로 치닫고 있었던 결과치고는 작은 해피엔딩이었다.

하지만 현재까지 중학교 매점 운영자들의 상황과 처지는 달라

지지 않았다. 근본적인 대책이 마련되어야 할 것으로 보인다. 아울러 이들도 시대의 흐름에 부응할 수 있도록 조직화를 통해 보다 나은 내일을 준비하면 좋겠다. 일선 교육 현장에서는 모든 것이 과학화, 첨단화되고 있다. 하지만 컴퓨터가 선생님을 대체할 수는 없다. 아날로그 형태의 매점도 학생들의 정서에 도움을 주는 학창시절의 추억으로 남지 않을까 하고 생각해본다.

부채에 생을 저당 잡힌 자영업자

서울역에서 부산 해운대 을이 지역구인 윤준호 국회의원과 잠시 이야기를 나누게 되었다. KTX 기차 안에서 뒷자리에 앉은 그와 인사를 하고 내려서 같은 방향으로 걸어가던 길이었다. 윤 의원은 "카드수수료가 인하되어 다행이다. 중소상공인들이 최저임금 인상으로 어려운데 정부가 어떻게 지원하면 되나?"라고 물었다. 나는 그에게 "많은 자영업자들이 늘어나는 적자를 뻔히 알면서도 왜 문을 닫지 못하는지 아십니까?"라고 반문했다. 내 얼굴만 쳐다보고 있는 그에게 이렇게 말했다. "많은 자영업자들이 신용보증재단의 보증서를 받은 뒤 은행 대출금으로 모자라는 사업자금을 보태거나 긴급자금을 수혈합니다. 그런데 폐업을 하면 사업자등록증이 말소되니 은행 대출금을 일시에 상환해야 합니다. 그러나 대출금 상환은 현실적으로 거의 불가능합니다. 사업을 유지하기 위해 동원할 수 있는 주변의 자금을 모두 끌어다 썼기 때문입니다. 그래서 문을 닫고 싶어도 닫을 수가 없습니다." 그는 심각한 표정을 지으며 고개를 끄덕였다. 자영업자가 폐업 후의 삶을 생각하는 것은 '거지의 비단

옷' 같은 거였다.

우리나라 자영업자 수는 OECD 주요 회원국 중 매우 높은 편이다. 전체 취업자 중에서 자영업자가 차지하는 비중은 2018년 8월 기준, 25.5%로 OECD 평균인 15.9%에 비해 월등히 높다. 그러나 자영업자가 왜 많은지에 대한 깊은 고민이 없었다. 정부와 정치권은 자영업자 과잉방지정책 외에는 지난 10년간 자영업자들이 벼랑 끝으로 내몰리는 것을 방치해왔다. 자영업자들의 처지를 겪어보지 않은 전문가들은 심지어 선진국 수준의 자영업 비율이 되려면 아직 멀었다는 엉뚱한 소리만 했다.

자영업자 중에 많은 이가 베이비부머 은퇴자들이나 이직이 쉽지 않은 직장인 출신이다. 진입 장벽이 낮은 자영업은 그들에게 꿈을 이룰 오아시스처럼 보였을 것이다. 많은 이들이 번듯하면서도 리스크가 낮다는 판단에 대기업이 하는 가맹사업에 불나방처럼 뛰어들었다. 오로지 가맹점만 늘리려고 혈안이 된 가맹 본사 탓에 한국은 편의점과 치킨집이 포함된 가맹점 수가 전국에 22만 개를 넘는 '가맹점 대국'이 되어버렸다.

대기업 식품제조업체도 종합식품업체를 지향하며 앞다투어 전국적으로 대리점을 개설하며 영역 확대에 나섰다. 2004년 2월, '종가집 김치'로 유명해진 두산은 포장두부 시장의 75%를 차지하며 독주하던 풀무원의 아성에 도전장을 던졌다. 2005년 5월에는 CJ마저 두부 시장에 가세하며 '두부 삼국지' 시대가 시작되었다.

당시 나는 대림수산 대리점을 하면서 지역 업체의 두부를 납품하고 있었다. 반면 대형마트에 위탁 배송을 하던 지인 L 씨는 두산의 종가집 김치 대리점을 하고 있었다. 그는 종가집 김치의 동네 슈퍼마켓 관리를 내가 맡아주었으면 했다. 제안을 받아들이자 동네 슈퍼마켓에 납품할 물량을 점심때에 맞춰 배송해주었다.

그는 두부까지 취급하며 점차 두부 삼국지 혈투에 희생양이 되어 가고 있었다. 그의 지점장은 새벽에도 그에게 전화를 걸어 두부 입점이 안 된 슈퍼마켓을 거론하며 호되게 질타하기 일쑤였다. 모두가 힘들어졌다. 두부를 만들 때 넣는 인공 식품첨가물로도 신경전을 벌일 정도였으니 시장은 그야말로 벌집 쑤셔 놓은 듯했다. 두부 입점비로 대리점 사장들의 출혈 경쟁이 더욱 심해졌지만 그가 속한 회사의 지원은 여의치 않은 모양이었다.

그는 형편이 어려워지자 큰 형의 논을 팔아 마련한 7000만 원을 빌려서 월말에 결제를 하기도 했다. 결국 관리하던 지역이 인근 대리점과 통합되었고 그는 모든 것을 잃고 소리 없이 사라졌다. 부채에 자신과 가족의 생을 저당 잡히고 떠난 것이었다. 대기업 간 두부 전쟁이란 고래 싸움에 새우 등이 터진 꼴이었다. 이처럼 생계수단을 빼앗기고 떠나가는 주변의 상인들을 지켜보면서 너무 마음이 아팠다. 가맹점 및 대리점 사업의 폐해로 여기저기에서 곡소리가 났지만, 누구도 책임지지 않았다. 폐업 후 길거리로 내몰리는 자영업자들의 삶 따위는 기업들의 안중엔 없었다. 폐업으로 문을 닫은 그 자리에 새로운 가맹점이 들어섰다. 말이 가맹점 사장이지 직장인만도 못한 벌이였다. 그들은 숨이 턱턱

막히는 불공정한 갑질 횡포에도 보복이 두려워 본사에 하소연조차 못 했다. 세상은 그들의 고통을 외면했다. 정부를 향해 "우리는 대한민국 국민이 아니냐?"라며 드러내놓고 한탄하는 이들이 점차 많아졌다. 하루살이처럼 겨우 버티고 있는 이들에게 쓰나미급 악재가 나타났다. 최저임금의 대폭적인 인상이었다. 결국 이러한 상황은 자영업자들의 고질적인 문제가 곪아 터지기 직전의 뇌관 구실을 했다.

나는 윤 의원에게 계속 이야기했다. "밑 빠진 독에 물을 부을 수는 없습니다. 정부가 나서서 자영업의 전반적인 실태 파악을 해야 합니다. 이런 문제가 일어나는 이유가 산업구조적인 것인지, 경제 생태계적인 것인지 현상을 점검하고 해법을 찾아야 합니다. 경쟁력이 있는 자영업자들에게는 제도적으로 지원해야 합니다. 그러나 부채 때문에 억지로 버티고 있다면 방법을 달리 제시해야 합니다. 부채를 탕감해주거나 대출금 상환을 유예해주면서 이자를 면제하는 등의 특단의 조치가 필요하지 않겠습니까? 이대로 곪아 터진다면 사회적 비용과 갈등을 어떻게 하겠습니까?" 이 말을 들은 윤 의원은 협회와 간담회를 한번 가지자고 했다. 해운대 을 국회의원 보궐선거 때의 윤준호 후보는 절박한 심정으로 선거를 치렀다. 그런 그가 어려운 자영업자를 위한 제대로 된 정책을 입법화해주길 바랐다.

정부가 생계형 자영업자에게 기술교육이나 업종전환의 정책을 내놓아도 이들 귀에 들어가지 않는다. 권리금을 더 받아 손실을 메우는 길밖에 없으니 무조건 버텨야 한다고 생각하는 이가 의외로 많다. 이 때문에 자영업자 빚이 계속 늘어 폭발 직전이다. 금융감독원 자료에 의하면 자영업자 부채는 2017년 말에 이미 600조 원을 넘어섰다.

업종별로 공급 과잉을 해소해 자영업 성장이 지속가능한 생태계가 되도록 할 정책이 절실하다. 자영업자 부실이 전체 가계대출이나 한국 경제를 흔들 뇌관이 되도록 해서는 안 된다. 정부와 국회 그리고 관련 대기업들까지 머리를 맞대고 지혜를 모아야 어려운 시기를 극복해나갈 수 있을 것이다.

빵을 빼앗는 사회

친구나 동료를 의미하는 영어 단어인 컴패니언(companion)은 라틴어로 com(함께)과 panis(빵)가 합해져 만들어진 말이다. '빵을 같이 먹을 수 있는 사이'를 뜻하는데 불어로 하면 '꼼빠뇽'이 된다.

지금도 인터넷을 검색하면 '빵이 맛있는 전포동 카페 꼼빠뇽'이 나온다. 꼼빠뇽 카페를 하고 있던 황은미 씨를 중소벤처기업부와 우리 협회의 간담회에서 처음 만났다. 연제구에 입점하려는 이마트타운을 반대하는 지역 상인들의 대규모 집회가 끝난지 얼마 되지 않아 지역 상인의 고충을 듣기 위해 중기부의 김병근 소상공인정책실장이 내려온 자리였다. "저희는 지금 전포동에서 꼼빠뇽이란 카페를 운영하고 있는데 재건축 때문에 쫓겨나게 되었어요. 그런데 할 수 있는 것이 아무것도 없으니 모든 것을 다 잃게 되었어요." 간담회 말미에 임대 상인 정책 마련을 호소하는 애절하고도 처량한 이 한 마디 때문에 오래도록 은미 씨가 기억에 남았다.

은미 씨와 남자 친구 전준희 씨는 일본 요리 영화 〈해피 해피

서면 전포카페거리를 초창기부터 일군 전준희, 황은미 사장.
그러나 갑작스러운 재건축으로 하루아침에 폐업을 하게 되었다.

브레드〉를 보며 영화처럼 자신들이 좋아하는 빵을 행복 레시피로 만들고 싶었다고 했다. '꼼빠뇽'이란 뜻이 빵을 나눠 먹는 사이라는 것도 영화를 보고 알았다. 가족 같은 느낌이 나서 은미 씨의 마음을 설레게 했다. 그래서 전포동 공구상가 근처에 계약한 가게 이름도 영화에 나오는 '꼼빠뇽'으로 정했다. 은미 씨는 커피를 준비해 손님을 맞이하고 준희 씨는 빵을 만들었다.

빵으로 식사를 즐기는 사람들을 생각하며 수제 천연 발효빵과 직접 볶은 핸드드립 커피를 메뉴로 내놓았다. 여성의 취향을 고려해 소다스무디 에이드를 킬러 아이템으로 정했다. 꿀과 치즈를 적절하게 배합한 피자 모양의 허니더블치즈 브레드를 만들 때면 고소한 냄새가 온 가게에 진동했다. 들어오는 손님마다 코를 씰

룩거릴 정도였다. 부드러운 천연 발효빵과 잘 어울리는 새콤달콤한 유자레몬 소다는 입맛을 살리고 더위를 식혀주었다. 기다리는 손님을 위해서 다양한 소품을 곳곳에 두고 실내공간을 아기자기하게 꾸몄다.

10평도 안 되는 작은 가게였지만 은미 씨와 준희 씨는 직접 빵을 굽고 커피를 내리면서 행복해했다. 2012년 9월에 문을 연 꼼빠농은 입소문이 나며 전포동의 이름난 카페가 되었다. 이 상태로 3년만 열심히 일하면 비록 단칸방에서 살더라도 결혼식을 올릴 수 있을 것 같았다. 장사하느라고 둘만의 데이트 시간은 포기했지만, 새로운 보금자리를 마련해 결혼을 계획 중이었다.

그게 너무 큰 꿈이었을까? 어느 날, 건물주가 찾아와 재건축을 생각 중이라고 했다. 임대 기간이 끝나기 한 달 전이라 눈앞이 깜깜하고 하늘이 무너져 내리는 기분이었다. 도저히 믿기지 않았다. '설마 이대로 대책 없이 쫓겨나진 않겠지?' '혹시 건물주는 우리가 내는 임대료가 작다고 그러는 것일까?' '다른 임차인과 계약이 되었을까?' 정말 별별 생각이 들어 미칠 지경이었다.

영화 〈해피 해피 브레드〉에서 사카모토 노부부가 말하던 대사 그대로였다. "지금은 우리가 할 수 있는 게 없어요. 자신이 없어요." 은미 씨는 꿈이 와르르 무너지고 있는 것이 느껴졌다.

이 상황이 '젠트리피케이션'이라는 것을 뒤늦게 알게 되었다. 젠트리피케이션은 낙후됐던 구도심의 주거지에 재건축 등의 이유로 중·상류층이 유입되는 것이다. 주거비용은 상승하고 비싼 임대료를 감당할 수 없는 자신들 같은 사람들이 쫓겨나는 현상이었다. 이런 일을 직접 겪을 줄 꿈에도 생각지 못했다.

은미 씨가 전포동 공구상가에 올 때만 해도 겨우 배달음식 전문점만 있을 정도로 상권 형성 자체가 이루어지지 않은 곳이었다. 부산진구 전포동에 있던 대우자동차 공장이 떠나간 후 수많은 공구상가는 폐업을 하거나 장소를 옮겨 이 지역은 슬럼화되어 있었다. 저녁 6시 공구상가들이 문을 닫으면 컴컴하고 삭막한 지역이 되었다. 꼼빠뇽도 초창기엔 가게를 알리기조차 힘들었다.

전포카페거리는 지역 상인들의 노력과 방문객들의 입소문이 더해져 조성된 지 2년 만인 2017년, 미국 뉴욕타임스 추천 관광지 52곳 가운데 한 곳으로 소개되었다. 황폐해진 공구상가가 상인들의 노력으로 재생되어 세계적인 관광명소가 된 것이다. 그 일선에 준희 씨와 은미 씨가 있었다.

그러나 이들이 카페거리를 일군 대가는 너무 혹독했다. 빌린 돈까지 6000만 원 정도였던 창업자금과 6년간의 노력은 한 줌의 흙보다 못했다. 보증금 1000만 원을 제외하고 모든 것을 공중에 날리게 되었으니 독이 든 성배를 마신 꼴이었다. 이들은 폐업 이후에 가게의 형체마저 없어진 모습을 보면서 실성한 사람처럼 멍하니 한참을 서 있었다고 했다. 은미 씨는 집에 돌아와서는 감정이 북받쳐 주체할 수 없는 울분으로 통곡을 했다. 그토록 청춘을 다 바쳐 만들어 낸 소망이 하루아침에 사라졌다. 연애도, 결혼도, 아이도 포기하고 시작한 꼼빠뇽인데….

폐업 이후 이들은 아르바이트 일자리로 생활비를 겨우 벌고 있다. 숙련된 제빵 기술이 있어도 어디에서도 환영받지 못했다. 생계업종을 운영하던 30대 후반이 전직하기는 하늘의 별을 따는 것만큼 어렵다고 한다. 다시 소자본으로 재창업해 일어서는 수순을 밟아야 할까?

꼼빠농 카페의 은미 씨와 준희 씨의 사연을 들으면서 같이 슬퍼하고 분노했지만 아무 도움을 줄 수가 없어서 마음이 너무 무거웠다. 요즘 젊은이들이 결혼하지 않고 아이를 낳지 않아 저출산 대책을 세운다고 난리다. 지난 10년간 저출산 대책으로 100조 원 이상의 예산을 퍼부었지만 2018년 출산율은 역대 최저다. 출산 지원금과 육아 휴직, 출산 휴가, 주거 지원 등 다양한 정책이 쏟아져 나오지만 정작 안정적인 일자리 같은 근본적인 대책이 마련되지 않고 있다. 결혼과 출산이 무한정 연기되어버린 꼼빠농 청년사업가들의 사례는 의미심장하다. 사회·경제적인 안전망을 구축하지 않은 저출산 대책은 한낱 헛구호에 그칠 것 같다.

대기업과도 해볼 만하다는 착각

우리마트의 하진태 사장을 만난 것은 이마트 노브랜드의 출점으로 전국이 벌집 쑤셔놓은 듯이 시끄러울 때였다. 부산에서도 여러 곳에서 노브랜드 출점 소식이 들려왔다. 출점 예정 점포 주변 상인들의 시름이 커지고 있었다. 하 사장은 다급한 목소리로 자신의 점포 바로 옆에 이마트 노브랜드 매장이 들어온다며 협회에 도움을 요청해 왔다. 전혀 생각도 못한 일이었기에 의아하고 혼란스러웠다. 그는 연간 2000억 원대의 매출을 올리고, 500명의 직원을 둔 부산의 대표적인 중견 유통기업인이다. 솔직히 그를 노브랜드 출점의 피해자로는 생각할 수 없었다. 전화를 받고 고민하느라 미팅 일정을 미루었다. 지역 대기업 S사의 자본과 직원이 그의 회사에 유입되었고, 그의 업체가 S사의 자회사라는 소문이 파다했다. 굳이 협회가 도와줄 필요가 없다는 의견이 다수였다. 우리마트가 성장하면서 골목상권을 힘들게 했으니 그도 고통을 받아야 당연하다고 모두들 말했다.

그러다 협회 한 임원의 전화를 받았다. "협회는 다양한 가치와 목표를 가지고 있어야 한다. 대기업으로부터 영세 상인의 생존권을 지켜주는 데 전력을 다해야겠지만 그렇다고 중견 유통업체의 고충을 외면해서도 안 된다. 중견 유통업체들이 기댈 곳이 없으면 그 업체들은 대기업으로 넘어갈 수밖에 없다. 나는 우리마트 하 사장이 S사와 관계가 없다는 걸 잘 안다. 유통가에 떠도는 말은 그럴싸하게 왜곡된 것이다. 하 사장을 만나 진위 파악을 하는 것이 우선이다"라고 소신 있게 말했다. 영도구에서 마트를 운영하는 이진우 사장이었다. 검소하고도 진실하게 생활하는 이 사장의 모습을 익히 알고 있었기에 그의 말을 믿고 협회 이사회에 이 안건을 상정했다. 우리마트 하진태 사장이 도와달라는 요청을 받아들일 것인지 여부를 물었다. 이사회는 그동안 골목상권을 지키는 일에 동참하지 않고 오로지 자신의 점포 확장만 일삼은 행적은 밉지만 만나서 사실관계를 확인할 필요가 있다고 결론을 내었다. 노브랜드의 출점은 어쨌든 주변 많은 중소 상인들의 피해가 크기에 간과할 수 없었다.

하 사장의 첫인상은 솔직하면서도 흐트러짐이 없는 전형적인 사업가였다. 불쾌할 수도 있는 S사와의 관련설을 묻는 말에도 그는 소문을 잘 알고 있다고 말했다. 오해를 받을 만하지만 결코 S사의 자회사가 아니고, 무관하다고 적극적인 해명을 했다. 다만 납품업체에 신뢰를 줘서 유리한 조건으로 제품을 공급받을 수 있다고 생각했기에 S사와의 관련설을 일부러 부인하지는 않았다고 말했다. 그는 규모를 키워 경쟁력을 갖추면 어떤 대기업이 들어오더라도 버틸 수 있다고 믿었다고 했다. 그런데 이번 이마트 노브랜드 출점 소식을 듣고는 자기가 틀렸다는 생각이 들었다고 했다. 그동안 협회 활동에 동참하지 못한 만큼 앞으로 열심히 할 테니 자신을 지켜보면서 평가를 해달라는 것이었다.

그 뒤 부산유통조합을 통해 이마트 노브랜드 사업조정을 신청하기로 결론이 났다. 서류를 준비하는 과정에서 그는 최선을 다했다. 여러 번 만나면서 그가 사업을 시작하게 된 배경을 들었다. 그는 해양토목 기술자로 설계감리회사와 시공회사에서 10년 정도 일했다. 시공회사에 다니던 시절 자신의 주도적인 역할로 연 매출 100억 원 규모의 회사를 2년 만에 500억 원 규모로 성장시킨 일이 있었다. 이때 자신의 사업 역량을 알게 되면서 앞으로 독립해야겠다고 다짐했다고 한다.

1997년 그에게 영도에서 정육 전문매장인 축산마트를 운영할 기회가 왔다. 퇴직금과 주변에서 빌린 돈 3억 원을 밑천으로 장사를 시작했다. 하고 싶은 장사를 시작하니 일벌레처럼 살아도 피곤한 줄 모르고 마냥 신나고 즐거웠다고 한다. 하지만 행복은 잠시였다. 하늘이 무심하게도 그해 11월에 IMF 사태가 일어나 온 국민이 어려워졌다. 앞으로 어떻게 장사를 해야 할지 눈앞이 깜깜했다. 씀씀이를 극도로 줄이며 끝까지 버텨야 살아남는다는 생각밖에 없었다. 그는 '위기가 기회'라는 격언을 좌우명으로 삼고 이익이 없더라도 사업체를 유지해야겠다고 다짐했다. 이때, 반값 할인 등 공격적인 영업으로 주머니가 홀쭉해진 사람들의 마음을 얻을 수 있었다고 한다.

이 고비를 극복하면서 매출은 점차 늘었고 사세가 커졌지만 세상은 그를 가만두지 않았다. 그에 대해 험담을 쏟아내기 시작했다. 주변에서 S사와 관련이 있다는 악담이 쏟아졌지만 이를 악물고 참았다. 그는 오히려 대기업에 몇 번이나 당한 뼈아픈 기억이 있었지만 누구에게도 말할 수가 없었다. S사는 땅장사나 하면서 남을 뒤통수치는 '배앓이 기업'에 불과하다고 말했다. 그러면서 정관 신도시의 상가를 S사로부터 매입했던 이야기를 꺼냈다. 그 상가는 대기업이 운영하기에는 주차장이 작았다. 또 도로 건너편에 다른 대기업의 점포가 있어서 매물로 내놓은 듯했다. 그는 그 상가를 매입해 꽤 괜찮게 장사를 했다. 그런데 1년 정도 지날 무렵 S사는 1km 근처에 자신의 점포보다 4배 이상 큰 직영점을 출점시켰다. 상도의가 없어도 너무 없는 처사라는 생각에 분노가 치밀어 올라 참을 수가 없어 S사 회장을 찾아갔으나 만나주지 않았다. 당시 그 회장은 사무실 안에서 야구방망이를 들고 기다리고 있었다는 소문을 나중에 듣고선 혀를 내두를 정도였다.

이후 자신의 점포 매출은 절반으로 떨어졌지만 더 이상 손을 쓸 수가 없었다. '동일상권에 동일업종을 출점할 수 없다'는 특약을 계약 당시에 적어놓지 않아 소송을 포기할 수밖에 없었고, 이후 그 점포는 헐값에 처분했다. 아직도 그때의 일을 생각하면 심장병이 생길 정도라며 정부의 정책도 전혀 도움이 되지 않아 속상하다고 한다.

그 후 회사 규모가 커졌다. 2012년 말부터 전 직원을 4대보험 대상으로 신고를 했더니 고용창출우수 100대 기업에 선정되었다. 2014년에는 대통령상을 받는 영광을 누렸다. 당시 4대보험을 적용하면서 신규등록기업이 되는 제도적 한계 덕분(?)이었다. 세상사 새옹지마라고 했다. 대통령상을 받은 기업은 3년간 세무조사를 유예하는 제도가 있었지만 이후 두 번이나 세무조사를 받았다. 고용우수기업 효과는커녕 피해만 봤는데도 어디 하소연할 곳이 없었다고 한다.

하진태 사장은 협회활동을 같이하는 상인들에게 피해를 주지 않겠다며 2018년 초부터 부산 시내 출점을 자제하고 있다. 작은 규모의 점포와 더불어 살겠다는 것이었다. 그러면서 "구멍가게 하나로 세 명의 자식을 대학교에 보낸 누나의 슈퍼마켓을 봐주면서 소매점의 꿈을 꾸기 시작했다. 열심히 살면 먹고사는 것을 걱정하지 않고, 작은 것으로도 꿈을 펼칠 기회가 균등한 사회가 되어야 한다"라고 힘주어 말했다.

최저임금 인상 후 소상공인 정책이 계속 쏟아지고 있는 가운데도 중견기업이나 강소기업에 대한 정책이 눈에 보이지 않는다. 이들 업체는 최저임금 인상 후 이중, 삼중고를 겪으며 기존 사업을 포기하는 이들까지 속출하고 있다. 수많은 일자리가 생기는 이들 업체에 대한 현실성 있는 정부 정책이 하루속히 나와야 할 것이다.

당신도
자영업자가 될지 모른다

사람 일은 아무도 모른다고 한다. 대기업의 임원으로 잘나가던 그가 자영업에 뛰어들었다는 사실이 의아했다. 많은 자영업자가 그만두고 싶어도 그만두지 못해 어쩔 수 없이 문을 여는 요즘 아닌가.

윤현호 사장이 사직운동장 근처에서 카페를 시작했다는 글을 SNS상에서 우연히 보게 되었다. 지나가는 길에 걱정 반 기대 반의 심정으로 가게를 찾아갔다. 윤 사장은 지방에서 시작한 프랜차이즈 카페를 아파트 후문 앞에 열었다. 대기업 프랜차이즈 가맹점이 동네 상권 깊숙이 들어와 카페는 더욱더 힘든 구조라고 느끼던 차였다. 윤 사장의 가게의 바로 옆 건물에도 대기업 가맹점이 있었다. 윤 사장 가게 인테리어는 제법 괜찮아 보였다. 1층과 2층엔 모두 서른 명 정도의 손님들이 수다를 떨며 커피를 마시고 있었다. 대부분 아파트 주민인 듯한 중년 여성들이니 그야말로 동네 장사다.

그는 홈플러스의 부산·경남지역본부장까지 지낸 적의 수장이었다. 2007년 무렵 상인들은 홈플러스의 SSM 출점 때문에 하루도 마음 편할 날이 없었다. 2009년 2월 홈플러스 해운대 센텀점 앞에서 집회를 열기 위해 마이크 사용 등으로 홈플러스에서 전기를 빌려와야 했다. 당시 홈플러스 센텀점 점장이었던 그는 우리의 전기 사용 요구에 순순히 응했다. 성난 상인들의 마음을 건드리지 않으려고 협조한다고 여겼다. 삭발 투쟁으로 강경하게 나선 상인들의 사정이 지방 언론에 대서특필되었다. 부산시 유통업상생발전협의회의 위원이었던 그는 본사에 지역 여론을 전달하며 추가 출점에 부정적인 입장을 견지하고 있었다. 지역 여론에 부담을 느낀 홈플러스 본사는 이후 계획에 잡혀 있던 SSM 점포 출점을 거의 취소했다. 그러나 협의회에서 대형마트의 대표 자격으로 발언을 할 때는 관점이 서로 달라 사사건건 격렬한 논쟁을 벌이곤 하던 그였다. 운명의 장난으로 이제는 팥빙수를 같이 먹는 사이가 되어 어쩌다 자영업자가 되었는지 그 사연을 들었다.

삼성에 입사한 그는 인사 담당이었기에 IMF 후 3차 구조조정을 단행해야 했다. 앞선 두 차례의 구조조정을 하면서 해고당한 이들의 격렬한 저항과 고통을 보았기에 마음이 아프고 안타까웠다. 3차 구조조정은 삼성자동차에서 온 인력을 재배치해야 되니 그 폭도 컸다. 그는 인사 담당으로 계속 일하는 게 양심의 가책이 들어 삼성물산 유통사업부로 관계사 전배를 요청했다. 유통사업부에서 일하면 혹시 회사에 다닐 수 없게 되었을 때 장사를 하기 쉬울 것 같다는 생각도 있었다. 결국 삼성물산이 영국 테스코와 합작을 하며 홈플러스 소속이 되었다가, 홈플러스가 사모

펀드에 인수되자 희망이 안 보여 자진 퇴사했다고 한다.

그는 대기업 임원으로 있었던 경력과 젊은 패기로 어디에서도 잘할 자신감이 있었지만 착각이었다. 직장을 구하는 것이 하늘의 별 따기라는 것은 직장을 나와서야 깨달았다. 잠시 꽤 이름난 회사의 본부장으로 일했지만 조직 문화의 이질감으로 금방 나올 수밖에 없었다. 그 뒤 눈높이를 낮추었지만 어디에서도 그를 채용하겠다는 회사가 없었다고 한다.

결국 자영업밖에 없었다. 남들은 어렵다고 해도 업무 효율성을 높일 수 있는 체계적인 시스템을 마련하면 승산이 있겠다고 여겼다. 처음에는 누구보다 잘 아는 대형마트 내의 소점포로 시작할까 생각했다. 그러나 대형마트와 본사에 내는 이중 수수료와 인테리어 비용, 게다가 보이지 않는 많은 통제를 생각하면 대형마트에서 하는 장사는 피해야 했다. 고민하던 중 지방업체의 프랜차이즈 카페를 우연히 알게 되어 그 회사가 직영하고 있는 점포를 찾았다. 프랜차이즈지만 본사의 부당한 개입이 없고 점주의 재량권이 보장되어 괜찮은 것 같았다. 19명이나 되는 직원 숫자를 10명으로 조정해 직영점포를 인수했다.

막상 장사를 시작해 보니 손님은 많지만 영업이익이 극히 작게 나오는 구조라는 사실을 깨달았다. 직영점 당시 영업이익이 없어도 본사의 홍보점포였기에 원가 개념으로 판매한 영업방침이 문제였다. 계속 그렇게 장사를 할 수 없어 1500원 하던 커피 값을 2000원으로 올리니 손님이 금방 줄었다. 근처 카페보다 30% 이상 저렴한 가격이었지만 소비자들은 외면했다. 시간이 흘러 예전

손님들이 되돌아왔지만 냉정한 현실에 눈을 뜨게 된 계기였다.

직장생활 할 때와는 비교도 못 할 만큼 힘들다고 했다. 경기는 나쁘고 최저임금 인상의 여파는 생각보다 컸다. 발품을 팔아 원가를 줄였지만 인건비가 40%를 차지하니 임금 상승이 가장 큰 변수였다. 자영업자로 산다는 건 하루하루가 전쟁이었다. 자영업자가 될 것이라고는 꿈에도 생각하지 못했지만 50대 중년이 할 수 있는 건 그나마 자영업밖에 없었다.

우리나라 자영업자를 절반으로 줄여야 된다는 일부 학자들의 발언은 정말 현실을 잘 모르고 하는 소리다. 백방으로 돌아다니며 직장을 구하다가 어쩔 수 없이 선택하는 마지막 보루가 자영업이다. 그는 아직은 적자지만 1년 정도 후면 흑자로 전환할 것이라는 자신감을 보였다. 유통업에 종사하며 오랫동안 경험한 마케팅 기법과 합리적인 프로그램 개발이 자신감의 원천이었다.

나는 그에게 자영업과 대기업과의 진정한 상생은 무엇이냐고 물었다. 그는 서로의 큰 양보가 있어야 상생할 수 있는 길이 생긴다고 했다. 그는 협회 회원 중 능력 있고 경험 많은 경영인들을 전문가 집단으로 육성해 창업하는 이들에게 보다 세심하게 컨설팅할 수 있는 조직이 되었으면 좋겠다고 조언했다.

나는 철저한 준비 없이 무리하게 자영업에 뛰어드는 것을 말리고 있다. 사실 많은 자영업자들은 턱없는 자기자본금으로 무리하게 시작해 초기 금융 비용이 상당하다. 최선을 다하고 있는 윤사장이 창업의 역경을 딛고 일어나 협회에서 자영업자들을 대상으로 경영전문가로서 멘토 역할을 하는 날이 오면 좋겠다. 이왕 시작한 자영업자의 길이니 후배들의 좋은 멘토가 되고 싶다는 그의 꿈이 꼭 실현되길 바란다.

납품 상인들의 고달픈 삶

강산이 변한다는 10년의 세월이 지나도록 유통 환경을 바꾸자고 길거리에 나섰지만 세상 대신 자신의 운명만 바뀐 안타까운 사연들이 있다. 의로운 마음으로 헌신했지만 매출이 반 토막 나서 사업을 유지하기도 힘들거나 더 이상 버틸 수 없어 폐업을 선택한 유제품 납품업자들이다. 누구보다 열심히 산 그들이 힘들어하는 모습은 납품업체의 현실을 있는 그대로 보여준다. 유제품 납품업자들은 이른 아침부터 늦은 저녁까지 비가 오나 눈이 오나 동네 슈퍼마켓을 돌아다닌다. 반품을 줄일 생각에 영업을 마치고도 거래처에 다시 들른다. 일 년 동안 설 명절 당일 하루만 쉬는 그들은 성실함 하나로 산다. 그런 납품업자들의 현실을 알리기 위해 주변에 있는 세 사람의 삶을 소개한다.

이응재 사장, 다시 날아라

이응재 사장과는 부산 수영구 남천동 한나라당 당사 앞에서 처음 만났다. 아직도 춥기만 한 2월, 유통법 개정안을 촉구하는 기자회견장에는 100여 명의 상인이 나왔고 그 자리에 이 사장이 있었다. 그는 기자회견이 끝나자 내 옆으로 다가와 사상구에서 우유를 납품하고 있다며 자신을 소개했다. 어떻게 알고 왔는지 묻자 그는 “골목상권을 지키는 활동을 인터넷에서 보며 참석해야겠다고 생각했다. 참여가 세상을 바꾸는 힘이다”라고 말했다.

멀리서, 그것도 자진해서 일찍 나와준 것이 정말 고마웠다. 더구나 그와 같은 납품 상인이 SSM 입점저지운동에 적극적으로 나섰기에 두고두고 기억이 났다. SSM 개장은 소매업체에는 발등의 불이었으나, 납품업자들은 한 발짝 물러나 있는 듯했다. 그는 대기업의 횡포가 너무 심해 납품 물량이 2년 전보다 30% 이상 줄었다며 반드시 유통법이 개정되어 SSM 입점을 막아야 한다고 했다. 이후 그는 협회 활동에 열심히 참여했지만 납품 상인들의 유통환경은 점점 어려워져갔다. ‘을’인 그들을 위해 불공정을 개선시킬 관련 법조차 없었다. 납품 상인들은 도매유통환경을 개선해 달라고 외쳤으나 누구도 귀를 기울이지 않았다. 그의 사업체는 계속 쪼그라들었다. 직원도 내보내고 1t 화물차로 혼자 일해도 월 순이익은 200만 원 남짓하다. 그는 이대로 주저앉을 수 없다며 인근 지역을 인수하여 비상을 위한 날갯짓을 하고 있다. 그가 활짝 웃으며 다시 창공을 날 수 있기를 기대한다.

조직력을 외치고 다닌 진건호 사장

해운대 우동의 터줏대감으로 통하는 진건호 사장은 언제나 여유로운 웃음으로 사람들을 대한다. 주위 사람들과 잘 소통하는 친화력을 눈여겨본 나는 그에게 협회 사무국장을 맡아줄 것을 요청했다. 그는 "우유를 납품하니 시간이 빠듯해 점심도 챙겨 먹지 못한다. 도저히 받아들이기 어렵다"라며 정중히 거절했다. 세 번째 찾아갔을 때, 마침내 그가 사는 아파트 근처 호프집에서 만날 수 있었다. 나는 소모임으로는 대기업의 골목 진출에 맞설 수 없다며 자영업자를 위해 다함께 힘을 모으자고 간청했다. 그는 할 수 없다는 듯 나의 요청에 응했다. 삼고초려 끝에 한배를 타게 된 것이었다.

이후 그는 사무국장으로 궂은일을 도맡아 했다. 자신이 위탁 납품을 하는 바로 그 대형마트 앞 집회 현장에서 사회를 맡으면서까지 모두가 부담스러운 일을 처리했다. 주변의 소매점과 도매업자들에게는 단체의 필요성을 말하며 조직력이 있어야 대기업에게 대응할 수 있다고 외치고 다녔다. 그 역시 대형마트와 SSM의 입점으로 거래처의 절반이 없어지며 경영난에 시달리게 되었지만 나에게는 힘들다는 표현을 전혀 하지 않았다. 새 사무국장이 오고 나서도 협회의 중책을 맡아 없는 시간을 쪼개 쓰며 활동했다.

그는 "납품 대리점들이 조직화가 되어 있지 않으니 중기부에 생계형 적합업종을 신청할 수 없는 거 아니냐. 동참하지 않는 상인들에게 내일은 없다"라며 일침을 놓기도 했다. 유제품 대리점의 한계를 느끼며 대안을 찾던 그는 물류 비용을 절감할 수 있는 대책을 정부가 세워주어야 경쟁력을 갖출 수 있다고 주장했다.

다시 태어나면 장사 안 하겠다는 손창석 사장

손창석 사장은 부산우유 대리점을 21년간 해오다 2017년 6월에 사업을 정리했다. 지금은 유제품 대리점을 그만두고 부인이 해운대 신도시에서 운영하는 돼지국밥집을 돕고 있다.

세상 사람들은 유제품 대리점을 하면서 벌어들인 돈으로 식당을 마련한 줄 안다. 물려받은 땅을 처분하고 은행의 대출금을 안으며 분양을 받은 것이었다. 임대를 했는데 세입자가 나가는 바람에 어쩔 수 없이 식당을 맡아 운영한 것이 그나마 다행이었다. 식당을 하지 않았다면 희망이 없던 유제품 대리점을 그만둘 수도 없을 것이라고 했다.

그의 유제품 대리점은 신도시에 이마트가 들어온 이후부터 매출이 뚝뚝 떨어졌다. 이마트 때문에 경영난을 겪다 문을 닫는 거래처가 부지기수였다. 지방업체인 부산우유는 안타깝게도 경쟁력 있는 신제품 출시도 거의 없었다. '뼈로 가는 우유'란 제품명으로 신제품 개발을 제안했지만 무시당했다고 한다. 이후 타사에서 같은 이름의 제품이 출시되었을 땐 속이 많이 상했다.

우유 대리점 시절에는 이른 새벽에 식당 문을 열어주고 난 뒤 하루 종일 우유를 납품했다. 일이 끝나면 저녁에 다시 식당일을 도우면서도 방송통신대학교 경영학과에 들어갔다. 다시 태어나면 어떤 조건에서도 공부만은 하겠다고 했다. 나이가 들어 방송대를 다니면서 자신감이 생기고 자기계발을 할 수 있어서 좋다며 지인들에게도 방송대에 갈 것을 권유했다. 그는 곧은 성격상 거래처 사장들에게 입바른 소리를 하니 주변 사람들은 그를 고지식하다고 했다.

그는 우유 납품업에 대해 "대리점은 언제 깃발을 내릴지 모를 정도로 희망이 없다"라고 말하며 장사를 하는 부인에게 늘 미안한 마음뿐이라고 했다. 한번은 그의 부인이 "다시 태어나도 장사를 한다면 두 번 다시 만나지 말자"라는 말에 "장사는 아예 하지 않겠다"라고 대답했다고 한다. 이 한마디에 그가 자영업을 하면서 겪었을 고통이 한눈에 그려졌다.

유제품 납품 상인 이들 3인은 최소 25년 정도 한 우물을 판 유통 경력을 가지고 있다. 대기업에 의해 삶의 터전을 잃지 않으려고 발버둥을 치고 있지만 다들 도태되기 직전이다. 도매의 기능이 약해지면 공급을 제대로 해주지 못해 소매 기능이 약해진다. 소매가 약해지면 거래처가 없어져 도매가 연쇄적으로 무너지는 것이다. 또한 지방 브랜드 역시 지역 시민의 외면 속에 중앙 브랜드에 의해 계속 밀려나고 있는 실정이다. 지역사회가 중요하게 여겨야 할 대목이다.

이들은 납품업체에 대한 정부 정책이 전혀 없다고 불만스러워했다. 2010년에 만난 지식경제부 관계자는 납품 대리점은 기업의 대리점이라 그 기업이 알아서 먹여 살려야 한다고 했다. 참으로 무책임해 보였다. 골목상권의 핏줄을 담당하는 이들을 보호할 때 서민경제가 살아난다. 물류 기업을 지원하듯 골목상권을 지키는 도매납품업체에 유류비를 일부 지원한다면 보다 경쟁력이 있을 것이다. 정부가 납품업자들의 실태 파악부터 하고 대책을 세워야 하지 않을까.

헤어 디자이너의 소박한 꿈이 계속되기를

"요즘 들어 부쩍 신경 쓰는 일이 많은지 두통이 심하다"라는 말에 아내는 두피 스케일링을 하면 머리가 맑아질 거라고 했다. 당시 복잡한 협회 일로 두통에 시달리고 있었다. 소개받은 곳은 부산 동래구 부산컴퓨터도매상가 근처에 있는 '디자인'이란 미용실이었다. 미용실을 들어서니 카페 같은 따뜻한 느낌이 났다. 하지만 여성들만 서성거리는 낯선 미용실의 풍경에 못 올 장소에 온 것처럼 마음이 편하지 않았다. 통통 튕기듯 들려오는 재즈 음악이 불편한 마음을 그나마 달래주었다. 머리를 하며 나도 모르게 박미경 원장이 털어놓는 이야기에 빨려 들었다.

네 살배기 여아를 둔 새댁인 박 원장은 아이를 떼놓고 일터로 나오는 아침마다 마음이 너무 아프다고 했다. 헤어 디자이너는 그녀의 꿈 전부였다. 중학교 졸업할 무렵부터 미용 기술을 배우고 싶으니 미용 고등학교에 가고 싶다고 부모에게 졸랐다고 했다. 그녀의 아버지는 미용 기술에 대해 탐탁지 않게 생각해 반대하며 여상으로 가길 원했다. 하지만 어머니가 "여자도 기술이 있어야 한다. 생각 잘했다"라며 적극적으로 밀어주었다.

어머니는 단짝 친구 한 명의 학원비까지 대주면서 미용학원에 다닐 것을 권했다. 학원 원장은 매우 엄한 사람이었다. "제대로 배울 생각이 없으면 짐 싸 들고 나가라"라며 사물함에 있던 소지품을 밖에 내놓기도 했다. 그래도 헤어 디자이너의 꿈을 잊지 말라며 그녀를 학생이라 부르지 않고 '박 사장'이라고 불러주었다. 재미가 붙자 실력이 늘며 미용 이론 시험을 두 번 만에 합격했다. 이후 미용 실기를 위해 파마 기술을 연습하느라 새벽 3시가 되어서야 집에 들어가는 날이 빈번해졌다.

실기 시험을 치르는 날, 어머니가 사준 찹쌀떡의 효과가 헛되지 않았는지 단번에 합격했다. 1등을 목표로 전국 대회에 나갔지만 동상 수상에 그쳐 속이 상했던 적도 있었다. 미용실에서 발이 퉁퉁 붓도록 서서 일하다 보니 힘들었지만 헤어 디자이너 꿈을 이룬다는 생각에 그마저도 즐거웠다.

하지만 그 이상 올라가기가 쉽지 않았다. 헤어 디자이너가 꿈이었지만 잔심부름만 시킬 뿐 그 누구도 기술을 가르쳐주지 않았다. 하루는 바닥에 주저앉아 엉엉 울어버렸다. 사연을 듣고 헤어디자이너로 일하도록 배려해준 부원장 덕분에 비로소 꿈을 이루는가 싶었지만 250평이나 되는 큰 대형 미용실은 폐업을 해버렸다. 알고 보니 그 대형 미용실의 원장은 월급쟁이였고 별도의 사업가가 있었다. 계속 늘어나는 적자에 문을 닫아버린 것이었다. 하루아침에 30명 이상이 일자리를 잃었다.

이번에는 대형마트 안에 차려진 미용실에 들어갔다. 전국의 미용실 점주들을 교육시키는 교수가 직영하는 매장이었다. 원장은 헤어 기술을 마치 조형물을 만들 듯이 창조하라고 했다. 덕분에 새로운 많은 기술을 배울 수 있었다. 어려움도 많았다. 10년이 넘도록 기술을 배우고 닦았지만 아직도 어린 나이 탓에 "내가 실험 대상이냐"라고 따지는 고객의 말에 눈물을 흘린 적도 한두 번이 아니었다. 어떤 조직 폭력배의 머리를 손질하면서 깍두기 모양의 머리를 동그랗게 보기 좋게 만들었다가 혼쭐이 나기도 했다. 그러나 이 매장도 오르는 임대료를 감당하지 못하고 또다시 문을 닫았다. 브랜드 가맹점이었기에 안심했지만 어떻게 된 일인지 죄다 폐업을 하니 계속 일을 할 수가 없었다. 이런 상황이 도저히 이해가 되지 않았다.

그러는 사이 결혼을 하고 아이가 생겼다. 어린 나이부터 일하던 사람이라 그런지 아기만 보기는 어려웠고 산후 우울증이 생겼다. 밖으로 나가고 싶었고, 다시 일이 너무 하고 싶었다. 다행히 친정엄마가 아이를 돌봐줄 수 있게 되었다. 자신의 마음을 잘 알고 있던 남편은 "그렇게 일하고 싶으면 해라. 대신 폐업으로 일자리를 계속 잃지 말고 차라리 미용실을 차려 헤어디자이너가 돼라"라고 했다. 고마운 남편이었다. 아이의 백일잔치가 끝나자 시부모의 도움으로 지금의 매장을 차렸다.

매장을 차린 지 3년이 지나니 사세가 확장되어 세 명의 헤어 디자이너와 헤어 디자이너를 꿈꾸는 두 명의 식구까지 생겼다. 헤어 디자이너가 되기 위해 매장에서 일하는 32세의 송수현 씨는 언제나 싱글벙글 손님을 대하는 미용실의 분위기 메이커다.

미용업계는 직장 내부의 장기근속자 우대 승진의 독특한 체계가 있다. 직장을 옮기며 승진하는 유통업계의 승진체계와는 달리 미용업계에서는 이직이 적어 인재 양성이 가능하다고 한다. 송 씨도 오래전부터 알던 박 원장을 언니처럼 믿고 따르는 터라 오늘도 열심히 미용 기술을 터득하고 있다. 송 씨는 부모가 추어탕 식당을 해서 어려운 자영업 환경을 잘 알고 있다며, 미용 기술을 배우는 것이 무엇보다 중요하다고 했다.

박 원장은 "어떤 브랜드가 들어와도 특색 있는 나만의 경쟁력을 갖추어 작품을 만드는 자세로 일하는 헤어 디자이너가 되겠다"라는 소망을 이야기한다. 그녀는 오늘도 없는 시간을 쪼개어 미용 아카데미 특강을 찾아다니며 자신을 개발하려고 한다.

대부분의 자영업 분야는 대기업의 골목 상권 진입으로 생계 수단을 잃었다. 수십 년간 터득한 기술이 하루아침에 소용없게 된다. 이 · 미용업계는 그나마 자영업 분야가 남아 있어 이들의 소박한 꿈이 계속되는 듯하다. 대기업으로부터 이들의 소망이 난도질당하지 않도록 제도로 뒷받침되어야 할 것이다.

식당 주방의 아내는 평생의 동반자

협회에 귀한 손님이 오면 꼭 들르는 식당이 있다. 부산 해운대구 재송동에 있는 '진우아구찜'이다. 아귀찜이 전문이지만 대구뽈찜도 일품이다. 대구의 살과 볶은 양파를 입에 넣으면 달콤하고 고소한 맛이 최고다. 진우아구찜 사장 최상렬 씨는 칠순이 넘었지만 지금도 오토바이를 타고 배달을 다녀 다들 혀를 내두를 정도다. 최 사장은 그동안 얼마나 억척스럽고 열심히 살았는지 한눈에 알 수 있을 정도로 강해 보인다.

누군들 처음부터 자영업자였을까. 최 사장의 파란만장했던 이야기를 들을 기회가 있었다. 그의 제대 후 첫 직장은 당시 지역 최고의 기업인 동명목재였다. 그 잘나가던 동명목재가 망하고 난 뒤에는 금속 계통의 중소기업에 들어갔다. 몸을 아끼지 않고 열심히 일한 덕분에 남들은 10년 걸려도 힘든 과장 직급을 7년 만에 달았다. 그러나 1급 방위 산업체로 군납을 했던 회사는 군납이 끊기며 부도가 나고 말았다. 직장의 운명은 안타깝게도 그의 노력을 알아주지 않았다. 잠시 택시도 몰다 결국 자영업의 길에 들어섰다. 재송동에서 가장 규모가 큰 중형급 개인매장 '진우유통' 안의 입구 쪽에 부식 가게를 차렸다. 싱싱한 채소를 저렴하게 판매한다는 소문이 주위로 퍼지며 하루 150만 원을 팔 정도로 장사가 잘 되었다. 새벽마다 부전시장에서 떼 온 물량이 한 차 가득했다. 추운 겨울에도 이른 새벽부터 물건을 보러 나갔다. 오랜 세월 동안 이를 악물고 산 탓인지 풍치가 심했다. 도저히 나갈 형편이 되지 않을 때도 믿고 찾아주는 단골에 대한 고마움과 신뢰 때문에 그럴 수 없었다. 임대 들어가 있던 '진우유통'이 물류센터를 확장하는 중에 1km 떨어진 해운대 센텀시티에 홈플러스가 입점했다. 진우유통의 매출이 급격히 떨어지며 한 치 앞을 내다볼 수 없는 상황이 되었다. 그는 그 와중에 진우유통 사장에게 1500만 원을 차용증도 없이 빌려주었다. 남들은 어리석게 생각할지 몰라도 임차인의 의리 같은 마음이었다. 그의 믿음과 노력에도 불구하고 진우유통은 큰 빚을 남긴 채 부도가 났다. 덩달아 그의 터전도, 희망도 하루아침에 날아가 버렸다. 허망했다. 망했다는 소문이 떠돌자 친척들은 그의 전화마저 피했다. 터전을 일구는 곳마다 연관된 회사가 무너지며 그를 옥죄니 무기력해질 수밖에 없었다. 한 줄기 희망도 보이지 않았다. 다행히 아내가 그를 위로하며 지켜주었다. 아내와 같이 정처 없이 전국을 떠돌아다녔다.

꽤 오래 아무 일도 못 하고 지낼 무렵 빈 점포가 있다며 누가 찾아왔다. 아내가 결혼 전에 특급호텔의 일류 요리사였던 것을 알고 있던 지인이었다. 그는 마음을 고쳐먹고 점포 주인을 찾아갔다. 식당 업종은 장사가 되지 않아 부도가 잘 난다며 점포를 임대할 수 없다는 주인을 겨우 설득시켰다. 전세금 400만 원에 월 임대료 30만 원으로 아귀찜 전문 식당을 열었다. 맛과 좋은 재료 그리고 손님과의 신용 3가지를 장사의 원칙으로 삼았다. 싱싱한 생아귀와 생대구만을 고집하고 최고의 재료를 사용했다. 광고나 전단지 한 번 내지 않고 오로지 입소문을 타고 맛집으로 알려져 한 칸으로 시작한 점포는 네 칸까지 늘어났다. 한적한 동네 골목이 오가는 많은 손님으로 인해 문전성시를 이루었다.

그의 식당에서는 10년 이상 일하는 직원이 2명이나 되었다. 그는 직원에게 최저시급보다 많이 주고 있지만 믿었던 직원의 배신으로 인한 상처는 아직 아물지 않아 보였다. 몇 년 전 들어온 직원은 형편상 4대보험과 퇴직금을 받을 수 없는 처지라며 시급에 보태 별도로 계산해달라고 말했다. 업계의 특성상 종종 이런 직원이 들어왔기에 아무런 의심 없이 그 직원의 말대로 해주었다. 그 직원은 배은망덕하게도 퇴직하면서 4대보험과 퇴직금을 지급해달라며 지방노동청에 고발했다. 그는 공무원에게 자초지종을 이야기했지만 퇴직한 직원의 편만 들었다. 결국 합의가 되지 않아 법원으로 사건이 넘어갔다. 재판 도중 판사에게 너무 억울하다며 울다시피 매달렸다. 다음 재판까지 밀리며 문제가 생기자 판사는 그에게 벌금 70만 원을 추가로 선고했다. 재판 비용은 말할 것도 없고 퇴직금으로 추가 380만 원을 더 냈다. 나중에 알고 보니 그 직원은 상습범이었다. 판사와 공무원들은 서류만 보고 판단할 뿐, 현장을 너무 몰랐다.

"골목 식당은 일자리 창출의 일등공신"이라고 하는 그의 말에 고개가 끄덕여졌다. 그는 환갑도 한참 지난 부인이 아직도 주방에서 일하는 것을 보면 정말 미안하고 가슴이 아프다고 했다. 그는 "결혼하면서 손에 물을 묻히게 하지 않겠다고 한 약속은 어겼지만 평생의 동반자로 살아준 아내가 고마워 눈 감을 때까지 사랑하겠다"라고 다짐했다. 그에게 한 가지 더 바람이 있었다. 택배업을 하는 아들이 요리 기술을 전수받아 가업을 계승하는 것이다. 100년이 넘는 가게가 흔한 일본의 노포처럼 지역의 음식점이 차별화되고 특색 있는 골목 가게로 남아 있기를 기대해본다.

전국 자영업자의 이야기

3장

망원시장 두부장수 서울시의원 되다 : 서울

2012년 11월 22일, 서울의 마포구 망원시장과 월드컵시장 150여 점포에서 두 번째 촛불야시장이 열렸다. 합정역에 생기는 홈플러스 입점을 저지하기 위한 상인들의 자율적인 촛불야시장이었다. 저녁 8시, 시장의 모든 점포는 소등 후 촛불을 밝히어 장사를 했다. 어두움 속에 빛나는 촛불은 상인들의 한 줄기 희망처럼 느껴졌다. 촛불 너머로 보이는 옆 점포 상인의 얼굴이 짠하면서도 정겨웠다. 촛불야시장을 통해 상인들의 심정을 세상에 알리려 했다.

상인들은 이 행사의 의미를 예술적으로 승화시켜보자며 '이야기 꽃병'이란 주제로 자신들이 쓰던 소품이나 판매하는 물건들을 소재로 삼았다. 이야기 꽃병에는 자신의 터전을 지키고 싶은 상인들의 마음이 있었고, 삶이 있었고, 망원시장을 지켜오던 애환이 서려 있었다. 이야기 꽃병을 통해 세상 사람들에게 말했다. "왜 우리의 시장 터전을 대기업이 밟으려 하느냐?" 상인들의 애타는 심정을 이렇게라도 보여줌으로써 홈플러스가 들어오면 안 되는 이유를 소비자들에게 전했다. '촛불풍선'을 주민과 고객에게 나눠주며 촛불야시장의 뜻과 경제민주화의 염원을 전했다. 시장을 찾은 소비자들 중에는 어두워서 불편하다는 이도 일부 있었지만 대부분은 촛불에 어린 상인들의 얼굴을 보고, 얼마나 절실했으면 이런 방법으로 이야기하려 했을까 하며 공감했다.

한 상인의 작품이 손님들의 시선을 끌었다. 입을 크게 벌린 아귀가 고등어와 새우를 잡아먹는 형상이었다. 아귀 등에는 '대형마트'란 글씨가 적혔고 고등어 등에는 '재래시장'이란 글씨가 붙었다. 지나가던 엄마는 아이에게 "큰 아귀가 작은 고기를 마구 잡아먹네. 작은 고기가 불쌍하지?"라고 말했다. 대형마트에 밀려 폐업하게 될지도 모르는 우리 처지가 얼마나 절박한지 아이마저 아는 듯했다. 뻥튀기 점포 앞에는 뻥순이라는 그림을 그려 '결사반대'라는 빨간색의 스티커를 붙였다. 정성 어린 작품에 장을 보러 온 손님들은 이미 상인들의 마음을 다 읽고 있었다.

망원시장 상인들이 처음부터 이런 촛불야시장을 연 건 아니었다. 대형마트인 홈플러스가 입점한다는 소문이 돌자 더 이상 물러서면 삶의 터전을 다 잃는다는 위기의식이 상인들 사이에 퍼졌다. 이미 홈플러스 월드컵경기장점을 포함하여 망원시장 주위에 3개의 홈플러스 매장이 들어서 있었다. 8년 전인 2003년, 망원시장에서 1.5km 정도 떨어진 상암동 월드컵경기장에 까르푸가 매장(현재 홈플러스 월드컵점)을 열었다. 처음엔 누구도 이 대형마트가 시장 상인들의 삶을 옥죄는 '괴물'이 될 것이라고는 전혀 생각하지 못했다. 망원시장 상인회 서정래 회장은 "그때는 하나의 문화트렌드로 생각했고 대형마트에 쇼핑하러 자주 갔었다. 경쟁

상대라는 의식도 전혀 없었다. 그런데 홈플러스 월드컵점으로 인수된 뒤 24시간 영업을 하고, 최저가 마케팅에 열을 올리는 것을 지켜보면서 위기의식을 느끼기 시작했다"라고 말했다. 그 대형마트가 전국의 홈플러스 중 최고 매출 매장으로 성장해가는 동안 시장 상인들의 매출은 눈에 띄게 떨어졌다.

이런 상황에서 홈플러스 합정점까지 들어온다는 소문이 돌았다. 전통시장 부근에 대형마트가 들어오는 것을 규제하는 법률과 조례가 통과됐기 때문에, 시장 상인들은 처음엔 설마 했다. 마포구청에 질의를 하니 홈플러스 합정점이 입점한다고 했다. 홈플러스가 조례 통과되기 직전에 등록 절차를 완료한 것이었다. 상인들은 뒤통수를 세게 맞은 것처럼 충격에 빠졌다. 망원시장과는 불과 670m밖에 떨어져 있지 않았기 때문이었다. 홈플러스 모기업인 영국 기업 테스코에 항의서한을 전달하기 위해 영국대사관에 찾아갔다. 아무런 소용이 없었다.

서 회장은 홈플러스 입점저지 투쟁을 하면서 2012년 대통령선거의 화두인 '경제민주화'가 자신의 문제라는 사실을 깨닫게 됐다. 그는 "정치권에서 '경제민주화'라는 얘기가 계속 나오더라. 대형 자본의 탐욕에 맞서 지역 경제의 건강한 생태계와 삶의 터전을 지키려는 우리 상인들의 투쟁이 바로 경제민주화 운동이다"라고 했다. 부산 상인들도 경제민주화는 재벌 개혁에만 한정된 것이 아니라고 보았다. 경제민주화는 대선을 앞둔 정치권만의 이슈가 아니라 중소상인과 중소기업 등 모든 업종에 해당하는 우리들의 문제였고, 과제였다. 경제민주화는 유통자본의 골목상권 진입을 막는 무기로 쓰이고 있으니 우리의 삶에 지대한 영향을 끼치고 있는 것이었다.

합정역 근처에 홈플러스가 입점한다는 사실을 파악한 후 망원시장 상인들은 월드컵시장 상인들과 뭉쳐 시장 전체가 다섯 번이나 철시했고 촛불야시장을 두 차례나 벌였다. 그 결과 16개의 품목 제한, 홈플러스 익스프레스 망원역점 폐쇄 등의 성과를 거두며 유통재벌에 맞서 절반의 승리를 거둔 것이라고 평가받았다.

서 회장은 이후 새정치민주연합에서 자신을 영입하기 위해 연락이 왔을 때 엄청난 고민을 하게 되었다고 했다. 당시 서울시의회 광역의원 비례대표 2번이었으니 확실한 당선권이었다. 결국 밤잠을 설치며 새벽까지 머리를 싸잡고 내린 결정은 의회 행정을 잘 이해하고 상도의식이 있는 상인이 의회 영입 대상자라고 보았다. 김진철 사무총장이 의회로 나가고 자신은 구청장 후보로 나서기로 마음먹었다. 결국 서 회장은 서울시 마포구청장에 나서기 위해 당내 경선을 거치는 과정에서 탈락하는 좌절감을 맛보았다. 그는 전통시장 상인이나 자영업자들이 잘사는 행정을 펼치고 싶었다고 했다.

중소유통상인이 지방선거 비례대표로 공천을 받은 것은 처음이었다. 이러한 결정에는 '을'들의 목소리를 현장에서 듣고, 이를 정책에 반영했던 새정치민주연합 내 을지로위원회의 적극적인 지지가 있었다. 이에 대해 우원식 의원은 "특히 김진철 후보는 망원시장에서 두부 장사를 20년 동안 하고 있을 뿐만 아니라 합정

상인이 처한 현실을 알리고, 문제를 해결하기 위해서
상인이 직접 정치의 주체로 나설 수밖에 없었다.
서울시의원에 당선된 합정동 홈플러스 저지 비상대책위의 김진철 사무총장.

동 홈플러스 저지 비상대책위에서도 오랫동안 활동을 했기 때문에 중소유통상인들이 겪어온 아픔을 그 어느 누구보다 잘 알고 있다"라며 적극적으로 지지했다.

김진철 후보는 서울시의원으로 당선된 후 "현장에서의 생존권을 건 처절한 투쟁도 필요하겠지만, 한편으로는 이 투쟁의 명분을 바로 세울 수 있는 법적 · 제도적 장치 마련도 꼭 필요하다고 생각한다. 비례대표 후보 요청도 그 연장선상에서 받아들인 것이며, 앞으로 그동안 미비했던 법 · 제도 정비를 위해 최선을 다할 생각이다"라고 각오를 천명했다.

항상 고통받던 상인이 정치의 대상이 아니라 정치의 주체, 풀뿌리 민주주의의 주체로 모습을 드러내는 순간이었다.

나이 먹은 오뚝이,
인천 상인 조중목 : 인천

"나이 68세인 내가 대형마트나 SSM 입점 반대를 하며 상인운동을 왜 하는지, 노후도 준비되지 않은 내가 불편한 몸을 이끌고 다니며 동학운동처럼 일어선 이유를 세상이 알아야 한다." 격앙된 표정으로 말하는 이는 (사)전국중소유통상인협회 회장을 맡아 국회 등에서 열리는 주요행사에 열 일 마다않고 나서는 조중목 회장이다. 조 회장은 경기도 가평군에서 새마을 지도자로 지역에 봉사하며 살다가 워낙 동네 소득이 없어서 도시에 나왔다며 세상에 하고 싶은 말이 무척이나 많은 듯했다.

내가 인천 부평구 삼산동 골목으로 그를 찾아갔을 때는 2018년 겨울이었다. 고령임에도 상인운동을 말할 땐 힘이 절로 솟는다는 그는 새로 공사하던 작은 슈퍼마켓 한쪽에 있는 사무실을 보여주었다. 거기가 바로 인천 상인운동의 본거지라는 자부심이 진하게 묻어 있었다.

"우리는 누구에게 맞는지도 모른 채 죽어가고 있었다. 점포도 없이 차 한 대 끌고 다니며 식당에 물건 대주는 영세 자영업자들은 더 죽을 맛이었다. 할 수 없이 납품 대리점을 하다가 이후에 슈퍼마켓을 겸업했다"라며 힘들었던 지난 세월을 반추했다.

그는 서른세 살이던 1983년, 유통업에 첫발을 디뎠으니 35년째 한 우물을 파고 있는 셈이다. 시작할 땐 식당과 슈퍼마켓에 물건을 납품하는 대리점으로 그런대로 괜찮았다. 그런데 1994년부터 동네에 대형마트가 들어오니 상황이 바뀌었다. 운영하던 대리점의 매출이 반 토막 나며 폭탄을 맞은 것이었다.

대형마트 한 점포가 들어올 때마다 거래하던 슈퍼마켓 수십 곳이 문을 닫으며 줄도산으로 이어졌다. 가장 큰 문제는 미수금이었다. 슈퍼마켓 점주들이 소리 없이 가게를 정리한 채 미수금만 남겨놓고 떠나버린 것이었다. 엄청난 미수금을 떠안으며 일순간 2억 7천만 원이 넘는 빚으로 남았다. 그는 "당시 아파트 한 채 가격이 1억 원 정도였으니 아파트 두 채를 그냥 날려버렸어"라며 두 손으로 얼굴을 감쌌다. 걷잡을 수 없이 늘어나는 빚은 그를 신용불량자로 만들었고 본인 차량만 남겨두고 6대의 납품 차량과 기사를 정리할 수밖에 없었다.

그는 2000년에 처남에게 보증금만 받고 맡겨두었던 점포를 인수해 슈퍼마켓을 차리고 재기에 나섰다. 자녀들의 학비라도 벌기 위해 시작한 슈퍼마켓이었지만 경제적인 상황은 최악이었다. 이자와 생활비 등을 빼면 손에 쥐는 게 없었다. 연체된 세금을 어렵게 5년 유예를 받아 겨우 낼 정도였다.

부인은 슈퍼마켓, 그는 대리점을 운영하며 온몸이 부서지도록 일했다. 2009년에 신용불량자란 꼬리표를 떼고 오랜만에 하늘을

조중목 회장은 고령의 나이에도 상인운동에 뛰어들어 식품 대기업의 골목 시장 진출 저지에 힘쓰고 있다.

보니 그렇게 푸르고 환할 수가 없었다. 다시 태어난 것 같이 기뻤다고 했다.

하지만 그것도 잠시였고, 하늘은 그를 다시 시험했다. 이번엔 유통대기업들이 SSM을 열기 시작했다. 월 150~200만 원 하던 가게 임대료가 500만 원 이상으로 오르는 것이 예사였다. 식당, 미용실 임대료까지 덩달아 오르는 걸 보니 이게 정상적인 나라인가 싶을 정도였다.

SSM 대책회의에 나갔다가 인태연 대형마트 입점저지 대책부위원장(현 청와대 자영업비서관)을 만났다고 했다. 인 부위원장이 "이대로 있으면 5년 안에 자영업자 절반이 무너진다"라고 말하는 걸 들으니 자존심도 상하면서 순간 빨갱이가 아닌가 하는 의심을 하기도 했다.

자신의 의사와는 관계없이 인천도매유통연합회 회장을 맡았지만 젊은 사람보다 더 열성적으로 일했다. SSM이 입점하려는 곳마다 찾아다니며 입점을 저지했다. 마침 CJ나 대상 같은 식품 대기업들이 식자재 도매사업에 뛰어들어 매출이 큰 식당을 공략하던 중이었다.

대상은 인천 부평구 삼산동에서도 식자재 도매업에 진출하려고 했다. 여기에 반대하는 집회에서 김경호, 양범석 씨가 삭발하자 상인들은 격앙됐다. 삼산동 농산물시장에서 10년째 건어물을 팔던 김 씨는 삭발 도중 울분을 참지 못하고 눈물을 흘리면서 "제발 물러가라"라고 울부짖었다. 이후 격분한 상인들은 대상에서 생산한 고추장과 액젓을 입점 예정 점포에 던지기도 했다.

조 회장은 "대상의 식자재 진출은 짐승만도 못한 행위다. 영세 상인들을 죽이기 위해 식자재 도매업에 진출한다면, 대상기업을 부숴버리겠다"라고 울부짖었다. 이렇게 혹사당한 그의 몸은 탈이 나기 시작했다. 발이 신발에 들어가지 않을 만큼 신장이 악화되어 2017년 6월에 수술했다. 부인도 같은 해 2월에 위암 판단을 받아 3월에 수술했다니 그 어려움이 오죽했을까.

모든 것이 엉망이 됐다. 자신의 사업뿐만 아니라 물류단지를 추진하기 위해 만든 조합의 이사장직마저 수행할 수가 없었다. 162명이던 조합원은 절반만 남았다. 조합 이사 30명 중 16명이 부도가 나거나 사업을 폐업하는 등 심각한 지경이 됐다. 조합원들은 자신을 믿고 따르던 납품 도매업자들이라 더욱 마음이 쓰렸다. 모든 것을 잃고 사라지는 조합원들을 보니 가슴이 아파 회의를 진행하다가 울기도 했단다.

2018년에는 자신과 부인이 나란히 허리 수술을 하고 누워 있으니 산송장처럼 느껴져 세상 밖으로 나서는 것이 겁이 났다고 했다. 그 와중에 이마트에서 자신의 점포를 매입하려고 했다. 웬만큼 했으니 목돈을 챙겨도 누가 뭐라고 할 사람이 없지만 차마 그럴 수는 없었다고 했다.

슈퍼마켓을 깨끗하게 단장해 동네상권 살리는 일에 또 도전하는 그는 "상인운동을 다시 시작한 것은 결과를 만들기 위해서다"라고 말한다. 자신을 믿고 함께한 상인들이 재기할 수 있는 물류단지를 다시 추진하겠다는 의지인 듯했다.

조 회장을 보면 큰형처럼 늘 고맙고 든든하여 의지가 되지만, 고령에 아픈 몸을 이끌고 나오는 걸 보면 마음이 아프다. 그가 바라는 장사하기 편안한 세상이 어서 오기를, 무너진 상인들이 재기할 기회가 오기를 진심으로 바란다.

마라톤 정신으로 협동조합을 일구어라 : 수원

2012년 6월 5일, 수원의 유통상인들은 수원시 팔달구 우만동에 위치한 대상베스트코 매장 앞에 대상의 식자재 유통업 진출에 반대하는 농성장을 설치했다. 수원 시내를 관통하는 1번 국도변 근처였다. 천막 안팎 현수막엔 '단결만이 살길이다! 중소상인 똘똘 뭉쳐 유통재벌 몰아내자'라는 내용이 적혀 있었다. 현수막이 붙었으나 쌩쌩 달리는 차들이 이걸 보기는 어려웠다. 대상 측에서 아무런 반응을 보이지 않자 상인들의 행동은 점차 거칠어졌다. 24시간 농성에 돌입한 지 일주일 뒤인 13일 오전 6시, 대상베스트코 매장 입구를 포클레인 두 대를 동원해 막았다. 무조건 이 업체의 입점을 막아야 한다는 생각 외에는 어떠한 고민도 할 수 없었다. 대상베스트코가 건물 준공승인 전에 영업을 한 데 대한 항의였다.

6월 19일, 슈퍼마켓 납품상인과 식자재 납품상인으로 구성된 '대상 식자재 도매업 진출 저지 대책위'는 2차 상인대회를 열었다. 대상베스트코 측이 식자재 탑차로 바리케이드를 설치하며 상인들의 진입을 막자 상인들은 더욱 분개했다. 상인대회 마지막 순서는 달걀 투척 퍼포먼스였다. 대상의 사업 철수를 촉구하면서 미리 준비된 50판의 달걀을 대상 차량과 건물을 향해 던졌다. 애꿎은 달걀이 박살이 나면서 바닥으로 흘러내렸다. 분노의 폭발이었다. 처참하게 터진 달걀이 물러설 곳 없는 자신들의 모습인 듯해 상인들의 마음은 아팠다. 역겨운 달걀 냄새가 사방으로 퍼졌고 달걀 자국은 누렇게 변했다. 현장은 그야말로 아수라장으로 변했다.

동시에 200여 대가 넘는 납품 차량 시위가 열렸다. 수원농수산물도매시장에서 출발해 대상베스트코 매장까지 1번 국도 상하행선을 반복하여 운행했다. 두 시간이 넘게 진행된 차량시위는 절벽에 내몰린 처지를 세상에 알리려는 극약 처방이었다. 차량시위 행렬은 퇴근길과 맞물리면서 1번 국도를 중심으로 수원지역 전역이 극심한 정체를 빚으며 시민들이 불편을 겪었다.

수원 유통상인들이 더욱 분노한 것은 대상베스트코 수원지점이 중소기업청의 사업조정을 피하기 위해 위장영업을 했기 때문이었다. 경기남부식자재유통협동조합 이사장을 맡고 있는 비대위 공동대표 송정만 회장은 "대상 측은 5월 8일에 건물 준공승인이 났는데도 이미 4월 2일부터 장사를 했다고 거래명세서를 제출했다"라면서 "이는 속임수인데도 중기청은 사업조정신청을 접수받고도 대상 측의 주장만 믿고 사업일시정지를 내리지 않고 있다"라고 외쳤다.

대상베스트코의 사업조정 회피 꼼수는 인천에서도 있었다. 인천 부평구 삼산동 중부식자재 지점은 2011년 8월 초 개점할 예정이었다. 사업조정신청 권고조치를 당한 후 이를 회피하고 영업을 하기 위해 지점을 폐지했다. 이후 관련 없는 별개의 업체인 것처럼 상호만 바꿔 영업을 했으니 인천 중소상인들로부터 엄청난 비난을 받고 있었다.

부산지역에서도 중소 식자재업체 네 곳을 인수한 뒤 자회사 흡수합병 방식으로 식자재 유통시장에 우회 진출하면서 중소유통 상인들의 원성을 샀다. "대상베스트코가 각 지역에 매장을 열어 중소유통업자들을 고사시키는 것이 아니냐"라는 전국 상인들의 분노는 하늘을 찌를 듯했다.

이후 수원 유통상인들은 경기지방중소기업청의 조정하에 몇 차례 협의를 거듭하다 대상베스트코가 상인 측 요구안을 대거 수용함으로써 협상이 이뤄졌다. 주요 합의 내용으로는 ①대상베스트코의 지역 홍보활동 제한 ②경기 남부지역 진출 시 중소형 식당 진출 자제(면적 규모 150m^2 이하의 일반 식당) ③시장가격 준수 등의 조건이었다. 이 합의 내용은 수원, 용인, 평택, 화성, 오산, 안성 등 6개 지역에서도 동일하게 적용되는 것이 골자였다.

송정만 비대위 공동대표는 "이 결과는 수원 유통상인들이 302일간 피눈물의 천막농성 끝에 극적으로 일군 결실이었다"라고 평가했다. 하지만 "차량시위로 나와 총무는 300만 원의 벌금까지 물었으니 먹고살기 위해 전과자가 되었다"라며 정부 정책에 대한 아쉬움도 함께 드러냈다. 손자 재롱을 보며 여생을 보내야 할 나이인데 머리가 하얀 채 생존권을 지키려고 투쟁하는 모습이 한없이 안쓰러웠다.

상인들과의 협의로 수원에 진출한 대상베스트코는 공격적인 영업을 펼치지 못했다. 결국 협상에 따른 여러 가지 제약으로 인해 얼마 지나지 않아 영업 손실을 이기지 못해 폐점했다. 수원 유통상인들 상당수는 오랜 시간 마라톤을 하면서 똘똘 뭉쳐 단합력과 의리가 상당했다. 마라톤의 정신처럼 물러서지 않는 불굴의 투지와 뛰어난 협상으로 대기업 식자재사업을 철수시킨 큰 성과를 거두었다.

식자재 납품상인들은 경쟁력을 강화하기 위해 2012년 10월 30일, 협동조합을 결성했다. 조합에는 수원, 용인, 화성 등 경기 남부 지역 식자재 도매업체 65곳이 가입했다. 공동창고를 마련해 창고 비용을 절감하고 유통과정에서 비용을 줄여 대기업과 경쟁하겠다는 계획이었다. 정진성 조합 이사는 "협동조합이 앞으로 잘 운영되려면 정책적 뒷받침이 절실하다. 우리처럼 작은 영세업자들을 지켜줄 정책이 나오길 기대한다"라고 조합 창립의 배경을 설명했다.

한편, 농성에 동참했던 슈퍼마켓 납품상인들은 경기도일배식품도매유통사업조합을 설립했다. 명홍진 이사장은 구매경쟁력에서 뒤질 수밖에 없는 구조적인 문제를 해결하기 위해 공동브랜드 '청우림'을 만들었다. 360여 품목의 공동구매 사업은 매입원가를 인하해 조합원들의 영업 경쟁력을 높였다. 명 이사장의 조합은 전국에서 가장 매출이 급성장한 유통조합으로 전국적으로도 유명해지기 시작했다. 전국의 여타 조합들도 이 조합의 성공을 보며 희망을 가졌다.

명 이사장은 "슈퍼마켓 납품 대리점주들인 조합원들이 유통시장에 대한 위기의식을 공유했다. 조합 설립 1년 만인 2015년 공동구매사업은 77억여 원의 매출을 기록할 정도였다"라면서도 "제조 대기업 본사에선 조합에 참여한 자사의 대리점주에게 대리점 거래조건 등으로 불이익을 주고 있다. 조합의 제품보다 본사의 제품을 팔기 원하기 때문이다"라며 대기업 횡포를 우려했다.

두 조합이 폭발적으로 성장했지만 각 조합원과 제조 본사 대기업과의 관계가 향후 조합 발전에 큰 장애물로 여겨졌다. 조합 이사장의 담보 제공과 조합 이사들의 연대보증을 통한 외상 매입으로 조합 사업을 겨우 진행하는 상황이었다. 조합에 대한 보증제도 도입과 물류비 절감을 위한 공동 물류창고 건립을 지원하는 등 정부의 세심한 정책이 절실한 실정이다.

42.195km를 쉬지 않고 달리는 마라톤은 상상을 초월할 정도로 힘든 운동이다. 명 이사장은 보스턴 마라톤 등에 참가한 마라톤 풀코스 100회 완주자다. 비록 갈 길은 멀지만 철각의 그가 조합을 반석 위에 올려놓을 것이라고 확신한다.

매장을 지키려 한 노력이 전과 딱지로 : 대전

"아름다운 글을 쓰고, 꽃처럼 예쁘게도 살고 싶었다." 처음 보았을 때 그녀는 해맑은 소녀 같았다. 골프존 매장을 운영하는 점주 중 투쟁의 선봉에 선 전국골프존사업자협동조합(전골협) 송경화 이사장의 이야기다. 스크린골프 연습장이 인기를 끌자 골프존 본사 직원은 "1년 반만 운영하면 투자금액을 회수할 수 있다"라고 말했다. 송 이사장은 2009년 제조업체를 처분하고 집을 저당 잡힌 대출금 등 전 재산 5억 원을 들여 골프존 스크린골프 매장을 대전에 차렸다. 스크린골프는 그 즈음 창업 아이템으로 주목받았다. 당시 대통령이 "창조경제의 좋은 예"라고 말할 정도였다. 그러나 막상 스크린골프 연습장을 운영한 점주들은 고가의 장비와 각종 프로그램 사용료로 헤어날 수 없는 늪에 빠진 것 같다고 했다.

골프존의 무분별한 신규 점포 확장에 따라 2010년부터 점주들은 상권 보호를 호소했다. 하지만 골프존은 기계를 판매하는 회사라 점주들의 창업과 도산에 책임이 없다고 했다. 전국이 골프존 점포로 과밀화되어가며 스크린골프 시장은 줄도산 사태가 이어졌다. 골프존은 신제품인 '리얼'을 출시하면서 무료코스를 없애고 전체 코스를 유료화했다. 그러나 '리얼'은 스크린골프 매장과 본사 프로그램이 온라인으로 연결되어야 게임이 가능했다. 점주가 코스 사용료를 본사에 선지급 형태로 사전 충전해야 사용할 수 있었다. 대당 4000만 원에 무료코스와 함께 산 이전 제품들은 신제품 '리얼'로 인해 무용지물이 되었다. 한 점주는 "리얼을 설치한 지 몇 달 되지 않았는데 신형 제품인 '비전'이 나왔다"라며 한숨을 내쉬었다.

스크린골프 시장이 과밀화되어 가격 경쟁이 치열해진 상황이었다. 할 수 없이 게임비 외 고객 1인이 1게임당 별도로 내야 하는 코스 이용료 2000원을 점주들이 부담했다. 송 이사장은 금감원에 제출된 골프존의 연도별 사업보고서를 보여주며 "골프존은 코스 사용료를 기계값에 포함해서 받았다. 기기 한 대당 5500만 원씩이나 폭리를 취한 것이다. 그러고도 프로그램 개발비로 연간 1200억 원을 점주들에게 전가하니 임대료보다 훨씬 많은 비용을 지급했다"라며 분통을 터뜨렸다.

골프존의 갑질 횡포를 견디다 못해 2015년 1월 '전골협'이 설립됐다. 전국 5400개 스크린골프 연습장 매장 중 3600명의 점주가 자발적으로 참여했다. 2016년 3월 23일, 절기상 봄이었지만 아직 봄은 오지 않았다. 쌀쌀한 날씨에도 점주 1000여 명이 서울 여의도에 모여 골프존의 갑질 행위 규탄 집회를 열었다. 이날 김종필 점주가 한강에 투신한 사건이 있었다. 9년간 안간힘을 다했지만 투자한 원금 5억 원을 다 잃고 신용불량자로 전락했던 점주였다. 송 이사장은 그 모습이 자신의 미래인 것 같고, 동료 점주를 세상 밖으로 밀어낸 골프존과 무심한 세상 인심이 무섭고 원망스러워 한동안 아무것도 할 수 없었다고 했다.

골프존은 2016년 8월, 대다수 점주의 반대에도 불구하고 가맹사업을 강행했다. 골프존 스크린골프장은 2016년 말 기준 4817개로 파리바게뜨 3420개보다도 훨씬 많다. 점주들은 부당한 조건 때문에 가맹전환을 거부할 수밖에 없었다. 그러자 가맹점으로 전환한 점포에는 지속해서 신제품을 공급했지만 비가맹점에게는 어떤 신제품도 공급하지 않았다. 심지어 한 건물에 4개의 골프존 사업장이 있는 경우까지 생겼으니 영세점포들의 폐업은 당연했다. 송 이사장은 "골프존은 가맹점 전용 쿠폰과 상품권을 남발해 비가맹점 점주들을 위기에 빠뜨렸다. 오죽하면 내가 그 추운 1월 15일부터 68일간 철야농성을 다 했을까. 석유 난로를 피우고 천막에서 뜬눈으로 밤을 지새우느라 폐에 염증이 다 생겼다"라고 했다. 그는 "정말 이 나라를 떠나고 싶다"라며 흐느끼며 말했다. 동물의 세계처럼 약육강식의 생존을 겪는 현실과 정부의 무관심에 분노를 느꼈다.

2016년 국회 정무위원회 국정감사장에는 골프존의 김영찬 대표이사가 증인으로 출석했다. 여야를 막론하고 국감장에서 김 대표의 갑질 횡포에 대한 성토가 이어졌다. 더불어민주당 이학영 의원은 가맹사업으로 전환해 개인사업자들에게 추가 부담을 지우는 골프존의 횡포에 대해 "시장을 지옥으로 만들어놓고 나 몰라라 할 상황이 아니다"라고 호통을 쳤다.

하지만 골프존은 한술 더 떠 가맹점에 이어 직영점을 출점시켰다. 2018년 6월 29일 골프존과 전골협과의 간담회에서 서울 외에 직영점 출점이 된 사실과 직영점 출점이 확대될 것이란 방침이 알려졌다. 그런데도 직영점 출점은 허위사실이라며 송 이사장 등 조합원 수십 명에게 보복성 민·형사소송을 남발했다. 앞에서는 상생하는 것처럼 행동하면서 뒤로는 보복성 민·형사소송을 계속 진행해 점주들을 탄압하는 행태에 모두들 치를 떨었다. 골프존은 서울의 대형 로펌 두 곳을 선임해 점주들을 상대로 무더기 소송을 제기했다.

조합 임원이었던 김회요 점주는 골프존으로부터 조합 활동을 하지 못하도록 강요받으면서 숱한 보복성 소송을 당했다고 한다. 비전 시스템과 개인 은행 계좌까지 가압류를 당해 우울증과 공황장애에 시달리다 암까지 발병했다. 골프존은 비가맹점 주변에 직영점을 보복 출점시키며 점주들과의 약속을 헌신짝 버리듯 했다.

송 이사장은 2018년 8월, 시장지배력을 이용한 불공정거래행위로 골프존을 신고했다. 공정위는 골프존에 신제품 공급 명령과 함께 과징금 5억 원을 부과하고, 법인을 검찰 고발 조치했다. 당시 김상조 위원장은 "최근 직영점, 대리점, 가맹점, 사이버몰 등 유통채널이 급격하게 다양화되면서 피해를 보는 사례가 많이 나타나고 있다. 과점시장, 유통구조 문제, 과밀해소를 위한 구조조정 문제 등에 대해 깊은 고민을 하여 판단을 내려야 한다"라고 말했다.

송 이사장은 "매장을 지키려다 업무방해죄로 전과 딱지만 붙었다. 사법부는 을의 처지는 전혀 고려하지 않는다"라며 자신 때문에 골프존 매장을 하게 된 언니도 망했다며 눈물을 주체하지 못했다. 그는 "이제 몸도 마음도 다 지쳤다. 되돌릴 수만 있다면 매장을 하기 이전으로 돌아가고 싶다. 차라리 머리 깎고 절로 가고 싶다"라며 허공을 바라볼 뿐이었다.

갑질에, 재판에 시달리는 이들은 숨쉬기조차도 힘들어 보인다. 가게를 지키기 위한 몸부림의 대가로 소송에 휘둘리는 이들을 사회가 내버려두면 안 된다. 돈으로 법까지 제 맘대로 활용하는 강자의 논리에 약자의 생존권이 무너지며 건잡을 수 없는 낭떠러지에 빠져들고 있다. 가맹사업법을 재개정해 업종별 거리 제한 규약을 만들어 상권 보호를 의무화하고, 갑질과 불공정거래행위를 막도록 공정거래법을 보다 강화해야 할 것이다.

현실정치 도전의 한계 : 광주

상인들에게도 선거는 핫이슈였다. 특히 2018년 6월 13일에 치른 제7회 전국동시지방선거가 그랬다. 투쟁만 하던 상인들이 지방선거에 직접 뛰어들었으니 많은 관심이 쏟아질 수밖에 없었다. 상인들이 겪었던 현장에 필요한 사안에 대해 직접 나서서 구정에서 실현하고 정책화하려는 시도였다. 광주시 광산구의회에 출사표를 낸 김용재 후보, 서울 마포구청장 서정래 예비후보, 그리고 울산 남구청장 이재우 예비후보자가 그 주인공들이었다. 구청장 선거에 나선 두 상인은 당내 경선에서 떨어졌고 광주시 광산구의회 선거에 나선 김용재 후보만이 선거 당일 결과를 기다렸다. 정의당 소속으로 출마한 김 후보는 15.43% 득표율(4815표)로 네 명 중에서 3등을 차지하며 낙선했다. 선거비용을 모두 환급받았지만 거기에 만족하기에는 상인들의 아쉬움과 실망이 너무 컸다.

김 후보는 광주에서 잔뼈가 굵은 시민운동가이자 상인운동을 주도적으로 이끈 중소상인살리기 광주네트워크 위원장이었다. 김 후보는 광산구에서 2003년부터 시민운동을 시작했다고 한다.

그를 처음 만난 것은 2009년 8월 사업조정신청지역 전국 연석회의 발족 선언 때였다. 워낙 조용하고 차분한 성격으로 보여 투쟁과는 거리가 멀어 보였다. 당시에는 대형마트 및 SSM 규제방안에 대해 사회적 논란이 최고조에 달했다. SSM의 골목상권 진출을 막기 위해 사업조정신청이 전국 각지에서 이루어지고 있었다. 사업조정신청과 관련한 전국의 사례를 보고하고, 개선방안을 공론화하는 자리였다. 그는 중소상인의 생존권 문제라면 전국 행사 어디라도 참석했고, 전국유통상인연합회의 각종 행사에도 빠지지 않았다. 광주에서는 골목 경제를 위협하는 대기업의 진출을 저지하는 굵직한 성과들을 만들어냈다. 대표적인 사례로 광주 신세계 복합쇼핑몰 설립 중단과 매곡동 이마트 입점 저지를 꼽을 수 있다. 전국에서 이만한 성과를 낸 곳이 없을 정도였다. 그는 중소상인들과 함께 지역상권 피해 대책과 교통체증 유발대책 요구로 광주시를 압박했다. 이러한 노력의 결과, 광주 신세계는 설립 자체가 무산될 상황에 이르렀다. 최근에는 광주시에서 어등산 관광단지 개발사업을 명분으로 해당 부지에 대형유통업체 사업자를 공모하려다가 중소상인들의 강한 반발로 중단되었다.

특히, 광주 상인들은 2014년 12월 4일을 잊을 수가 없다. 이날은 전국 최초로 이마트의 건축허가가 취소된 날이라 서로가 부둥켜안고 울었다. 대법원이 "이마트 건축허가 취소는 적법한 처분"이라고 최종 판결한 것이었다. 광주 북구 매곡동에 입점하려던 이마트는 광주 북구청장을 상대로 낸 행정소송 1심에선 패소했지만 2심에서 원고 승소했다. 결국 최종심에서 이마트가 패소한 것이었다.

5년 가까이 끌었던 이 같은 법정소송은 2010년부터 시작되었다. 매곡동 이마트 입점 논란의 쟁점은 중소상인 보호였다. 북구청이 상인들의 거센 반발에 건축 심의를 통과한 이마트 건축을 허가하지 않자 이마트는 북구청을 상대로 소송을 제기했다. 이마트가 2심에서도 승소하니 북구청은 행정 불이행 벌과금을 우려해 허가를 내주어야 했다. 이때 중소상인살리기 광주네트워크 김용재 위원장이 회심의 카드를 꺼내 들었다. 바로 '시민감사청구서'였다. 그는 전문가의 도움을 받아 심의를 통과한 건축도면의 문제점을 면밀히 살펴 네 가지의 불법 사항을 밝혀냈다. 청구서 증빙을 위해 타 지자체에 문의를 하고 국토부에도 찾아갔다. 사전검증을 철저히 끝낸 뒤 광주시에 시민감사청구서를 청구했다. 북구청 건축심의위를 통과한 이마트 건축도면에 불법이 많아 광주시가 북구청의 건축 허가 취소를 명령해야 한다는 것이었다. 1998년 주민감사청구제도가 도입된 뒤 처음 통과된 감사청구서였다. 광주시는 최초로 '주민감사청구'*를 수용해 감사를 벌였다.

2011년 7월, 주민감사청구를 받아들인 광주시는 건축 허가를 받은 이마트의 설계도가 용도지역과 맞지 않고 건폐율과 용적률을 속여 건축법을 위반한 것으로 보았다. 광주시는 북구청에 건

---

* 위법부당한 행정처분이나 불합리한 행정제도로 인하여 주민의 권익을 침해받은 경우에 만 19세 이상인 일정한 수 이상의 주민에게 연대 서명을 받아 주민이 직접 감사를 청구할 수 있는 제도.

축 허가 취소를 요청했고 북구청은 같은 해 8월 건축 허가를 취소했다. 이 결정에 이마트는 같은 해 10월, 건축 허가 취소처분 취소 소송을 냈다. 1심 재판부는 "허가 신청 과정에서 건축주의 사실 은폐가 있었고, 허가 취소로 얻게 되는 공익이 이마트의 불이익보다 크다고 보아 허가 취소는 적법하다"라고 판단했다. 하지만 2심 재판부는 "건축 허가 신청 과정에서 건폐율과 용적률 위반을 보완했으니 위법사유가 없다. 허가 취소로 이마트가 받게 되는 불이익이 더 크다"라며 이마트의 손을 들어주었다. 결국 대법원 판결만을 남겨두게 됐다. 대법원은 "건폐율 및 용적률 미충족을 알고도 숨기고 건축 허가를 신청한 것은 사위 행위로 볼 수 있다. 북구청의 건축 허가 취소처분은 정당하고 마트 측의 허가 변경을 반려한 것 역시 이미 최소 절차가 진행 중이었기 때문에 정당하다"라고 판시했다.

다윗과 골리앗의 싸움에서 이마트라는 골리앗을 쓰러트린 당사자는 김용재 위원장이었다. 광주 상인운동의 역사는 전국 상인운동에 굵은 획을 그었다. 10년이 넘는 세월 동안 시민 활동을 통해 중소상인을 살리기 위해 노력해온 그는 지방선거에 나섰다가 낙선의 쓴맛을 보았다. 늘 최선을 다하는 그였지만 풀뿌리 공동체 운동과 상인운동만으로는 지역을 변화시키는 데 한계를 절감했다. 지방의회에 진입하여 획기적인 제도개선과 폭넓은 주민참여를 끌어내는 것이 그의 목표였지만 역부족이었다. 야심차게 현실정치에 도전장을 내민 그의 실패는 안타깝게도 우리 모두의 좌절이었다. 그의 낙선 소식을 접한 나는 한동안 가슴이 먹먹했다. 의정활동을 통한 그의 활약을 누구보다 기대를 했기 때문이었다. 그 시작이 광주부터라고 생각했던 터였다. 하지만 애초부터 가능성이 크다고 생각해 대기업과의 투쟁을 시작한 것이 아니었다. 우리 상인들은 비록 지금 여기서 걸려 넘어졌지만 여기가 끝이라고는 아무도 생각하지 않는다.

대리점 단체교섭권이 생존권 : 청주

2015년 9월 2일, 충북 청주시청 유통업 상생발전협의회장에서 대형마트 의무휴업을 일요일에서 평일로 변경하려는 회의가 열렸다. 청주청원 도소매업생활용품유통사업협동조합 정순배 이사장은 "졸속으로 오늘 결정하자고 한다면 이 회의 자체가 무의미하다"라며 언성을 높였다. 의무휴업을 평일로 바꾸려는 일부 협의회 위원들과 격론을 벌이는 중이었다. 이에 대해 청주슈퍼협동조합 측은 "우리는 대형마트를 상대하는 것이 아니다. 골목상권에 섞여 있는 200~300평 규모의 슈퍼가 우리를 죽이고 있다"라고 갑론을박한다. 전통시장 측 위원도 평일 휴업을 찬성하고 나섰다. 납품업을 하는 정 이사장은 자신들의 업종에는 법의 보호가 없어도 어디에도 하소연을 하지도 못하는 실정인데, 전통시장과 소형 슈퍼마켓 관계자의 처신에 서운함과 실망이 몰려왔다.

정 이사장은 의무휴업 요일 변경과 관련해 유통 현장에서 들려오는 대형마트와 일부 상인 단체 간 뒷거래 의혹에 혀를 내둘렀다. 한 슈퍼협동조합은 의무휴업을 평일로 돌리는 데 찬성하며 청주 관내에 있는 대형유통업체에 주류를 납품할 수 있게 되었다고 한다. 전통시장은 시설 현대화로 5년간 상당액을 지원받는다고 했다. 믿기지 않는 사실이었다. 이런 현상은 한국체인스토어협회의 회원사인 대형마트와 기업형 슈퍼마켓(SSM)이 매월 둘째, 넷째 수요일에 자율 휴무한다고 밝히면서 시작됐다. 충북 도내 대형마트 10개 점포 중 홈플러스를 제외한 여섯 곳의 점포가 수요일 휴무에 참여할 예정이라는 것이었다. 2시간 넘도록 격론이 오갔지만 결정이 나지 않아 청주시 협의회는 결정을 보류했다. 충북청주경실련 등 시민단체도 충청권 시민단체와 연대해 평일 휴업을 막겠다고 나섰다. 결국 협의회는 매월 2·4주 일요일을 의무휴업일로 정하기로 결론이 났다.

이 와중에도 농협 하나로마트는 의무휴업에서 제외됐다. 개정된 유통산업발전법(유통법)이 문제였다. 농협이 반사이익을 얻게 된 유통법의 예외조항*은 뜨거운 감자였다. 국회는 법 개정 때 '농수산물 매출 비중이 55%가 넘는 점포는 의무휴무에서 제외한다'는 예외조항을 마련했다. 농협의 전국 2000여 곳 대형마트급 하나로클럽과 슈퍼마켓형 하나로마트가 의무휴업과 상관없이 영업하게 되었다. 대형마트도 농수산물 매출 비중을 높이면 언제든지 의무휴업 족쇄를 풀 수 있도록 물꼬를 터줘 향후 화약

---

* 유통산업발전법 제12조의 2에 따라 '연간 총 매출액 중 농수산물 유통 및 가격안정에 관한 법률에 따른 농수산물의 매출액 비중이 55% 이상인 대규모 점포 등으로서 해당 지자체의 조례로 대규모 점포 등에 대해서는 영업시간 등을 제한받지 않는다.'

고가 될 것 같았다.

농협이 국회의원들을 상대로 입법 로비를 한 사실이 알려지면서 비난 여론도 만만찮았다. 대형마트 규제 초안이 발의됐을 때 예외조항은 없었다. 농어민을 보호하고 국산 농수산물 판매를 촉진시킨다는 명목으로 예외조항을 만든 것이다. 당시 나는 신규철 위원장과 함께 대형마트 규제 법안의 필요성을 설명하기 위해서 국회 법제사법위원회 법안 심사에 참석했다. 그 자리에서 한 의원은 "농협은 농민을 대표한다는 논리가 있으니 예외조항을 넣으면 된다"라고 말하는 것이었다. 이 조항은 농협 점포 등을 확대시키는 역할을 했다. 농협충북유통은 2016년에 청주시 서원구에 성화점, 2018년엔 상당구에 용정점을 입점시켰다. 충북의 67개 하나로마트 가운데 충주에 13개 점포가 있었다. 정 이사장 조합에서 두 점포의 사업조정을 신청했다. 그 결과 매주 일요일 의무휴업 협의를 이끌어냈다. 이후 성화점은 2년째 적자를 면치 못하고 2018년 폐점했다. 결국 농협충북유통은 1000억 원을 투입해 매장을 확장하겠다는 계획을 전면 중단하기로 한다.

농협은 수입 농산물까지 판매했다. 농어민을 보호하고 국산 농수산물을 판매한다는 본래의 취지가 무색해졌다. 하나로마트의 입점에 따른 중소상인들의 피해가 커지면서 규제해야 한다는 목소리가 국회에서 나왔다. 더불어민주당 위성곤 의원은 국정감사에서 "농협 하나로마트는 일정 비율 이상의 농수산물 판매를 조건으로 영업시간 제한과 의무휴업에서 예외를 적용받고 있다"라며 "농협의 유통 사업이 오히려 지역 상권과 재래시장을 죽이는 주범이 되고 있다"라고 밝혔다. 결국 처음 우려했던 내용이 현실화된 것이다. 대형마트에 이어 농협까지 나서는 바람에 골목상권은 급속도로 기울었다. 특히, 중소 도시 중소상인들의 피해가 더욱 심했다. 슈퍼마켓에 납품하는 업체의 피해도 이만저만한 것이 아니었다. 거래처가 부도가 나거나 장사가 되지 않아 반품으로 되돌아왔다.

공급하는 본사의 갑질도 문제였다. 샘표식품의 영업구조는 본사가 도매점인 대리점에 제품을 공급하면 대리점이 다시 슈퍼마켓 등 2차점에 제품을 판매하는 방식이다. 본사와 거래처 사이에서 을인 대리점은 이중, 삼중고를 겪고 있었다. 창영상사 이호열 샘표식품 대리점주는 "샘표식품 본사로부터 미운털이 박힌 이후 주요 행사 품목을 못 받았다. 본사가 할인 품목을 미끼로 '대리점 길들이기'를 하고 있다"라며 자신의 처지를 하소연했다. 대리점 프로모션 차등 지급, 보복 출점, 터무니없는 반품 조건 등이 갑질의 주된 내용이었다. 본사의 반품 규정은 유통기한이 2개월 이하로 남았거나 유통기간이 경과된 제품은 공급가의 20%를 지급한다는 내용이었다. 본사는 1000원에 공급했지만 반품처리는 200원으로 한다는 부당한 거래조건이었다.

2018년 10월 국정감사 때 정의당 추혜선 국회의원은 "국내 1위 간장 회사인 샘표식품이 다른 업체의 상품을 취급하는 복합대리점이라는 이유로 창영상사를 차별했고 인근에 보복 출점까지 해 거래처를 빼앗았다"라고 샘표식품 본부장에게 시정을 요구했다. 추 의원은 대리점 점주의 생존권을 박탈하는 데 사용됐던 보복 출점 행위 등을 원천적으로 제한하는 법안을 발의했다. 한편, 공정거래위원회는 샘표식품의 대리점 길들이기와 갑질 의혹에 대해 직권조사를 실시하고 있다. 샘표식품은 과거 2014년에도 대리점에 대한 갑질 행위로 공정거래위원회로부터 과징금 처분을 받은 바 있었다.

앞서 이야기했던 정순배 이사장은 2019년 현재 23년째 청주에서 유통업을 해온 샘표식품 대리점주이기도 하다. 2008년부터 대형마트 입점저지와 부당한 납품상황을 개선시키려고 전국으로 다니고 있다. 현재의 납품상황은 버틸 수도 없을 정도로 최악이라고 한다. 그는 "정부와 국회가 대리점의 생존권 보호에 전혀 관심을 가지지 않은 사이, 많은 전국 대리점주들이 엄청난 부채를 떠안고 가정까지 깨지는 것을 보면 안타깝고 눈물이 난다"라고 호소했다.

대리점 점주들은 현실적으로 본사의 부당한 요구를 거절하기 어렵다. 단체구성이나 활동에서도 많은 제약을 받는다. 이들의 생존권을 보장하기 위해서는 유통 경로 상에서 공급 사슬 최하층 구조에 대리점이 있다는 것을 인식해야 한다. 요즘은 갑인 본사와 구매 거래처 사이에 끼어 있는 중간상의 역할이 무너지고 있다. 소매 입장에서는 다양한 루트에서 제품을 공급받을 수 있기 때문에 근본적인 경제구조의 개선이 필수적이다. 수익이 나오도록 영업권 보장과 본사의 불공정 행위에 대항할 대리점 단체 구성 및 단체교섭권은 대리점의 권익 보호를 위해 반드시 필요하다.

명절 하루도 못 쉬는 편의점에 자율규약이라니 : 부천

편의점 가맹점주들은 2018년 9월 20일, 서울 롯데백화점 영등포점 앞에서 노동자들과 함께 기자회견을 열었다. 복합쇼핑몰 업종에도 대형마트 의무휴업을 확대 적용하고 편의점 자율영업 허용을 촉구하는 자리였다. 한국편의점전국네트워크 이호준 사무총장은 "추석 연휴에도 매일 16시간씩 일해야 하는 상황이다. 가맹계약상 365일 24시간 점포를 운영해야 한다"라고 어려움을 토로했다. 사람이면 누구나 당연히 누려야 할 권리인 명절 연휴에 휴무도 못 하고 혼자서 일하는 딱한 처지를 세상에 알리고 싶어 했다.

이 사무총장은 부천역에서 걸어서 5분 거리에 있는 GS25 편의점을 운영하는 점주다. 그를 만나기 위해 매장에 들렀을 때는 일요일 오후였다. 부인이 간호사로 일하는 이들 맞벌이 부부는 다섯 살 아이를 공동으로 돌보고 있었다. 그는 결혼 전에 육아를 함께 하겠다고 부인과 약속했다. 육아 공동 돌봄, 24시간 편의점 운영, 업계의 문제점을 개선하기 위한 사회운동까지 펼쳐야 하니 정말 눈코 뜰 새 없는 처지였다.

그는 아버지의 실직 이후 어머니가 생계를 책임지면서 "편의점은 창업비용이 적고 실패할 확률이 낮다"라는 업계 관계자의 말에 혹했다고 한다. 2003년 경기도 부천에서 3000만 원으로 편의점을 시작했다. 대학교에 다니면서도 평일 야간과 주말 아르바이트로 어머니가 돌보던 가게 일을 도왔다. 대학 졸업 후에는 본격적으로 가게를 맡아 하루도 쉬지 않고 24시간 영업을 해야만 했다. 시간별, 요일별로 일곱 명의 파트타임 아르바이트생을 고용했다. 한 달 1000만 원의 정산금에서 임대료와 인건비를 제외하니 손에 쥐는 건 고작 200만 원 정도였다. 그는 "열심히 일해서 매출을 올려도 수익은 항상 빠듯했다. 무조건 문을 열어야 하는 구조가 문제다"라며 긴 한숨을 쉰다.

사실 가맹사업법*에는 가맹점 사업자가 영업시간을 구속하는 행위 금지를 명시해 편의점 휴업을 허용하는 법 조항이 있다. 지난 2013년 전국 편의점 점주들의 잇따른 자살은 사회적으로 큰 반향을 낳고 편의점 업계에 대한 국민의 따가운 시선으로 이어졌다. 당시 전국 편의점 2만 5000여 개 점포의 포화상태 해소를

---

* 가맹사업거래의 공정화에 관한 법률 12조 3항은 "가맹본부는 정상적인 거래관행에 비추어 부당하게 가맹점 사업자의 영업시간을 구속하는 행위를 하여서는 아니 된다" △질병의 발병과 치료 등 불가피한 사유 △심야 영업시간대의 매출이 비용에 비해 낮아 대통령령이 정한 기간에 영업 손실이 발생하는 경우를 들며 영업시간을 단축해야 한다고 명시되어 있다.
2017년 9월 가맹사업법 시행령 개정안은 심야 영업시간대 7시간('오전 0시부터 오전 7시까지' 또는 '오전 1시부터 오전 8시까지'), 영업 손실 발생 기간은 3개월로 축소된 것이었다. 기존에는 심야 영업시간대 5시간(오전 1시부터 6시까지), 6개월간 영업손실 발생 시였다.

위한 편의점주들과 시민사회의 요구가 빗발쳤다. 마침내 같은 해 8월, 가맹사업법이 개정돼 단체구성권, 출점 시 동일브랜드 간 거리 제한(250m), 심야시간 영업 강제 금지 등 제도개선이 이뤄졌다. 편의점주들은 '이제 명절에 쉴 수 있겠지'라고 생각하며 자신들을 옥죄는 강제 영업에서 풀려날 것으로 기대했다. 그러나 현실은 이들의 바람과는 달리 하나도 바뀌지 않았다. 편의점주들이 휴무하려면 본사와 따로 협의해야 한다는 특약이 문제였다. 영업시간을 줄이면 지원도 줄이는 불이익을 감내해야 했다. 이 사무총장은 "편의점 본사는 법에 규정된 예시가 아니면 자신들의 행위는 부당한 영업시간 구속이 아니다"라고 말했다고 한다.

2017년 9월, 공정거래위원회는 가맹 분야 불공정 관행 근절 대책으로 가맹사업법 시행령 개정안을 마련했다. 개정안 중에 심야 영업시간 관련 부분은 편의점 업계를 대상으로 한 내용이었다. 편의점주의 영업 단축 요구 기준을 개선한 것이었다. 심야 영업 시간대를 7시간으로 늘리고 영업 손실 발생 기간은 3개월로 축소했다. 많은 편의점주는 개정안을 반기고, 심야 아르바이트생 확보와 수면 부족 문제가 일정 부분 해소될 것으로 보았다.

2018년 12월, 중소기업 중앙회에서 편의점 업계는 '근거리출점 자제를 위한 자율규약 선포식'을 열었다. 편의점 업계의 자율규약은 공정위의 중재로 진행되었고 자율규약에는 출점 문턱을 높이고 부진 점포는 퇴로를 열어준다는 내용이 있었다. 점포 과밀화 문제는 담배소매인 지정 거리 제한 규정을 준용해 편의점 간

50m(서울 일부는 100m) 거리를 유지함으로써 해소하기로 했다. 담배가 편의점 매출의 상당액을 차지하는 만큼, 담배소매인 지정권이 편의점 문제 해결의 열쇠라고 본 셈이었다.

2018년 7월, 최저임금위원회는 2019년 최저임금을 10.9% 인상한 8350원으로 결정했다. 이 결정으로 소상공인들은 극도로 수익성이 악화될 것을 우려해 2018년 8월 30일, 소상공인들의 총궐기 대회를 열었다. 이 대회의 첨병으로 나선 편의점주들의 수익 배분 구조가 최저임금과 연관되면서 가맹본사들에 대한 국민의 질타가 마구 쏟아졌다. 이때 내놓은 대책이 출점자제 자율규약이었다. 하지만 자율규약은 위반해도 처벌받지 않기에 실효성에 대한 의문이 제기되었다.

이 와중에 이마트 노브랜드가 이마트24 편의점 근처에 출점해 이마트24 점주들의 항의가 빗발쳤다. 이마트24가 처음 유통시장에 나올 당시에는 노브랜드 제품으로 인한 매출 증대 효과를 믿고 많은 점주가 가맹계약을 맺었다. 하지만 노브랜드 전문점이 생겨나고 노브랜드 제품이 편의점 판매 품목에서 제외되면서 이마트24 점주들은 피해를 보게 됐다. 이마트24와 노브랜드의 취급 품목과 수요 고객층 심지어 상권까지 상당 부분 겹친 것이다.

이마트24 점주들은 기대와 달리 폭탄을 안고 가맹사업을 시작한 꼴이었다. 결국 2018년 11월, 점주들은 이마트를 상대로 법원에 영업정지 가처분 신청을 제기했다. 가맹사업법상 영업지역 침해금지의무 위반이라고 주장했지만 1심과 2심은 이마트의 손을 들어주었다. 법원은 노브랜드 전문점과 이마트24는 별도의 법인사업체에다 의사결정 구조가 분리돼 있다는 점을 근거로 삼았다. 항소심 재판부는 가맹사업법상 공정위의 시정조치와 과징금 부과 대상이 가맹본부로만 규정돼 있다고 했다. 계열회사는 그 대상으로 규정하지 않고 있다는 것이다. 이마트24와 노브랜드 점포 간에는 침해금지가 성립되지 않는다고 했다. 이마트24 점주들은 "판매 품목의 60% 이상이 겹치는 동일 상권에 고객층도 비슷한데 법원은 실질적인 것은 보지 않고 형식적인 법조문만 따지고 있다"라며 분통을 터뜨렸다. 결국 이마트24 점주들은 이마트 본사를 상대로 대법원까지 가게 됐다. 이마트 본사는 이마트24 신규 점포를 모집할 때 노브랜드 상품의 가격경쟁력이 크다고 홍보했었다. 결국 이마트가 한 입으로 두말한 꼴이었다.

편의점 근접출점 제한 자율규약의 실효성 없는 허상이 여과 없이 드러난 경우가 있다. 인천 미추홀구에 들어서는 주상복합 오피스텔 단지에 GS25 도화지젤점을 개점 준비 중이었던 안기섭 점주의 사연이다. 지난 2019년 4월 23일 매장을 개점한 안 씨는 같은 단지 안에서 엎어지면 코 닿을 거리인 직선 20m 앞에 CU 편의점이 입점하는 황당한 일을 겪었다. 이 상가를 분양받기 위해 이전 매장을 처분하고도 많은 빚을 안고 준비했던 터라 충격이 더했다. '직선 아닌 도보 기준'의 담배판매 거리 제한 기준이 문제였다. 안 씨의 가게 입구는 건물 구조상 빙 둘러서 걸어 들어가야 한다. 두 점포간 거리가 50m를 넘지만 직선거리로 실측하면 20m 바로 코앞이라고 한다. 미추홀구의 유권해석이 도저히 이해되지 않았다. 안 씨는 "전 재산을 투자해 준비한 편의점 창업은 담배소매인 지정권이 매우 중요하다. 16년 동안 편의점을 운영했지만 이런 편법이 있는 줄은 몰랐다"라고 하소연했다. 두 편의점이 개점하면 오피스텔 입주민을 대상으로 한 출혈경쟁은 불을 보듯 빤한 상황이다. '내가 끝까지 버텨 상대가 먼저 떨어져 나간다면 좀 나아지겠지'라는 끔찍한 희망 고문이 염려된다.

편의점 가맹점의 생존권 보장을 위해 편의점 근접출점 제한 기준 강화와 편의점 매출 증대를 위한 '최저수익보장제도'를 도입해야 한다. 이들의 자율영업 허용과 희망폐업 그리고 실질적인 단체교섭권이 이루어지도록 제도화가 필요하다.

대형마트 피해는 후세까지 미쳐 : 창원

"태어나니 상인의 아들이었다. 나는 모태 상인이다." 경남창원생활용품사업협동조합 이휘웅 이사장이 평소에 자주하는 이야기다. 이 이사장은 가업을 이어받아 30년 넘게 도매업을 운영해 뼛속 깊이까지 상인 정신을 지닌 골수 상인이다. 이 이사장은 도매업체를 제대 후인 1985년에 물려받았는데, 병환으로 아버지가 갑자기 돌아가셨기 때문이었다. 오랜 세월 도매업체를 운영하면서 그 또한 건강이 여의치 않아서 병원 신세를 지고 있을 때였다. 아들에게 어느 날 "대를 이어 가업을 잇지 않겠느냐"라고 넌지시 물었다고 한다. 아들은 "아버지 사업을 맡았다가 폐업하면 어떡하느냐, 언제 문 닫을지 알 수 없는 것 아니냐"라고 고개를 저으며 거절했다. 아들이 가업을 이어주기를 은근히 기대했던 그로서는 몹시 실망스러웠다. 아들은 대형마트 입점 저지 집회를 준비하던 자신의 옆에서 기자회견문 작성을 틈틈이 도왔다. 그때 절벽으로 내몰린 중소상인들의 처지를 보며 알게 된 것이다. 이때가 2005년 전후로 대형마트와 SSM이 속속 들어서면서 동네 상권이 무너지기 시작할 무렵이었다.

이 이사장이 도매업을 하는 상인들과 함께 마창유통협의회를 만들면서 본격적으로 상권 지킴이 활동을 할 때였다. 그는 아들의 거절을 겪으며 대형마트로 인한 피해는 당대뿐만이 아니라 후세에게도 피해가 된다는 사실을 절감했다. 그는 "아들 세대가 마음 편하게 영업을 할 수 있는 여건을 만들어야겠다"라고 굳게 다짐했다고 한다.

그는 그 일 이후 중소상인 운동에 더욱 박차를 가했다. 경남지역 중소상인을 위한 행사나 집회에 빠지지 않고 참석했다. 활동 반경을 전국으로 넓혀 전국유통상인연합회 공동회장을 맡았다. 조합의 유수열 이사와 김인규 사무국장과 함께 전국을 누비고 다니며 중소상인 살리기 활동을 펼쳤다. 2010년 서울 중소기업중앙회에서 대형마트 입점규제 법안을 요구하며 7일간 단식을 하다가 쓰러지기까지 했다. 당뇨병과 고혈압을 가진 사람이 단식을 한 것이 화근이었다. 온몸을 던져 유통산업발전법을 개정시켰고, 그 결과 대형마트 의무휴업을 이끌었지만 이때 악화된 건강으로 지금도 약을 챙겨 먹는다.

창원에서 물건을 납품하는 도매업체는 150곳 정도라고 한다. 도매업체마다 개인 창고를 보유하고 경리 직원을 두는 비용이 만만치 않다. 이 이사장은 상인들이 마음 놓고 장사하려면 중소상인 보호 지원법과 상인들의 자체 경쟁력 두 가지가 병행되어야 한다고 믿었다. 그는 뜻있는 도매업자들과 의기투합하여 공동물류센터의 건립 추진에 모든 힘을 쏟았다. 그는 "구매, 관리, 배송을 공동으로 운영하는 물류센터가 생긴다면 물류비용이 크게 절감된다. 그 결과 가격 경쟁력을 높여 동네 슈퍼마켓에 가면 10~13%가량 원가 절감 효과로 나타난다"라고 말했다. 혜택이 소비자에게 돌아가고 지역 경제에도 도움이 된다는 설명이었다.

이 이사장이 이끄는 조합은 2010년 창원시에 창원도매물류센터 건립을 위한 사업신청서를 제출한 결과, 경상남도와 중소기업청의 타당성 조사와 현장실사를 거쳐 국비 지원 사업으로 선정됐다. 2015년 3월 3일, 창원시 의창구 팔룡동에서 '경남 창원 중소유통 공동도매 물류센터' 준공식 겸 개장식이 열렸다. 준공식에는 지자체 관계자를 비롯해 전국의 중소상인, 조합원, 시민 등 500여 명이 참석했다. 이 이사장의 초청으로 경기남부식자재유통협동조합, 경기일배식품도매유통사업조합 등 전국의 도매상인도 대거 참석했다. 전국의 도매유통상인들은 도매인들로 구성된 전국 최초의 물류센터 준공식을 크게 부러워했다. 총사업비 103억 원 가운데 중소기업청 · 경상남도 국비 · 도비가 54억 8000만 원, 창원시비가 46억 4000만 원이었다. 조합의 자부담은 1억 8000만 원으로 전체 사업비의 1%에 불과하다는 것에 전국의 도매상인들은 모두가 입을 다물지 못했다. 물류센터는 부지면적 6600m^2에 건축면적 3414m^2로 지상 2층, 지하 1층으로 물류 입 · 출고장과 물류창고, 냉동 · 냉장시설, 유통물류 정보화 시스템과 부대시설을 갖추었다. 이 이사장은 준공식을 마치고 물류센터시설을 돌며 요모조모 상세하게 설명했다. "우리 조합은 1차 도매인 위주다. 전국 중소유통 물류센터 중에 최초다"라는 그의 말에서 조합 이사장으로서의 무한한 자부심을 느낄 수 있었다.

기존의 물류센터는 대부분 소매업종 위주라서 초기에는 많은 애로사항이 있다. 이 이사장 조합은 2018년 기준, 매출은 110억 원, 당기순이익금은 4000만 원이다. 물류센터 준공이 있은 지 4년째인 2019년에서야 손익분기점을 넘기고 있는 실정이다. 그가 조합의 일에 전념하는 사이 대형마트 입점 저지 대책위에는 전국중소유통상인협회 유수열 경남 지회장이 나섰다. 이마트 노브랜드와 신세계 복합쇼핑몰 입점 소문으로 창원은 벌집 쑤셔놓은 듯했다. 이마트 노브랜드가 창원 대동백화점에 입점하려던 2018년이었다. 경남소상공인연합회, 전통시장상인회, 전국중소유통상인협회 창원지회 등 상인단체의 협력으로 노브랜드 입점 저지에 나섰다. 그렇지만 이마트는 상남시장 등 6개 전통시장상인회와 합의를 거쳐 준대규모점포 개설등록을 완료하고 2018년 9월 30일 정식 개점했다. 이 안타까운 결과에 상인단체 간의 협력과 신뢰는 깨졌고 지역의 상인들은 좌절감에 주저앉았다.

이 와중에도 신세계는 2019년 3월 중순께 스타필드 창원점 건설을 위한 행정절차를 경남 창원시에 문의했다. 부지를 매입한 지 2년여 만에 본격적인 허가 절차를 밟은 것이었다. 초대형 복합쇼핑몰의 입점은 창원뿐 아니라 마산, 진해 등 인근 중소도시의 지역 경제와 중소상인들에게 원자폭탄급의 피해로 이어질 것은 뻔해 보인다. 다시 상인단체 간 힘을 모을 것으로 보이지만 한번 깨진 신뢰와 단체 간 요구사항이 달라 제대로 대응할지 걱정이다.

엄청난 규모와 영향력을 가진 복합쇼핑몰이지만 주변 상권영향평가의 범위는 현행법으로 대형마트에 적용된 3km를 적용한다. 이런 대규모 점포도 종합소매점이라 상권영향평가범위는 주변 소매점만이 대상이다. 대형마트가 들어와서 전통시장이나 슈퍼마켓의 매출이 떨어지면 납품하던 도매업체가 힘들어지는 것은 자명하다. 심지어 소매점의 부실채권까지 떠안으며 걷잡을 수 없이 무너진다. 하지만 소매점에 납품하는 도매업체의 피해를 법으로도 인정받지 못하고 있다.

경남창원생활용품사업협동조합은 전국 최초로 도매인들로 구성되어 전국의 도매상인들의 이목을 사로잡았고 그들에게 한 가닥 희망을 안겨주었다. 그런 조합이 어떤 풍파에도 꿋꿋이 버티며 거친 바다를 범선과 같이 헤쳐 나갈 수 있기를 소망한다.

함께 비를 맞아야 동지다 : 울산

울산은 다른 지역과는 달리 골목상권을 지키기 위해 시민단체가 일찍부터 직접 나섰다. 울산시민연대 이승진 집행위원장은 2009년 홈플러스 익스프레스가 입점한다는 소문이 들리자 지역 상권이 몰락할 수도 있겠다고 생각했다. 시민단체 관계자 회의에서 이 문제를 제기했으나 '상인계급 자체가 자본주의 한 단면'이라고 다들 말리는 바람에 여러 번 설득해야 했다. 이 위원장은 입점 예정지 주변 상인 중에서 수소문해 알게 된 S마켓 점주 차선열 사장을 찾아갔다. 이 위원장이 SSM 입점에 따른 문제점과 피해를 이야기하니 차 사장은 처음에는 '무슨 생뚱맞은 소리냐'는 식으로 쳐다봤다고 했다. 차 사장을 설득한 뒤에야 대형마트와 SSM 입점을 막기 위해 같이 상인들을 모으기 시작했다. 2010년 1월에는 울산의 중대형급 소매점주로 구성된 신울산슈퍼마켓협동조합 창립총회가 열렸다. 조합 이사장으로 차 사장이 선임되면서 상권 보호 운동은 더욱 힘을 얻었다. 차 사장은 나중에 유통법 개정안을 통과시키기 위해 서울 중소기업중앙회에서 단식한 도매상인 이재우 사장과 함께 울산 상인운동의 중심에 섰다.

2010년 서원유통 탑마트는 울산시의 공사 중지 권고 처분을 받고도 두 곳의 공사를 강행했다. 이에 격분한 차 이사장은 10년 동안 몰던 1t 화물차를 불태우고 결사 항전의 각오로 천막 농성에 들어갔다. 탑마트는 이틀 뒤 새벽에 직원 100여 명이 기습적으로 상품을 입고시키며 결국 출점했다. 현장에서 버티던 10여 명의 상인은 어금니를 깨물며 억울한 마음을 달래야 했다. 그러나 이 항전으로 '탑마트는 울산 지역에 더 이상 출점하지 않겠다'는 약속과 '준비 중이던 2개 점포 출점 포기'라는 성과를 얻어냈다.

2011년에는 도매상인들로 구성된 울산생활유통협동조합 창립총회가 열렸고 이사장으로 송태화 사장이 선임됐다. 2011년 남구 달동과 옥동에 익스프레스 2개 점포를 기습 입점하려던 홈플러스는 자진 철회하며 폐업신고를 했다. 사업조정 협상에 나선 지 1년 4개월 만의 성과였다. 비로소 대기업에 대한 열등감에서 벗어나며, 뭉치면 대기업도 극복할 수 있다는 자신감이 생겼다.

같은 해에 이마트는 리모델링을 통해 창고형 마트인 트레이더스 매장으로 전환하려고 했다. 울산생활유통협동조합은 학성 새벽시장 진흥협동조합의 이지연 이사장 등 도소매 상인들과 연합 집회를 열며 공동 대응에 나섰다. 학성 새벽시장은 오전 2시부터 11시까지 과일, 채소, 잡화 등을 도매로 판매하는 시장으로, 600여 명의 상인이 평생을 바쳐 일군 생존 터전이었다. 농성에 돌입한 지 95일째 되던 날 이마트는 사업철회 의사를 밝혔다. 상인들은 값진 결과에 대해 서로 얼싸안고 기뻐할 수 있었다.

그런데 울산에서는 2013년 2월 기습 출점한 동구 홈플러스 익스프레스 방어점 투쟁 이후 대형마트를 상대로 한 싸움을 할 수가 없었다. 대기업이 더 이상 입점하지 않아서라면 좋았겠지만 그게 아니었다. 도매상인과 소매상인 간 갈등의 골이 깊어진 게 원인이었다. 쾌거 이면에는 일부 그릇된 행동으로 인한 도소매 상인 간의 갈등과 반목이 심화되고 있었다. 대다수 중소상인은 대형마트와 SSM의 입점을 막기 위해 헌신적으로 상인운동에 힘을 보탰다. 일부 중형급 소매상인들이 자신의 이익만을 챙기는 경우가 빈번하게 일어나는 게 문제였다. 2011년 울산 언양 지역 대형 슈퍼마켓의 한 점주는 자신의 점포를 롯데쇼핑에 넘기고 하룻밤 사이에 간판을 바꿔 달았다. 이 점주는 앞서 울주군 범서읍 천상리에서도 매장을 GS슈퍼마켓에 넘긴 이력이 있는 것으로 드러났다.

2013년 2월이었다. 울산 동구에 기습 입점한 홈플러스 익스프레스 방어점에 맞서 상인들은 대책위를 꾸리고 천막농성에 들어갔다. 농성 막바지에 농성장과 멀리 떨어지지 않은 곳에 개인이 달감마트를 열었다. SSM 입점을 저지하는 사이 개인이 근처에 중형급 슈퍼마켓을 차린 것이었다. 투쟁하던 상인들은 허탈감으로 무기력해졌다. 소형 슈퍼마켓 점주들이 힘들게 대기업을 막아내도 그 자리에 중대형급 사업자가 들어오면 생존권을 위협받는 것은 마찬가지였다. 한 슈퍼마켓 점주는 “깡패를 막으니 양아치가 삥 뜯는 꼴이다”라며 중대형급 사업자도 규제해야 한다는 말이 나왔다. 납품업체들도 일부 중대형급 사업자들로부터 입점비와 행사 상품 과다 요구 등으로 갈취당한다고 불만을 토로했다. 상인들은 내부 갈등을 이겨내지 못하고 분열하고 만 것이었다.

이러는 사이, 투쟁의 선봉에 선 차 이사장의 점포 맞은편 1층에 있던 드림마트를 한 상인이 인수하여 확장공사를 했다. 아파트 내 도로 맞은편 지하 1층에 있던 차 이사장 점포는 불리할 수밖에 없었다. 그런데 대기업 입점 저지에 동참했던 도매업체들은 다투어 납품하기 시작했다. 대책위 공동 위원장을 맡았던 도매업체가 가장 먼저 납품을 했으니 참으로 기가 막힌 일이었다. 드림마트 점주는 대기업 입점 저지 운동에 동참하지 않은 사람이었다. 차 이사장의 배신감은 극에 달했고, 이 사건은 도매와 소매 간 갈등을 걷잡을 수 없이 증폭시키는 결과로 이어졌다. 상인 단체 안에서 벌어지는 이 상황에 시민사회 관계자들은 너무나 안타까워했다. 이승진 집행위원장은 도매상인들이 문제라고 생각했다. 그는 "대기업이 아니면 어디든지 납품하면 된다"라는 인식이 바뀌어야 상인운동을 제대로 할 수 있다고 주장했다. 상인 지도자를 지켜 주지 못한 결과는 모두의 빚으로 돌아오게 되었다. 차 이사장이 이끄는 조합은 이후 대기업과의 사업조정을 통한 입점 저지보다는 상생의 구도를 찾는 쪽으로 입장을 전환했다.

전국유통상인연합회 울산지부 고남순 사무국장은 "차 이사장이 이전에는 홍해를 갈라서라도 다 같이 가자고 하다가 지금은 노아의 방주에 탄 사람이라도 가자"라는 식이 되었다고 아쉬워했다. 상인들은 서로가 경쟁의 대상인데, 어쩌면 상인이 처한 현실과 업종의 특성을 간과했는지 모른다. 대형마트 때문에 자신이 힘들 듯이, 자신 때문에 작은 슈퍼마켓이나 납품상인이 힘든 것을 깨달아야 시민사회가 호응하고 연대할 것인데 말이다.

'고슴도치 딜레마'라는 표현이 떠오른다. 고슴도치는 날씨가 추워지면 서로의 온기를 나누고 싶어 가까이 다가간다. 서로 너무 가까이 다가가면 상대의 가시에 찔리고 만다. 찔려서 서로가 떨어지면 추워지고 추워지면 다시 다가가 찔린다. 이것을 반복하다 보니 서로가 최소한의 간격을 갖는 게 좋겠다는 결론에 이른다. 납품업체와 슈퍼마켓업체의 갈등과 상생이 꼭 고슴도치 딜레마 같았다. 이 어려운 문제에 해답이 있을까 고민할 때 문득 신영복 시인의 「함께 맞는 비」라는 시가 떠올랐다. "돕는다는 것은 우산을 들어주는 것이 아니라 함께 비를 맞는 것입니다. 함께 비를 맞지 않은 위로는 따뜻하지 않습니다"라고 했다. 비가 올 때 함께 비를 맞아야 동지다.

40년 역사의 반송큰시장을 지키다 : 부산

"집회는 신문이나 TV에서만 있는 줄 알았지 내가 할 줄은 몰랐다. 목숨을 걸고 집회에 나왔는데 꼭 허공에 얘기하는 것 같더라."

부산 해운대구에서 반송큰시장(옛 반송2동 시장) 상인회를 맡고 있는 60세 김영한 회장의 말이다. 김 회장은 대기업이 구멍가게까지 한다는 것이 도저히 이해가 되지 않아 해운대구청장을 찾아갔다. 전통시장에서 200m 거리에 있는 아파트 밀집 단지 입구에 GS마트가 입점 공사를 하고 있으니 막아달라고 했다. 구청장은 법적으로는 GS마트를 막을 수 없다며 내 연락처를 주면서 도움을 요청하라고 했다. 그렇게 김 회장이 협회 사무실에 찾아와 투쟁 동지의 인연을 맺었다.

김 회장은 부산의 대표적 오지였던 반송동을 초창기부터 일구며 남다른 애착을 가지고 있었다. 그의 가족은 1970년을 전후하여 좌천동 철로 변 무허가 주택이 철거되면서 겨우 간단한 가재도구만 챙기고는 트럭에 실려 반송동으로 강제 이주하다시피 했다. 그는 "오지인 반송동에 버려졌다는 표현이 맞을 거다. 40년을 버둥거렸지만, 가난의 굴레를 벗지 못했다"라고 했다. 전통시장도 낙후된 모습 그대로였는데 시장 시설 현대화 사업을 위한 예산이 책정되면서 상인들은 상당히 희망에 부풀어 있었다. 그런데 대기업 계열의 GS마트가 입점한다니 상인들의 허탈감은 이루 말할 수가 없었다. 그는 "전통시장 상인들을 죽여가면서 골목 돈까지 싹쓸이하는 거대 기업의 GS마트 개점을 목숨 걸고 반대한다"라고 거침없이 말했다.

각오를 들은 나는 집회 신고 방법, 경비 문제, 행진 때 회원들의 안전 문제 등 필요한 제반 사항을 알려주었다. 작은 실수가 낭패로 이어지며 순수한 의도마저 빗나가는 경우를 익히 보아왔던 터라 조금은 염려가 되었다.

그를 보낸 뒤 즉시 협회 임원 회의를 개최해 반송큰시장을 돕기로 의결했다. 협회는 재정이 열악해 재정적인 도움을 줄 수 있는 형편은 아니었다. 지난 집회 때 쓰던 노란 막대풍선 1회분이 전부였는데, 뒷날 이 풍선은 반송큰시장 집회의 상징이 되었다.

그와는 하루에도 몇 번씩 연락을 나누었다. 하루는 새마을금고 3층에서 GS마트 입점 반대 대책 설명회를 열며 집회 날짜를 잡기로 했다고 연락이 왔다. 집회 소문을 듣고 공무원이 묻자 그는 한 치의 망설임도 없이 "GS마트가 물러날 때까지 죽기를 각오하고 싸우겠다"라고 했다 한다. 평소 '가슴에 품어온 덕은 외롭지 않고 의는 부끄럽지 않다'라는 신념으로 살았다고 했다.

2009년 2월 17일 오후 2시, 반송동 GS마트 입점 예정지 앞에 상인 300여 명이 가게 문을 닫고 몰려나왔다. 상인들만 집회에 나온 것이 아니었다. 반송청년회, 주민자치위원회 등 지역 자생 단체와 아파트 주민들이 합심해 전통시장을 살려야 한다고 길거리로 나왔다. 천군만마 같은 주민들의 동참에 반송 상인들은 진심으로 고마워했다.

상인들은 '배고파서 못 살겠다 죽기 전에 살길 찾자'라는 대형 현수막을 앞세우고 '대기업 소형슈퍼 입점 절대 반대'라고 적힌 빨간색 어깨띠를 매었다. 상인들은 노란색 막대풍선을 힘차게 두드리며 목청이 터지라고 구호를 외쳤다. 김 회장을 포함한 집행부 다섯 명이 삭발 시위를 벌일 때는 동네가 멈춰선 듯 조용했다. 60대인 집행부 대표들의 머리카락이 잘려나가는 모습은 비장했다. 김 회장의 부인 정귀자 씨는 남편이 삭발하는 모습을 보니 환갑에 삭발까지 한다는 설움이 올라와 가슴이 미어터질 것 같다고 했다.

첫 집회 후 한 달 만에 3차 집회까지 열렸다. 하지만 상인들이 모이는 게 이전만 못해 보였다. 생각보다 동참이 적자 쑥덕거리는 소리가 들렸다. 그때 개미 떼처럼 새까맣게 몰려오는 상인들이 있었다. 일회용 비옷을 입고 북소리에 맞춰 노란 막대기를 치며 다가왔다. 권위교 부녀회장이 이끄는 147명의 여성 상인들이었다. 정 씨가 남편의 삭발 후 두 팔 걷고 나서서 부녀회 조직을 만들었다고 했다. 부녀회가 이렇게 적극적으로 참여하리라곤 상상도 못 했다. 전통시장을 지키려는 이들의 염원은 너무도 간절했다.

비가 내리는 가운데 집회는 시작되었고 나는 연사로 무대 위에 올라갔다. 여성 상인들은 앞줄에서 비를 맞으면서도 한 치의 흔들림이 없었다. 비장한 이들의 모습에서 반드시 이길 것이라는 확신이 들었다. 상인과 지역 주민 대표자의 발언이 이어졌다. 그들은 "반송동 전통시장은 40년 전 수재민과 철거민이 모여 형성되었다. 입에 풀칠이라도 하자며 시작한 게 지금의 시장이다. 우리가 장사까지 때려치우고 거리로 나선 건 역사가 있는 우리 시장을 지키기 위해서다"라고 외쳤다.

김 회장은 반송큰시장 안에서 1996년부터 20년 넘게 '일성떡집'을 운영하고 있다. 40대 전후인 두 아들 성훈이와 우섭이가 '일성떡방앗간' 인터넷 쇼핑몰을 운영하며 떡 케이크 등 다양한 제품을 전국으로 판매하고 있다. 하지만 대형마트에서 구색으로

부산 반송큰시장에서 20년 넘게 떡집을 운영하는 김영한 회장은 대기업에 맞서 전통시장을 지키기 위해 길거리로 나섰다. (사진: 부산일보 제공)

떡을 취급하는 바람에 떡 전문가가 되기 어려운 세상이라며 아쉬워했다.

정귀자 씨는 2009년 GS마트 입점 저지 때의 순간을 한시도 잊은 적이 없다고 했다. 정 씨는 그때를 회상하며 "대기업 GS마트를 못 막게 되면 나와 다른 여성 상인들이 삭발하겠다고 각오했다. 남편이 감옥에 들어가면 내가 남편을 대신해서 시장을 지키려고 했다"라는 말에 마음이 짠했다.

그런 단결된 상인들의 힘이 결국 대기업을 물리쳤다. 당시 부산시 유통업상생발전협의회의 사업조정 사전조정위원이었던 나는 김영한 회장과 함께 'GS마트의 2년 입점 유예와 개점 후 1년간 1차 신선 채소를 판매하지 못한다'는 사업조정심의 결과를 이끌어냈다. 이후 GS마트는 입점을 완전히 포기했으나 입점 예정지에 개인 슈퍼마켓이 들어와 아쉬움을 남겼다. 대기업의 입점을 막아냈지만 개인이 그 결과를 가로채는 바람에 성과가 반감되었다. 이런 경우 개인 점포라도 방어할 수 있는 일정한 보호막이 필요해 보인다. '손맛보다 철저한 계량화와 떡 레시피로 새 맛을 창조한다'는 가족경영 일성떡집이 백 년 가게가 되길 기대한다.

법과 공무원은 우리 처지를 알까

4장

살을 주고
뼈를 취하다

2018년 2월 20일, 부산 이마트타운 연산점 인근 상인들은 연제구청을 상대로 제기한 '점포 영업등록 취소 청구 행정소송' 1심에서 패소했다. 부산지법 행정2부는 "유통업상생발전협의회(협의회) 일부 위원이 대표로 있는 전통시장에 이마트가 발전기금을 기부한 것은 사실이나 점포 개설등록에 찬성하는 대가로 받았다고 인정할 만한 자료가 없다"라고 기각 이유를 밝혔다. 이해하기 힘든 사유로 연제구청의 손을 들어준 것이었다.

2019년 3월 27일, 부산고등법원 제2행정부(항소심 결심)는 "연제구 유통업상생발전협의회의 구성 · 운영 · 의사결정 등에 다소간에 문제가 있다 하더라도 구청장의 재량권 범위 내에서 신청을 수리하거나 조건을 붙여서 수리할 수 있으니 위법이 있다고 보기 어렵다"라며 원고들의 항소를 기각한다고 판결했다. 항소심 결심 직전에 양승태 사법적폐 관련하여 이름이 오르내리던 판사로 바뀌었으니 이전의 좋은 분위기와는 다를 것이라고 하던 주변의 말이 현실이 되고 말았다. '법은 가장 보수적이다'라는 말을 실감하며 재판정에서 고개를 숙일 수밖에 없었다. 이러한 사실을 회원들에게 어떻게 알릴지 막막했다.

모든 것을 구청장의 재량권으로만 판단하면 굳이 정부가 상권영향평가를 강화할 필요가 없다. 유통업상생발전협의회의 위원구성 또한 무슨 소용이 있는지 재판부에 묻고 싶었다. 연제구청장이 언론을 통해 "협의회의 의사결정에 따르겠다"라고 누누이 말한 것은 무엇이고, 협회와의 간담회에서 거듭 밝힌 것은 무엇인가.

재판부는 '구청장의 재량권'이란 편협한 시각으로 판결을 내렸다. 실제로 협의회 위원 중 3분의 2가 입점 찬성을 해야 하는 상황에서 문제가 있는 두 위원 중 한 사람만 해촉되어도 협의회에서 통과되지 못했다. 이마트에서 음성적인 금품수수 비위 사실이 있는 위원을 해촉하지 않은 채 기울어진 운동장에서 이루어진 엿장수 마음대로인 구청장 재량권이었다. 상식적으로 이해할 수 없는 법원의 오락가락 판결은 이번이 처음은 아니었다.

2014년 서울고등법원 제8행정부의 판결은 일반 시민들의 공분을 샀다. 대형유통업체들이 대형마트* 영업시간 제한과 의무휴업일제가 부당하다며 소송을 제기한 사건이었다. 재판부는 뜻밖으로 대형마트의 개념을 쟁점으로 보았다. 재판부는 현실의 대형마트는 법조문 상의 대형마트가 아니니 대형마트의 규

---

* '식품 · 가전 및 생활용품을 중심으로 점원의 도움이 없이 소비자에게 소매하는 점포의 집단'이라고 유통산업발전법 시행령 제3조 제1항에 정의하고 있다.

이해할 수 없는 법원의 판결과 엄청난 재판 비용에도 상인들은 이마트타운 연산점 입점 과정의 불법성을 알리기 위해 끊임없이 목소리를 냈다.

제는 위법이라고 했다. '점원의 도움이 없이'라는 문구에만 주목했다. 대형마트에서 점원이 과일이나 채소의 양을 계량하여 포장해주며, 소비자가 정육이나 생선을 구입할 때 점원이 즉석에서 손질하여 제공하니 현실의 대형마트는 법조문 상의 대형마트로 보기 어렵다는 것이었다. 누가 봐도 대형마트이지만 점원의 도움을 조금이라도 받으면 대형마트가 아니라는 억지였다. 일반인의 상식보다 법조문의 엄격한 해석에 치중한 무리한 판결이었다. 다행히 2015년 대법원에서 전원합의체 판결로 대형마트 영업제한 처분이 적법하다는 판결이 나 모두가 혀를 내두른 사건은 마무리됐다.

2019년 4월 9일, 연제 이마트타운 항소심에 대한 불복신청으로 우리는 대법원에 상고장을 접수하기로 했다. 이미 1심과 항소심에서 패소했고 대법원 상고심은 서면으로 심리하는 법률심이라 대법원에서 승소할 확률이 낮다는 것을 모르는 것은 아니다. 그렇지만 항소심 재판부가 판단 내린 대규모 점포의 입점 때 연제구청장의 재량권과 협의회 위원의 청탁금지법 위반을 널리 알려야 한다고 봤다. 1심과 2심에서는 유통산업발전법의 위법성을 따졌으니 구청장의 재량권이 넘을 수 없는 벽이었다. 그러나 상고심에서는 협의회 위원들이 이마트타운 연산점의 입점 등의 대가를 받기로 하고 입점 반대에서 찬성으로 입장을 바꾼 증거들이 나왔다. 당연히 공무 수행 중의 청탁금지법으로 다툴 여지가 있었다.

정부 관계자도 상권영향평가 관련 토론 중에 협의회 위원의 금품수수는 청탁금지법에 따라 처벌이 가능한 행위라고 보았다. 공무 수행 중의 사안이니 자신의 단체 이익을 위해 금품수수 협의를 한 위원의 해촉 사유가 있다는 결론이었다. 협의회의 두 위원은 청탁금지법을 위반했다. 연제구청장은 현행법으로 비위 사실이 있는 협의회 두 위원을 해촉해야 하지만 그렇게 하지 않았다. 협회가 행정소송을 통해 알게 된 내용은 대규모점포 개설자의 자의적이고 부실한 상권영향평가서의 문제점을 개선시키는 중요한 자료로 쓰였다. 내실 있는 상권영향평가서를 위한 기준 강화는 유통산업발전법* 시행규칙 개정안으로 제안됐다. 우리가

---

* 유통산업발전법 제8조(대규모점포 등의 개설등록 및 변경등록): 대규모점포 등의 위치가 전통상업보존구역에 있을 때에는 등록을 제한하거나 조건을 붙일 수 있다.

제안한 것은 비위 사실이 있는 협의회 위원의 해촉 사유 적시, 현행 3km인 복합쇼핑몰의 피해 반경 확대, 소매업 중심의 기존 사업자에서 도매업자 등 전체 피해 업종으로 확대, 고용에 미치는 영향에서 마이너스 고용효과 포함 등이었으니 살을 주고 뼈를 취한 값진 결과였다.

우리가 대법원에 상고하는 것은 제왕적 구청장의 재량권에 불복하기 때문이다. 지금이라도 행정소송 절차를 멈추면 엄청나게 늘어나는 패소 비용을 많이 줄일 수 있다. 이미 발생한 패소 비용도 만만찮다며 일부 협회 이사들의 염려가 있었다. 하지만 잘못된 것을 알면서 협회마저 패소 비용 때문에 멈춘다면 향후 누구도 나서지 못할 것이라며 끝까지 뜻을 굽히지 말 것을 모두가 주문했다.

식파라치, 유통업자를 먹잇감으로 삼다

부산 동구에서 농축산마트를 운영하는 이규호 사장은 1800만 원이 적힌 과태료 처분 통지서를 보는 순간 정신이 아찔해졌다. 유통기한이 지난 제품을 진열하고 판매했다며 구청에서 과태료 처분을 한 것이었다. 뭔가 한참 잘못되었다는 생각에 일손이 잡히지 않았다.

이 사장이 전산상 입·출고 내용을 확인하니 적발된 소시지는 2014년 10월 말에 반품처리가 되었는데 유통기한은 12월 13일로 나왔다. 도저히 이해가 되지 않아 혹시나 하는 마음에 CCTV를 돌려 보았다. 신고자로 보이는 남성이 소시지가 있는 곳으로 가더니 망설임 없이 사진을 찍고 나가는 모습이 포착되었다. 의심스러운 행동에 CCTV를 3시간 전으로 돌렸다. 또다른 남성이 들어오더니 그 소시지를 매대에 놓고 아무렇지도 않은 듯 지나가는 것이 아닌가. 그는 이 영상을 보고 망연자실할 수밖에 없었다.

이 2인조 식파라치 일당이 과태료의 20%에 달하는 포상금 수익을 목적으로 사진을 찍어 국민권익위원회에 신고한 것이었다.

식파라치는 '파파라치'와 '유통기간 경과 식품'을 합성한 용어다. 2001년 3월 교통위반 신고보상금제가 도입되면서 파파라치가 등장했다. 이들은 신호 위반이나 불법 유턴이 잦은 지역에 숨어서 사진을 찍어댔다. 시행 1년 만에 400만 건이 신고되었고, 파파라치에게 지급된 금액은 무려 100억 원에 달했다. 억대 수입을 올리는 파파라치가 언론에 알려지기도 했다. 파파라치의 무차별적인 사진 촬영에 사회는 서로를 불신하며 몸살을 앓았다.

결국 파파라치의 교통위반 신고 남발은 2002년 말 법원에 의해 제동이 걸렸다. 한 장소에서 보름 동안 무려 1만 1126건이 넘는 교통법규 위반 차량 사진을 찍은 한 파파라치가 경기도 의정부경찰서에 신고보상금을 요구했다. 경찰서는 '단속을 위한 단속, 실적을 위한 단속을 지양한다'는 경찰 단속방침을 들어 지급을 거부했고, 서울행정법원 제2부 재판부도 사진상으로 교통위반인지가 드러나지 않는다며 보상금을 줄 필요가 없다고 판정했다. 이후 다양한 분야로 파파라치 활동이 확산되었고 손쉬운 먹잇감을 찾아 골목상권으로 잠입한 것이었다.

이들 2인조 식파라치 일당은 하루 동안 부산시 남구와 수영구, 동구 등을 돌며 슈퍼마켓을 집중적으로 훑었다. 우유, 두부, 음료수, 소시지 등을 갖다 놓으면 3~4시간 뒤 공범이 사진을 찍는 모습이 CCTV에 포착되었다. 나중에는 수법이 더욱 교묘해져 안경에 장착된 몰래카메라로까지 촬영하니 당할 재간이 없었다. 진열하려고 잠시 통로에 내려둔 냉장상품을 상온에 방치했다고 사진을 찍어 고발하기도 했다. CCTV 사각 지역에서 조작이 이루어지거나, 제품을 바꿔치기하는 수법이라는 의심이 들었지만 물증이 없는 경우가 대부분이었다. CCTV 영상 보관기관이 통상 15일인데 한 달 이상이 지나서야 고발당한 사실을 알기도 했다.

부산지역 유통가 전체가 발칵 뒤집혔다. 소매점마다 판매는 뒷전이었고 전 직원이 나서서 유통기한을 확인하는 일이 주된 일과가 되었다. 파파라치 양성 학원이 신문 광고로 등장할 정도로 더욱 성행했다. 이들은 점차 조직화, 체계화되어 갔다. 사례를 조작하거나 신고를 빌미로 합의금을 요구하는 등 부작용이 속출했다. 소매점 사장들의 금전적인 피해와 함께 정신적인 스트레스가 엄청나 이참에 장사를 접어야겠다는 이야기까지 나왔다.

불법 행위까지 서슴지 않는 악성 식파라치의 기승에 과태료 폭탄을 맞은 소매상인들은 도매상인들에게 책임을 물었다. 소매상인들은 유통기한을 제대로 관리하지 않았다며 도매상인들에게 과태료를 거두기도 했다. 도매상인들은 거래를 유지하기 위해 울며 겨자 먹기 심정으로 돈을 냈다. 일부 도매상인들은 과도한 과태료 대납 요구에 "거래를 끊더라도 과태료를 낼 수 없다"라며 맞섰다. 유통기한이 짧은 냉장 식품의 경우 기한이 제법 남았지만 반품으로 처리되는 상황도 많아져 도매상인들의 시름이 깊어졌다. 협회에 신고된 소매상인과 도매상인 간의 갈등 사례가 무려 40건이 넘을 정도로 서로의 반목은 극한 대립으로 치닫고 있었다.

협회는 불법 식파라치 피해가 확산되는 것을 막기 위해 이 악성 2인조 식파라치 일당을 경찰에 신고하기로 방침을 정하고 '식파라치 제도개선 비상대책기구'를 꾸렸다. 대책기구는 상인들의 피해 실태를 수집해 언론을 통해 시민들에게 알리고, 도·소매 간의 갈등이 깊어지는 것을 막고자 하루빨리 관련 제도를 개선하는 것을 목표로 했다.

파파라치 관련 규정은 대통령령으로 개선해야 했다. 전국유통상인연합회 신규철 위원장 등 상근자들과 함께 국회 보건복지위원회 양승조 위원장과 간담회를 가졌다. 이 자리에서 파파라치 제도와 식품위생법 행정처분제도 개선을 주무 부처에 적극적으로 건의할 것을 요구했다. 이후 개선된 행정처분제도로 악몽의 세월은 정리되었다.

지금도 운영되는 신고보상금제도는 종류도 엄청나게 많다. 유통기한 초과 식품판매, 불법 택배 차량, 탈세, 고액 과외, 선거법 위반, 보험 사기 등 다양한 분야에서 파파라치들이 활동한다. 범법 행위를 막기 위해 도입된 신고보상금제인데 오히려 범법 도구로 활용되는 경우가 많아졌다. 신고는 건전한 사회를 만들고자 하는 투철한 신고 정신에서 나와야 한다. 돈만 좇아서 신고한다면 선의의 피해자가 늘어나기 십상이다. 행정당국이 할 일을 무턱대고 민간인에게 떠넘기면 안 되는 것이다.

우리를 갈라놓는 대기업의 공작금

작은 체구에서 나오는 우렁찬 목소리가 빗속을 뚫고 부산지방검찰청 건물을 향해 울려 퍼졌다. 비에 젖은 마이크는 결국 작동이 되지 않았지만 육성으로 내는 목소리는 점점 커졌다. 망미중앙시장 비상대책위원회 이수동 간사는 "많은 상인들이 구경도 못 한 그 돈 때문에 삶의 터전을 영원히 잃을지도 모른다"라며 열변을 토했다. 그가 얼마나 악을 쓰고 발언을 했던지 이후 한 달 동안 두통으로 교회 성가대에 가서도 머리가 울려 제대로 노래를 부를 수 없었다고 했다.

망미중앙시장의 일부 상인들은 회장이 이마트타운으로부터 받은 거액의 기금을 제대로 알리지도 않고 마음대로 사용하는 전횡을 일삼고 있다고 생각했다. 그래서 뜻이 맞는 상인들이 모여 비대위를 만들었다. 비대위의 시장 상인들은 회비로 모은 수입보다도 많은 돈을 펑펑 쓰는 회장이 이마트에서 받은 기금을 거덜낼 것 같아 걱정했다. 회장이 상인회 통장을 보여주지 않는 이유를 모르겠다며 울분을 터뜨렸다.

이 일이 있기 전에 나는 김영태 이마트타운 대책위원장과 망미중앙시장 회장을 만나러 갔다. 이마트타운 연산점의 영업 등록 인가 전이라 망미중앙시장 측과 입점 반대 연대를 하기 위해서였다. 두 번째 찾아간 날 우리들은 회장으로부터 기가 막힌 소리를 듣게 되었다. 자기들이 요구한 거액의 합의금을 이마트가 받아들이기로 했다는 것이었다. 그동안 망미중앙시장이 내민 합의금을 거부하던 이마트가 시장의 제안을 받아들이기로 한 것은 협회의 이마트타운 연산점의 집회 신고 직후였다고 말하며, 오후에 열리는 이사회에서 이마트타운 입점을 통과시킬 것이라고 했다. 너무 청천벽력 같은 말에 말문이 막혔지만 "망미중앙시장만 합의하지 않으면 이마트타운 입점을 막을 수가 있다. 그러나 합의를 하면 두고두고 후회할 것이다. 소송을 통해서라도 잘못된 내용을 밝힐 것이니 많은 주변 상인들이 피눈물을 흘리게 하면 안 된다"라고 단호하게 말했다.

그렇다면 이마트에 받는 돈을 어떻게 나눌지를 물어보았다. 회장은 그것은 정하지 않았다고 했다. 우리의 바람과는 다르게 결국 그는 이사회에서 합의안을 통과시켰다. 대기업에 합의금을 받은 상인단체 대부분은 이후에 상인들끼리 돈 때문에 법정소송으로 치닫는 등 문제가 발생했다는 우려도 전했지만 소용이 없었다. 여기도 돈 때문에 문제가 터질 것 같았다. 사실 다른 지역에서도 이와 유사한 문제가 빈번하게 일어나고 있었다. 경북 안동에서도 홈플러스 입점 시 중앙신시장과의 합의 후 받은 기금 때문에 상인들끼리 검찰에 고발하는 등 문제가 생겼다.

전통시장과 상생을 위한 합의금이 아니라 상인회를 회유하기 위한 공작금이었고, 상인들 간에는 갈등의 불씨로 번지는 폭탄 돌리기 게임이었다. 누군가가 던져주는 고깃덩어리 하나에 사냥개들끼리 서로 차지하려고 싸우는 모습처럼 비칠까 걱정이 되었다. 기금을 탐탁지 않게 생각하는 상인은 물론이고 전통시장을 애용하는 고객들로부터도 곱지 않은 시선이 따갑게 느껴졌다. 상인들이 돈 받으려고 대기업 입점을 반대한다며 손가락질 당하게 만드는 대기업의 기막힌 외통수였다. 이것을 알고도 눈 감고 있는 중기청이나 지자체장들도 나빴다. 중기청은 불법 상생기금을 적발하는 조치를 왜 안 하는지 이해가 되지 않는다.

망미중앙시장은 수영구 관내지만 연제구에 입점하려는 이마트타운의 1km 반경 내에 있는 유일한 전통시장이었다. 관할 구청은 다르지만 이 전통시장이 입점 반대를 한다면 연제구청은 이마트타운의 영업등록에 상당한 부담을 가질 수밖에 없다고 보았다. 이후 대규모 점포가 들어설 경우 관할 지자체가 다르더라도 인접 지역에 전통시장이 있으면 인접 지자체장의 의견을 듣도록 법 개정이 이루어졌다. 만시지탄이었다.

연제구청에서 이마트타운의 인가를 내준 이후 부산MBC에서 망미중앙시장과 이마트의 합의안을 뉴스로 다루었다. 영업등록 인가 이후 7일 이내에 3억 5000만 원을 먼저 받고, 이마트타운의 건물이 들어서고 영업을 시작한 후 7일 안에 나머지 3억 5000만 원이 지급되는 것이 주요 골자였다. 더욱 기가 찬 것은 이마트 개점 전이나 개점 이후로 민원을 제기하거나, 어떤 명목으로도 시위 등 개점이나 영업에 방해되는 행위를 하지 않는다는 조건부

합의를 했다는 내용이었다. 결국 합의 내용은 돈을 대가로 영업등록인가를 도와주는 형식이었으니 내가 우려하는 부분이 현실로 다가오고 있었다.

이 내용을 본 많은 상인들은 경악을 금치 못했다. 다른 지역의 전통시장 상인들도 나에게 전화를 걸어 "대기업이 내민 돈에 눈이 멀어 평생 장사해야 할 시장의 터전을 팔아먹고 주변의 상인까지 길거리에 내모는 저들은 이마트의 앞잡이다"라는 원색적인 표현까지 쓰며 분을 삭이지 못했다.

망미중앙시장에서 17년 동안 장사를 하는 오세명 씨는 방송이 나간 후 나쁜 상인으로 오인당하는 것이 무척 싫었다고 했다. "합의한 돈 때문에 이마트타운 입점이 가능해졌으니 앞으로 시장이 큰일 났다"라며 회장을 찾아가 잘못을 지적했으나 도리어 간섭한다며 빈정거렸다. 그는 합의를 찬성한 상인들에게 시장의 불순분자로 낙인찍혔다. 오 사장은 "17년 동안 시장의 그 좋은 인심이 이마트 합의기금에 결딴이 났다"라며 씁쓸한 표정을 지었다.

검찰 고발이라는 사안의 위중함 때문인지 비가 내리는 와중에도 150여 명의 상인들이 자발적으로 모였다. 이마트타운 연산점의 영업등록인가 과정에서 뇌물수수성의 음성적인 상생기금에 관련된 연제구청장과 이마트 관계자, 상인회장을 협회와 부산참여연대가 공동으로 고발하는 기자회견장이었다. 많은 언론사의 카메라 플래시는 뇌물수수성 현장을 역사적 기록으로 남기려는 듯 펑펑 터졌다.

대형마트가 전통시장에 건네는 기금의 불법성을 알리고자
상인들이 자발적으로 거리로 나섰다.

기자회견 후 고발장을 들고 검찰청으로 가는 걸음걸음이 무거웠다. 이마트 관계자나 연제구청장이야 책임을 따질 필요가 있었으나 연제구 유통상생발전협의회 위원인 두 곳의 전통시장 회장들도 역시 이마트타운 입점에 따른 피해를 당하는 상인이었기에 마음이 심란했다. 두 회장은 협의회 위원으로 첫 회의에서는 이마트타운의 입점을 반대하다가 이후 갑자기 적극 찬성 입장으로 바뀌었다. 회의 도중 이마트의 기금을 받아 다음 연도의 사업비로 써야 한다는 협의회 회의기록을 보니 그들 또한 법을 통해 시시비비를 가려야 되는 지경에 이른 것이었다.

음성적인 상생기금은 대형 유통기업들이 출점 시 지역 상인들의 반대를 무마하기 위한 '뒷돈' 성격의 공작금이다. 성급한 기금

합의는 다른 상인들이 목숨 걸고 하는 반대 행위조차 순수성을 의심받게 만들고 있다. 또한, 상생기금 때문에 대·중소기업 협력을 위해 도입된 사업조정제도까지 변질되고 있다. 상생기금은 악마가 내미는 유혹의 손길이라는 것을 깨달아야 한다.

마침내 도매업을 지키다

2011년 8월, 이마트는 부산 서면점을 창고형 할인매장 트레이더스로 리모델링해 개점했다. 차량 시위를 시작하면서 동시에 부산지역 납품도매상인 66명이 중기청에 골목 슈퍼마켓 대상 온라인 도매 전문 쇼핑몰 '이클럽'에 대한 사업조정을 신청했다.

중기청이 4개월째 이클럽을 사업조정 대상으로 확정 짓지 못하고 있을 때 중기청에 대한 국정감사에서 이마트의 도매업 진출이 도마 위에 올랐다. 국정감사에서 당시 김동선 중기청장은 부산 건에 대해 대구 비산점과 별개로 원점에서 사업조정을 검토할 것을 약속했다.

이후 개최된 중기청의 사업조정 심의회에는 협회 회장인 나와 이마트 측의 트레이더스, 이클럽 관련 임원들이 참고인 자격으로 출석했다. 중기청 심의회에서는 격론이 있었으나 지역 여론의 악화와 중기청장의 국정감사 답변 등에 압박을 느끼지 않을 수 없었다. 결국 전례가 없다는 부담이 있었지만 창고형 매장과 도매 온라인몰에 대한 사업조정 결정을 내렸다.

사업조정의 대상이 되는지 여부를 따지는 데 4개월이나 걸렸지만 부산 납품 상인들의 눈물 나는 10일간 차량 시위로 얻은 값진 결과였다. 이마트의 도매업 진출이 전국에서 처음으로 사업조정 대상으로 인정받아 향후 중기청의 사업조정 진행 과정과 전국적으로 업계에 미칠 파장이 주목되었다.

그러나 이마트는 2012년 1월, 온라인 도매 전문 쇼핑몰 이클럽에 대한 중기청의 사업조정을 거부하는 행정소송을 제기했다. 대기업이 정부의 사업조정 자체를 거부하는 행정소송을 낸 것은 이마트가 처음이었다. 피눈물이 나도록 이룬 사업조정 성과를 허무하게 날릴 것 같아 걱정스러웠다.

이마트는 행정소송을 낸 이유를 "트레이더스는 기존 이마트 매장을 리뉴얼한 매장이고, 이클럽은 개인사업자 누구나 이용 가능한 온라인 쇼핑몰일 뿐 도매업 진출이 아니다"라고 밝혔다. 이마트는 지역 상인들의 상생에 대한 염원은 무시하고 세상을 바보로 아는 듯했다.

이마트의 행태에 놀란 납품 상인들의 마음은 절망의 늪으로 빠져들었다. 납품 상인들에게 유일한 구원의 동아줄이었던 사업조정제도마저 무력화하는 이마트의 행위에 민주노동당은 논평까지 냈다. "이마트가 자율조정을 거부하는 것은 최소한의 상생협력조차 외면하는 것이며 이윤 추구를 위해서라면 중소상인들의 몰락은 아무렇지도 않다는 파렴치한 행위"라며 이마트의 행정소송 철회를 촉구했다.

1심 재판부인 서울행정법원 4부는 이마트가 중소기업청장을 상대로 낸 사업조정 개시 결정 취소청구소송에서 "이마트 트레이더스 서면점에 대한 사업조정 개시 결정을 취소한다"라고 원고 승소 판결을 내렸다. 이마트는 소송 과정에서 "이마트 부산 서면점을 리모델링한 트레이더스는 사업조정을 신청한 지역 상인들과 같은 도매업이 아니다. 매장의 리모델링은 사업조정 대상이 되는 사업의 개시 · 확장으로 볼 수 없다"라고 주장했다. 1심 법원은 이 같은 주장을 받아들여 이마트의 손을 들어줬다.

이마트가 중소기업청의 사업조정개시 결정을 피해 나갈 수 있는 재판 결과였다. 이 상태로 끝난다면 사업조정제도가 너덜너덜한 법이 될 것은 자명했다. 중기청은 1심 패소 이후 무기력해져 항소를 포기할 태도를 보였다. 나는 만약 항소를 포기한다면 중기청장 퇴진 운동도 불사하겠다고 중기청을 압박하며 항소할 것을 적극적으로 설득했다.

중기청의 항소 후 서울행정고등법원에서 2심 재판이 열렸다. 나는 피고의 보조참가인 자격으로 재판에 참석했다. 그동안 협회에서는 재판에 필요한 자료를 충실히 모아 중기청에 보냈다. 중기청은 이마트가 소매에서 도매 영업 방식으로 전환한 후 늘어난 도매 매출 자료를 재판부에 제출했다. 1회 구매 시 30만 원 이상 구입하는 고객이 급증했다는 자료도 있었다. 이 같은 고객은 식당이나 슈퍼마켓을 운영하는 소상공인일 가능성이 굉장히 높았다. 대량 구매 고객이 2~3배 이상 늘었다는 것은 도매 영업이 크게 증가했다는 실질적인 증거였다. 실제 매장에 진열된 상품은 참치캔(1880g), 밀가루(20kg), 세제(9L), 양송이(2840g), 죽순

(2800g) 등 대용량 식품 제품이 대부분이었다. 이들 제품은 가정용 제품인 참치(100g)나 밀가루(1~3kg)보다 10배 이상 용량이 커 업소용으로 분류되고 있다. 가정에서는 도저히 사용할 수 없는 대용량이었다.

동의대 박봉두 교수는 "대형 유통업은 대형마트에서 트레이더스 같은 창고형 할인점과 온라인 쇼핑몰인 이클럽으로 변천하는 과정에 있다. 이는 각각 별개의 사업으로 봐야 한다. 이마트와 트레이더스가 똑같은 업태라면 무엇 때문에 영업방식은 물론 매장 이름까지 바꾸겠느냐"라고 반문했다. 대부분의 판매가 소매 판매라는 이마트의 주장은 눈 가리고 아웅하는 꼴이었고 대기업답지 않은 얕은 술수였다.

결국 서울행정고등법원은 이마트가 제기한 사업조정 개시 결정을 취소해달라는 1심의 이마트 승소 판결을 뒤집고 우리 측인 중기청의 승소 판결을 내렸다. 중기청이 중소상인 보호를 위해 내린 이마트 트레이더스 부산 서면점에 대한 사업조정 개시 결정은 정당하다는 법원의 판단이었다. 1심 패소 후 중기청의 정원탁 사업조정팀장은 항소심에서 "사업조정 개시 결정이 행정 처분의 효력 발생이라고 할 수 없다"라며 대기업이 사업조정 자체를 거부하기보다 중소상인과의 상생 방안을 찾길 원했다.

기존 대형마트를 리모델링해 창고형 할인점으로 재개장한 것도 사업조정 대상에 포함된다고 판단한 중기청의 손을 들어준 최초의 법원 판결이었다. 앞으로 대형마트 간판만 바꾸어 창고형 할인점 사업에 진출하려던 대형 유통업체들의 업종 변경에 제동이 걸린 것이었다. 이 판결은 규제에서 벗어나 있었던 대형마트의 창고형 매장과 온라인몰을 처음으로 사업조정이라는 제도권 내에 포함시켰다는 데 의미가 있었다. 또한, 중소도매업도 전통시장이나 동네 슈퍼마켓 같은 소매점처럼 대기업의 진출로 인해 피해를 보는 업종으로 인정받았다는 것도 큰 성과였다.

우리는 실로 엄청난 일을 해낸 것이었다. 나는 "이마트 측이 항소심에서 패소해 더 이상 사업조정을 거부할 명분이 없어졌다. 부산이 이클럽에 대한 사업조정을 할 수 있는 유일한 지역이기 때문에 대기업의 도매사업 장악을 막아낼 마지막 보루였다"라고 말했다.

중기청의 중재로 극적으로 자율적인 두 가지의 상생합의안을 도출했다. 먼저 합의된 상생안은 이마트 트레이더스 서면점이 중소상인들이 반발하고 있는 도매 영업을 하지 않겠다는 내용이었다. 이마트는 지역 중소 유통업체들의 주요 고객인 소매점이나 식당 등을 상대로 직접 물품을 대량 공급하는 도매형태 영업을 하지 않기로 합의했다. 이후 이마트 에브리데이 리테일 부사장이 나온 대전 중기청 본청의 자율조정회의에서 이클럽의 사업조정 또한 2년여 만에 결실을 보며 상생합의서를 어렵게 도출했다. 주요 내용은 우유 · 햄 · 두부 등 500가지가 넘는 제품을 이클럽을 통해 3년간 일일배송하지 않기로 합의하며 극한 대립을 끝냈다.

이마트 측은 "중소상인과 상생하겠다는 생각을 버린 것은 아니었는데 사업조정 대상이 맞는지에 대한 의구심이 있어 소송을 이어왔던 것"이라며 "더 이상의 대립은 이득이 없다는 판단 아래 대법원 판결까지 가는 대신 중소상인들이 직접 피해를 보는 일부 품목 취급은 자제하기로 합의했다"라고 밝혔다.

하늘은 스스로 돕는 자를 돕는다고 했다. 우리는 우리 손으로 시장을 지켜낸 것이었다. 마침내 도매업을 지킨 것이었다.

우리가 지키려고 하는 것은 사람

재판장에 있던 방청객들은 증인석으로 뚜벅뚜벅 걸어 나가는 김영태 사장을 숨죽여 보고 있었다. "양심에 따라 숨기거나 보태지 아니하고 사실 그대로 말하며, 만일 거짓말을 하면 위증의 벌을 받기로 맹세합니다." 김 사장은 이마트타운 연산점 행정소송 항소심 5차 변론에 증인으로 나와 선서문을 결기 있게 외쳤다.

연제구 유통업상생발전협의회의 위원인 그가 연제구청의 이마트타운 연산점 영업등록허가 당시 해당 협의회의 때 어떤 일이 있었는지 밝히고자 증인석에 자진해서 앉은 것이었다. 이마트타운 영업등록인가 조건으로 이마트와 상인회 사이에 금전적인 결탁이 있었다는 것은 공공연한 비밀이었다. 그를 증인으로 채택한 우리 측 변호인 질문의 답변이 끝나자 상대인 연제구청과 이마트 측의 변호인들이 무려 서른 개가 넘는 많은 질문을 속사포처럼 퍼부었다. 재판의 흐름을 자신들에게 유리하게 이끌려고 인신공격성 질문까지 서슴지 않았다.

그들은 김 사장 회사의 법인 형태와 매출을 들먹이며 중형급 소매점들도 전통시장을 위협하는데 유독 이마트에게 상생을 주문하는 이유를 모르겠다는 투로 비아냥거렸다. 이마트 변호인의 유도 질문은 서울 대형로펌의 수준이 이 정도밖에 안 되나 싶을 정도로 실망스러웠다.

하지만 그는 당당하게 "우리는 최저임금을 1만 원으로 올리는 것도 찬성한다. 또한 중형급 소매점들도 휴무일을 정해 전통시장을 보호해야 한다고 생각하고 있다"라며 코흘리개 과잣값 마저 싹쓸이하는 대기업의 무분별한 골목상권 진입을 나무랐다. 돈만 아는 대기업과 고객과의 소통, 거래처와의 상생을 목표로 하는 자신은 추구하는 가치가 다르다고 강조했다. 상대 변호인들이 그에게 질문을 쏟아낼수록 자기 꾀에 자기가 넘어가는 것처럼 보여 속이 다 시원했다.

그는 이마트타운 연산점 입점저지 비대위의 공동위원장을 맡았다. 비대위는 협회와 함께 상인 101명으로 원고를 구성해 2017년 8월 말, 연제구청을 상대로 이마트타운 연산점 영업등록을 취소해달라는 행정소송을 부산지방법원에 제기했다. 1심 재판부는 6개월 만인 이듬해 2월, 납득하기 힘든 사유로 연제구청의 손을 들어주었다. 재판부는 "유통업상생발전협의회 일부 위원이 대표로 있는 전통시장에 이마트가 발전기금을 기부한 것은 사실이나 점포 개설등록에 찬성하는 대가로 받았다고 인정할 만한 자료가 없다"라고 기각 이유를 밝혔다. 실질적인 사실관계는 살피지 않고 절차적 타당성만 판단의 근거로 삼은 재판부의 판단은 수박 껍질만 보고 속을 판단한 것이었다.

방청객으로 있던 한 상인은 "주심 재판장의 태도를 보니 이미 답은 정해져 있었다. 짜놓은 각본이라 우리가 절대 이길 수 없다"라며 재판부에 대한 강한 불신을 털어놓았다. 법은 멀리 있고 가진 자의 편이라는 말이 맞았다. 영세 상인들이 전국에서 처음으로 유통대기업인 신세계 이마트를 상대로 행정소송에서 자웅을 겨루고자 했으니 누가 봐도 비웃을 수밖에 없는 게임이었다. 어쨌든 패소를 하니 상인들의 실망감은 말할 수 없을 정도였다. 내가 행정소송을 하자고 처음으로 말했을 때 많은 상인들은 "법은 있는 자의 편이기에 해봐야 엄청난 패소 비용만 떠안을 뿐이다"라며 승산 없는 재판이라고 말렸다.

게다가 복합쇼핑몰의 입점으로 집값이 오르는 것을 반기는 일부 주민들은 대놓고 이마트타운 입점을 찬성했다. 입점 반대 단식을 다루는 기사의 댓글에도 단식을 이마트의 돈을 얻어내기 위한 수단으로 치부하는 글이 올라오기도 했다. 하지만 협회는 발전기금이란 명목 아래 행해지는 일부 상인 단체들과 대형마트의 음성적인 자금거래를 더는 묵인할 수는 없었다. 대형마트에서 받는 그 기금은 인근 상인들의 생존과 후세들이 먹고살 미래의 시장을 팔아먹는 대가라는 것을 알려줄 필요가 있었다. 잘못된 구청장의 영업등록 인가로 상인들의 생존권이 짓밟히는 것을 내버려둘 수는 없었다. 그러나 많은 상인들은 재판으로 부담해야 할 뒷감당을 두려워했다.

그때 김영태 비대위 위원장이 나섰다. "지금 협회마저 포기하면 더 이상 누구도 대형마트로부터 우리를 지킬 수가 없다. 설사 재판에서 지더라도 끝까지 우리의 결연한 의지를 보여주자. 행정소송에서 지고 난 이후의 뒷감당보다 아무것도 하지 않은 채 모든 것을 잃고 난 다음의 뒷감당이 더 무섭다." 이렇게 시작된 행정소송이었다. 1심 패소의 충격은 예상 외로 컸지만 물러설 수는 없었다. 다시 1심 재판 결과에 대해 항소를 할 것인가의 고민이 생겼다. 협회 사무처에서는 연일 회의를 열었지만 1심 변호를 맡았던 변호사도 항소심에 대한 자신감이 없었다. 항소심에서도 패소한다면 엄청나게 커진 재판 비용을 어떻게 감당해야 할지도 고민거리였다. 쉽게 결정을 낼 수가 없었다. 협회 임원들을 만나며 머리를 싸매고 다니던 어느 날이었다.

김 위원장은 "처음 이마트타운이 들어온다고 말할 때도, 회장님이 행정소송을 제기해야 한다고 할 때도, 입점을 막아낼 가능성이 1%가 안 될 수도 있다고 봤다. 그러나 우리가 할 수 있는 것은 끝까지 하자고 했다. 사실 지금까지 온 것도 역사적인 일이다. 이 마당에 무엇인들 하지 않을 이유가 있겠느냐?"라며 항소심을 해야 한다고 강변했다.

협회는 이후 1심 판결에 대한 항소를 제기했다. 그리고 항소심 5차 변론의 증인으로 그가 나선 것이었다. 항소심 5차 변론이 끝나고 변호인과 함께 커피를 마시는 자리에서 그는 "혼자만 잘되려고 해서는 안 되는데, 서민들의 밥그릇을 뺏는 우리나라 대기업이 꼭 그렇다"라고 했다. 자신이 열사나 투사는 아니지만 지금 협회가 하는 일은 서민들이 살기 위한 밑거름이 된다고 했다. 다들 고개를 끄떡였다.

그는 대기업인 한화에서 10년 가까이 근무했다. 고졸 출신이지만 타의 추종을 불허하는 매출을 달성하며 능력을 인정받았다. 그러나 학벌 위주의 사회에서 대졸 출신보다 승진에서 밀리자 한계를 느끼게 됐다고 했다.

IMF 때 한화 영남사업부가 철수되면서 부산백화점 식품매장을 수수료 매장으로 운영하게 되었다. 당시 그 자리는 1년 8개월 뒤 허물고 아파트 건설이 예정되어 있던 상황이라 누구도 달려들지 않았다. 무일푼의 그였지만 식품부의 담당으로 이미 주변 상권을 파악하고 있었고, 거래처 사장들에게 얻은 신뢰가 재산이었다. 배경이나 가진 것은 없지만 단품 하나라도 소홀히 하면 성공할 수 없다는 철학과, 현장에서 부딪치며 배우고 깨달은 유통 지식을 가지고 있었다.

그는 식품매장을 과감하게 인수해 한양스토아라고 회사 이름을 지었다. 사람이 무엇보다 중요하다고 여겨 사훈을 '복지가 최고'로 정했다. 직장 생활을 하는 동안 회사가 직원들을 오로지 판매 도구로만 사용한다고 뼈저리게 느꼈기 때문이었다. 그는 일 년에 두 번 체육행사를 열었고, 연말 송년의 밤 행사에는 거래처를 초청해 함께하는 등 소통의 계기로 삼았다. '부추 속에 풀을 넣어 팔면 한 번은 속고 넘어가지만 두 번은 속지도, 다시 사러 오지도 않는다'는 마음으로 고객에 대한 정직과 신용을 불변의 사업철학으로 여겼다.

뻔한 재판 결과에 겁을 먹고 포기한다면 골목상권의 빗장이 열리는 상황이라 그의 적극적인 동참은 무엇보다 큰 힘이 되었다.

김영태 비대위원장은 협회도 주저했던 항소심을 반드시 해야 한다고
우리를 독려했고, 사람들이 기피하는 재판 증인으로까지 참여하여
이마트타운 연산점 입점 저지에 힘썼다.

더구나 사람들이 기피하는 재판 증인으로까지 참여해 그가 지키고자 했던 가치가 무엇이었는지 보여주었다. 그는 가진 부지를 건설업체에 넘기면 자신은 살 수 있지만 많은 직원들이 갈 곳이 없다고 늘 입버릇처럼 이야기했다. 재판의 증인이 되어 지키고자 했던 것은 회사에 근무하는 가족 같은 직원들이었다. 그는 "누군가가 한 발만 내밀면 그는 결과에 편승하려는 사람이다. 그러나 양발을 다 내밀어 참여하면 다소 위태로울 수는 있어도, 마음속에 올바름이 있다면 결코 위험하지 않다"라고 말한다. 세상을 움직이는 힘은 그와 같은 열정적인 동참과 참여에서 비롯되는 것이다.

길어지는 재판 중에도 이마트타운의 공사는 계속되고 있다. 그렇지만 우리는 이 싸움을 포기할 수가 없다. 우리 사업체와 식구와 같은 직원들의 일자리를 지켜야 되기 때문이다.

입점 수단으로 탈바꿈한 상권영향평가

산업통상자원부와 상권영향평가서* 지침을 마련하기 위한 마지막 회의가 2018년 12월, 대한상공회의소에서 열렸다. 우리 쪽은 나와 김영석 사무처장, 인천대 유병국 교수, 신규철 (사)전국중소유통협회 상임이사였다. 산업통상자원부 측에서는 유통물류과장과 사무관 그리고 용역을 맡은 교수들이 참석했다. 산자부 관료들은 상권영향평가서를 실로 놀라울 정도로 대기업 편향적으로 해석했다. 회의 도중 툭툭 나오는 말에서 그동안 그들이 얼마나 대기업 쪽 관점에서 업무를 보고 있었는지가 역력하게 보였다.

거기에 비하면 2017년에야 청에서 부로 승격된 중소벤처기업부의 역량이 걱정스러울 정도였다. 대기업과 중소기업 간 첨예한 대립이 발생했을 때 중기부는 산자부에 맞서며 당당해질 수 있

* 대규모점포 등의 신규 출점, 점포 소재지 변경, 매장 면적을 10% 이상 확장, 대형마트나 복합쇼핑몰 등 업태를 변경할 때 의무적으로 제출해야 하는 문서. 상권영향평가서에는 사업 개요와 상권영향 분석 범위, 인구통계 현황, 전통시장, 전통상점가, 소매점 등 기존 사업자 현황 및 종합적 분석을 포함해야 한다.

을까 의심스러웠다. 유통산업발전법(유통법) 개정 시 지식경제부(현재 산자부) 산하 기관이었던 중기청은 계속 지경부 눈치를 살피곤 했다. 큰집 눈치 보는 작은집 처지였다.

2013년 유통법 개정 당시 상권영향평가를 도입한 취지는 대형마트 입점에 의한 중소상인의 피해를 막고자 함이었다. 그런데 산자부 관료들은 대기업 간의 피해를 줄이고자 도입되었다고 해석했다. 그 말을 듣는 순간 피가 거꾸로 솟는 것 같았다. 단식까지 하며 유통법 개정을 끌어냈던 나로서는 도저히 넘어갈 수가 없었다. 내가 "대기업 간 피해를 줄이기 위해 상권영향평가를 도입했다니 도대체 국가가 왜, 그리고 어떻게 그 피해를 도와줄 것이냐"라고 물으니 그들은 선뜻 대답을 못 하며 당황스러워했다.

심지어 산자부 관료들은 복합쇼핑몰을 운영하는 거대기업과 중소상인이 경쟁 관계라는 발언까지 했다. 혹시 내가 잘못 들은 것은 아닌지 귀를 의심할 정도였다. "어떻게 중소상인이 거대 기업의 상대가 되느냐"라며 호되게 나무라니 잘못 표현했다며 이번에는 '매칭 대상(matching target)'이라고 말을 바꾼다. 엎어치나 매치나라는 표현처럼 이러나저러나 같은 말이 아닌가.

우리는 대형마트 상권영향평가가 미치는 범위가 3km이니 이마트타운 같은 복합쇼핑몰은 범위를 10km 정도로 확대해야 한다고 주장했다. 하남 신세계 스타필드, 파주 첼시 아울렛이 입점한 뒤 5~10km 내외 상권에 있는 중소상인들의 피해가 가장 컸다고 말했다. 그러나 산자부 관료들은 공간적인 범위 확대는 법적으로 문제가 생긴다며 펄쩍 뛰었다. 피해 대상을 현재의 전통시장과 소매점에서 납품업체를 포함한 전반적인 대상으로 확대하는 것에는 동의했지만 나머지 사안은 사사건건 충돌했다. 특히나 대형마트나 복합쇼핑몰 입점에 긍정적인 논문을 여러 편 발표했던 교수가 맡았던 상권영향평가지침 용역은 도저히 인정할 수 없었다. 결국 우리는 산자부의 진정성을 믿을 수 없다며 자리를 박차고 나왔다.

돌아오는 길 내내 산자부는 산하기관이 많아 퇴직 후가 더 따뜻하다거나 산자부 출신들이 기업에 진출하여 CEO 자리를 다수 차지하고 있다는 기사가 머릿속에서 맴돌았다. 대기업의 역할과 역량만을 내세우는 산자부 관료들의 생각을 확인하고 나니 우리나라 중소기업의 앞날이 썩 밝아 보이지 않았다.

상권영향평가서 제출은 2013년 3월 개정된 유통법 발효로 의무화되었다. 시행령에는 상권영향평가서 및 지역협력계획서를 제출받은 지자체장은 관련법에 따라 유통업상생발전협의회(협의회)에서 평가서 등을 검토한 의견을 청취하도록 했다. 그러나 대부분의 협의회는 해당 평가서 심의를 제대로 하지 못했다. 입점 대기업의 입맛에 맞게 작성한 평가서를 바탕으로 지자체장들은 고용 창출 효과를 부풀리며 홍보하는 수단으로 사용했다. 전국 어디서도 제대로 된 평가서가 나올 리 만무했다.

2017년 문재인 정부가 들어서면서 중소기업청이 중소벤처기업부로 승격됨에 따라 중견기업 관련 사무도 이관됐다. 그러나 유통법의 시행령에 의한 상권영향평가서는 여전히 산자부에서 다루는 사안으로 남았다. 유통법에 따르면 산자부 장관은 지자체장으로부터 대규모 점포 개설등록 시 대기업 유통업체의 상생 협력에 관련된 신고 현황을 보고받아야 한다. 하지만 2018년 국감 때도 산자부 장관은 상권영향평가서와 지역협력계획서 제출 시기 등 현황 자료를 파악하고 있지 않았다고 지적당했다. 산자부 장관은 상권영향평가서와 지역협력계획서를 첨부 서류 중 하나로 보았기 때문에 의무 보고사항으로 보기 어렵다는 말도 안 되는 논리를 내세우며 책임을 면피하기 바빴다.

유통 대기업이 대규모 점포를 신규 입점하거나 매장을 확대할 때, 의무적으로 지자체에 제출하게 되어 있는 상권영향평가서를 당사자인 유통 대기업이 스스로 작성하면 아무 실효성이 없다. 실제로 이마트타운 연산점 입점 시 제출한 상권영향평가서는 사업 주체인 이마트의 홍보 전단지나 다름없었다. 지역 경제나 중소상인의 피해 등 부정적인 부분은 거의 기술하지 않았다. 신세계는 연제구에 제출한 상권영향평가서에서 이마트타운 연산점이 들어서면 소비의 외부 유출 제한과 집객 효과가 높아져 주변 상권이 활성화된다고 했다. 550명 신규 일자리 창출이라는 긍정적인 효과가 있다고만 했다. 연제구도 똑같은 논리를 폈다.

하지만 부경대 글로벌물류연구소는 이마트가 두 차례 제출한 상권영향평가서와 지역협력계획서를 분석한 결과, 이마트타운 연산점이 입점하면 지역상인 연간 매출이 1조 3747억 원이나 줄고 상인과 종업원을 포함해 실업자 5000명이 발생한다고 밝혔다. 또한, 이윤과 납품 대금 외부 유출로 지역 경제 활성화를 기대할 수 없고, 고객들이 주변 상권에서 소비할 가능성이 없다고 했다. 물류연구소는 "연제구가 긍정적으로 보는 고용 효과에 대해서는 일자리를 잃은 주민을 대체하는 신규 일자리 창출로 보기 힘들다"라고 평가했다. 연구소는 "550명의 고용 등 지역 협력으로 얻는 효과는 2만 7000명에 이르는 도소매 종사자들에게 미치는 피해에 비해 매우 미미하다고 했다"라고 발표했다. 이 분석 결과는 이마트타운 입점 허가 주체인 연제구가 밝힌 고용 창출 효과와 정면으로 배치되는 것이다.

유명무실한 상권영향평가서와 지역협력계획서가 대규모 점포 입점의 수단으로 바뀌며 중소상인들을 몰락시키고 있다. 이대로는 안 된다. 작성 주체를 유통 대기업이 아닌 지자체나 제3의 전문기관으로 하여 객관성을 확보하고, 상권영향평가서에 지역 상권의 매출과 고용감소 등의 종합적 분석이 반드시 포함될 수 있도록 해야 한다. 국토부의 교통영향평가 지침처럼 상권영향평가를 지침으로 구체화할 필요가 있다. 무엇보다 중요한 것은 유통산업발전법과 분리한 유통균형발전법을 제정하여 상권영향평가 등을 중기부에서 다루어야 한다는 점이다.

중소기업청이 왜 대기업 편을

2011년 10월 20일, 정부대전청사에서 국회 지식경제위(이하 지경위)가 중소기업청(이하 중기청)*에 대한 국정감사를 벌였다. 도매·납품업체를 보호할 유일한 길은 국정감사밖에 없었기에 무려 1년 6개월을 어렵게 준비하며 이날이 오기만을 기다렸다.

참으로 기가 막힌 사건은 2010년 5월, 중기청이 신세계와 업무협약을 맺으며 벌어졌다. 신세계가 동네 슈퍼마켓에 납품하는 도매·납품 상인들을 대신해 물건을 직접 대주기로 하는 내용이었다.

이마트가 SSM 가맹점 사업을 추진하다 중소상공인의 반발로 진출이 힘들어지자 방향을 바꾸어 동네 슈퍼마켓을 상대로 도매업 사업에 본격적으로 진출한 것이다. 이마트 서면점은 창고형 할인매장 '트레이더스'로 리뉴얼 공사를 하면서 부산지역 150여 소매 점포와 물품공급 계약을 맺었다.

---

* 중소벤처기업부로 2017년 7월 승격.

결과적으로 중기청은 신세계가 동네 슈퍼마켓 점주와 물품공급 계약을 맺어 영세 도매상인들을 줄도산으로 내몰도록 가교 역할을 한 셈이었다. 도매 · 납품업자들은 피가 거꾸로 솟을 지경이었다. 자신들을 보호해야 할 중기청이 도리어 비수를 꽂는다며 난리가 난 것이다.

신세계 이마트의 도매업 진출에 대한 중기청의 잘못된 대응으로 빚어진 사태 해결을 위해 국정감사의 참고인 겸 증인 자격으로 중기청 대전청사에 도착했다. 들어가면서 지경위 소속인 부산의 한 국회의원을 만났다. 그는 국정감사 준비를 하면서 자신과 소통하지 않은 데 대한 서운함을 비쳤다. 나는 순간 "부산의 영세 납품업자들이 피눈물을 흘리고 있는데 국회의원이 문제 있는 곳을 먼저 찾아가지 못하는 것이냐"라며 매몰차게 쏘아붙이고 말았다. 어색한 분위기의 정적이 흘렀다. 많은 사람이 지켜보는 가운데 그가 당황하는 모습이 역력했다. 중기청 국정감사는 전국유통상인연합회* 차원에서 준비하고 있었지만 부산에서는 어느 국회의원도 신경을 쓰지 않아 그만 서운함이 터져 나온 것이다. 우리의 어려운 처지 때문에 상대방 입장을 배려하지 못한 미숙한 처신은 지금까지도 후회가 된다.

중기청 국정감사 열기는 그야말로 대단했다. 26명의 지경위 위원이 ㄷ자 모양의 책상 주변으로 앉았다. 정중앙에 당시 김동선

* 전국 중소도매상인들과 슈퍼마켓, 전통시장 상인 등 3600여 명 회원으로 시작되어 이후 중기부에 전국중소유통상인협회로 인가된 상인 조직.

중기청장과 참고인 자격으로 내가 나란히 앉았다. 내가 속한 단체와 직위, 이름 그리고 그동안의 행적이 적힌 프로필이 눈에 띄었다. '이런 정보를 수집하는 시간에 차라리 무엇이 절박한지 물어나 보지'라며 원망이 밀려 왔다.

국정감사가 시작되면서 지경위 소속 여야 의원들은 "중소기업청이 아니라 대기업청"이라며 대기업 독식에 대한 중기청의 소극적 대응을 강하게 질책했다. 야당의 한 의원은 "이마트 대형물류창고 판매시설은 이마트 트레이더스로 공격적으로 바뀌어 추진되었다. 지역 도매업자들의 생존권은 벼랑 끝에 내몰렸고 이마트와 중기청의 약속은 공염불이 되었으니, 대기업에 중기청이 한 방 먹은 꼴이다. 결국 신세계와 1년 4개월 전 맺은 협약은 결과물이 없고, 대기업에 선의를 기대했던 중기청이 만들어낸 희망사항일 뿐"이라고 지적했다.

나와 입씨름을 했던 그 의원도 "중기청이 신세계 이마트와 MOU를 작년에 체결했다. 농산물은 농협, 공산품은 대형마트를 통해 구매하는 물류체계를 만들었다. 그러나 이마트가 온라인 직거래를 하면서 영세 도매상들이 도산 위기에 놓였다. 혈세로 나들가게*를 1만 개까지 늘린다는데 이것마저 대기업의 먹잇감으로 만들 것이냐? 정부가 이를 주도하고 있다는 데 경악을 금치 못한다"라며 개탄했다. 중기청장은 애초 체결한 MOU는 그런

---

* 매장면적 300m² 이하 동네 슈퍼마켓에 대한 중기청 지원사업. 원래 스마트숍(smart shop)이라는 명칭이었으나, 2009년 12월 나들가게로 변경되었다.

모델은 아니었고 물류체계 MOU와 온라인 판매는 별도라고 해명했다.

도중에 한 의원이 지난해 중기청장과의 면담에서 이마트 도매업 진출은 사업조정이 가능하다고 약속했다는 나의 증언을 끌어내 주었다. 나는 "저 같은 소상공인을 아이라고 하면 중기청장은 아버지라고 할 수 있습니다. 그런데 이분을 아버지라고 부를 수 없습니다. 도매업체가 사업조정의 신청 대상인지 아닌지의 답을 아직도 듣지 못했으니 중기청장을 어떻게 신뢰할 수 있을까요?" 라고 목소리를 높였다.

국정감사에서 여야 국회의원들은 이마트 트레이더스에 대한 중기청의 적극적인 사업조정을 주문했다. 이에 대해 중기청장은 이클럽에 대해서는 사업조정대상 여부를 검토 중이며, 트레이더스 서면점은 도매업 진출 내용이 확인된다면 대구의 비산점과는 별개로 신청을 받아들여 조정하겠다고 약속했다.

그동안 대기업 입점으로 피해를 방지하기 위한 사업조정대상에 소매업체만 해당하였고, 납품하는 도매업체의 피해를 최소화할 방법은 전무했다. 드디어 사업조정대상에 도매업이 포함되는 첫 사례가 되는 순간이었다. 너무 감격스럽고 자랑스러웠다. 추석을 앞두고 열흘 동안 장사도 접은 채 차량시위를 하던 많은 납품업자의 눈물짓던 얼굴이 파노라마처럼 그려졌다.

만약에 국정감사에서 대기업의 도매사업을 다루지 않았고 사업조정대상이 되지 않았다면 어떤 결과가 나왔을까? 동네 중소소매업체의 생계는 틀림없이 벼랑 끝으로 몰렸을 것이다.

중기청과 신세계의 업무협약은 영세 도매업체의 엄청난 피해를 모르고 진행한 중기청의 탁상행정 탓일까, 아니면 정부조차 파트너십으로 만드는 대기업의 뛰어난 사업 수단 탓일까.

건축허가 반려했다고 아파트 경매처분?

울산의 중소상인들은 자신들과 같은 서민들을 보호하려던 윤종오 전 북구청장의 아파트가 경매에 넘어가게 생겼다며 걱정이 태산이다. 기자회견장에 있던 울산 슈퍼마켓 협동조합의 차선열 이사장은 "건축허가를 반려해 중소상인들을 보호하려고 한 구청장의 아파트를 경매 처분한다는 것이 말이 되나? 윤종오 전 북구청장이 외국계 대형마트 코스트코의 건축을 보류시킨 것은 주민 뜻대로 한 결정이었다"라며 분노에 찬 목소리로 발언했다. 코스트코 구상금을 면제해달라는 울산발 요구가 상인들 사이에서 전국으로 들불처럼 번졌다.

울산시 북구 진장동에 위치한 외국계 대형마트 코스트코가 2012년 8월 문을 열기 전, 당시 윤종오 북구청장은 중소상인들을 보호하기 위해 자신의 구청장직까지 걸었다. 땅 주인들이 모인 진장유통단지조합(진장조합)은 대형건물을 지어 코스트코에게 임대할 목적으로 건축허가를 신청했다. 윤 구청장이 영세상인 보호 등을 이유로 건축허가를 반려하자 진장조합은 울산시 행정심판위원회(행심위)에 행정심판을 청구했다. 행심위에서 건축을 허가하라는 결정이 떨어졌지만 윤 구청장은 건축허가를 거부했다. 윤 구청장이 세 번이나 반려했지만 결국 행심위의 직권으로 허가가 났다. 이후 진장조합은 윤 구청장과 북구청을 상대로 민사소송을 제기했고 법원은 "행심위의 결정에 따라 건축을 허가할 법률상 의무가 있는데도 불구하고, 건축허가를 반려한 것은 구청장의 직권을 남용한 것"이라며 3억 6000만 원을 배상하라고 판결했다.

법원의 판결에 따라 북구청은 배상금과 이자 등 5억 700만 원을 조합에 지불한 뒤 윤 전 구청장을 상대로 구상권 청구소송을 제기했다. 1심 법원은 윤 전 구청장에게 구상금의 20% 책임을 물어 1억 140만 원을 결정했으나 2심 법원은 윤 전 구청장의 책임을 크게 물어 구상금의 70%인 4억 600여만 원으로 판결했다. 허가를 늦게 내줘 대형마트 측이 손해를 봤으니 돈을 물라는 식의 판결은 문제가 있었다. 이러면 앞으로 어느 지자체장이 소신을 가지고 중소상인들을 보호하려 들까. 전국 상인들은 이 판결이 법원의 지나친 확대 유추해석이라며 비난했다.

중소상인들로 구성된 구상금 청산 대책위원회는 울산 북구청이 윤 전 구청장의 구상금 전액 면제를 위해 중앙정부와 논의할 것을 강력히 요청했다. 울산 북구청은 구상금 면제에 대한 전례가 없다면서도 중앙정부와 협의하겠다고 발표했다. 울산지역 중소상인과 주민들은 아파트까지 경매로 넘어가게 된 윤 전 구청장을 위해 을들의 연대와 북구대책위원회를 조직하고 구명운동에 나섰다. 북구 주민 등 총 1만 1257명이 구명운동에 동참했다.

이들은 여당의 중앙당이나 행정안전부의 법률 검토를 거쳐 북구의회 의결로 구상금 면제가 가능하다는 걸 찾아내 북구의회에 구상금 면제 청원을 하기에 이르렀다. 결국 북구의회는 2018년 12월 21일, 코스트코 구상금 면제 청원을 통과시켰다.

지역 상인들은 만세를 부르며 자기 일인 듯이 기뻐했다. 드디어 그의 아픔을 조금이라도 해소할 수 있어서 다행이다 싶었다. 아파트 경매에 이르게 된 지난 6년 동안 그가 당했을 고통을 생각하면 그와 얼굴을 마주하기조차 힘들었다. 괜히 우리 때문에 그런 일이 생긴 거다 싶어 미안했다. 사실 전국적으로 그의 구명 모금 운동을 하자는 제안이 나왔을 때 울산 상인들은 이전 구청장이 구상권을 청구한 걸 인정하는 꼴이니 신중해야 한다고 했다. 만약에 중앙정부와 여당이 윤 전 구청장의 구명운동에 나서지 않는다면 골목상권을 보호하고자 하는 마음이 없기 때문이라고 여길 수밖에 없었다. 그래서 울산 북구 기초의회가 결자해지 했다는 점이 다행스러웠다.

마무리 수순에 들어갈 줄 알았던 그의 구명에 적신호가 켜졌다. 2019년 1월 9일, 울산 현 이동권 북구청장이 북구의회가 가결시킨 윤종오 전 북구청장에 대한 4억 600만 원의 구상금 면제 청원을 거부한 것이었다. 이 구청장은 입장문을 통해 윤 전 구청장의 구상금 채권은 사법부인 대법원에서 행정부인 구청장의 직권남용을 심판한 사안이라고 말했다. 그는 입법부인 북구의회가 사법부의 판결을 거스르는 의결을 한 것이라며 자신이 정무적으로 그의 구명에 대한 판단을 할 수 있는 여지가 없다며 결재를 거부해버렸다.

이전보다 문제가 더 꼬여버렸다. 윤 전 구청장에게 돈을 청구한 이가 다름 아닌 새누리당 소속의 후임 구청장이었다. 그런데 이번에 그의 아파트를 경매 처분하려는 이는 선거로 바뀐 민주당 소속 구청장이었다. 상인들은 윤 전 구청장이 거액을 물게 된 구상권 청구 과정을 보며 기가 찼다. 말로만 친서민 정책을 펼친다고 하면서 지역의 중소상인들을 전혀 의식하지 않는 양당 구청장들의 모습에 분노하지 않을 수 없었다. 어떤 상인은 바뀐 민주당 구청장의 행동이 얼마나 답답했던지 이럴 바에는 상인당을 만들자는 이야기까지 했다.

나는 윤종오 전 구청장을 기자회견장에서 세 번 정도 보았다. 그는 정치인답지 않은 수수한 모습이었다. 그는 현대자동차 울산공장 현장에서 일하던 노동자 출신이었다. 노동운동이 정치의 벽을 넘지 못하는 것에 한계를 느껴 지방의원으로 나섰다고 했다. 북구의회 의원을 거쳐 두 차례 울산시의원을 지낸 뒤 2010년 지방선거에서 울산 북구의 구청장에 당선됐다. 그는 지역의 노동자뿐만 아니라 상인들에게도 인기가 많았다. 지방의원 시절부터 그의 의정 활동은 주로 대형마트 진출에 따른 중소상인들의 생계를 보호하는 것이었다. 구청장이 되고 난 직후 대형마트 허가를 반려하면서 아파트까지 경매에 잡히는 일련의 과정을 보며 나는 그가 어떤 정치철학을 가지고 있었는지 가늠할 수 있었다.

한번은 기자회견장에서 "대한민국에서 중소상인들의 삶을 지키는 것이 참으로 힘들구나 하는 생각을 합니다. 구청장에게는 소상공인 보호라는 책무가 있습니다. 대형마트의 영업 횡포에 신음하는 재래시장과 골목상권을 살리기 위해 제가 할 수 있는 최선의 결정은 더 이상의 대형마트를 허락하지 않는 것밖에 없었습니다"라고 말했다. 우리가 그를 반드시 지켜야 하는 이유가 그의 말 속에 있었다. 중소상인을 지키겠다는 소신이 있는 단체장들이 대형마트의 또 다른 횡포에 시달릴 수 있음을 그의 처지를 통해 우리는 확인했다.

기자회견 후 그의 모습은 지쳐 보였다. 구청장이 되고 보니 대형마트의 피해를 알면서도 허가를 내줄 수밖에 없는 현실이 참 안타까웠다고 했다. 자신 또한 구청장으로서 어떤 결정을 내리는 것이 주민의 삶을 지키는 올바른 결단인지 늘 심사숙고했다고 한다. 중소상인들이 고통받는 것을 알면서 잘못된 현실을 그대로 방치할 수 없어 지자체장에게 부여된 정당한 권한을 행사한 것이라고 말했다.

2019년 6월 25일, 윤 전 구청장 아파트 2차 경매 날을 이틀 앞두고 북구청은 경매를 취하하겠다고 했다. 다만 그에게 청구되었던 구상금 면제는 불발되어 을들의 연대와 성금을 모금할 것이라며 한발 물러나며 부당한 이 사태를 봉합했다.

대기업의 침투로 골목상권의 몰락이 급속히 진행되고 있는 시점에서 그의 구명운동이 우리 사회에 몰고 올 파장은 상당할 것이다. 이번 윤 전 북구청장의 문제는 대한민국의 골목상권이 처한 현실을 적나라하게 보여주고 있다.

상도 외치던 다윗, 청와대에 들어가다

2018년 8월 6일, 문재인 대통령은 청와대에 자영업비서관직을 신설하고 한국중소상인자영업자총연합회 인태연 회장을 임명했다. 자영업을 기업과 노동으로 분류할 수 없는 또 하나의 독자적인 산업정책 영역으로 본 것이다. 문 대통령은 중층과 하층 자영업자의 소득이 임금근로자보다 못한 현실을 우려했다. 소상공인들의 애로를 직접 듣고 문제 해결 방안을 현장에서 찾을 수 있는 현장 전문가를 임명한 것이었다. 자영업 비서관은 중소상공인과 청와대의 통로로 자영업 정책을 총괄·조정하는 역할이다. 해양수산부 김영춘 장관은 자영업비서관직 신설을 보고 "현재 농업과 어업을 총괄해 비서관을 두고 있는데, 우리나라는 해양수산 분야가 중요하니 해양수산부에도 비서관을 둬야 한다"라며 대통령에게 거듭 요청했지만 끝내 수락하지 않았다고 했다. 자영업을 향한 대통령의 마음이 어떤지가 읽힌다.

인 비서관의 일거수일투족에 시선이 갈 수밖에 없었다. 유통업계에서는 인 비서관의 평소 철학을 지적하며 대기업 규제가 강화될 것이라고 우려했다. 보수 언론들은 인 비서관이 활동한 상인 운동을 문제 삼으며 유통업계가 위축될 뿐 아니라 대기업 일자리까지 위협할 수 있다고 했다. 인 비서관은 대형유통 자본에 맞서 싸운 대표적인 중소상인이다. 인천 토박이로 부평시장에서 의류 매장 등을 운영하며 30년 넘게 자영업자로 살고 있다. 그는 주변에 대형마트와 백화점이 입점하면서 급격히 매출이 떨어져 자영업자들이 가게를 처분하고, 배우자들은 식당과 마트에 나가는 저임금 노동자가 됐다고 말했다. 한 언론과의 인터뷰에서는 대형유통 자본에 내몰린 중소상공인의 삶을 '경제적 아우슈비츠'라고 표현했다. 아우슈비츠 수용소는 독일군에 체포된 150만 명의 유대인들이 강제로 끌려가 굶주림과 고문을 당한 뒤 살해된 곳으로, 유대인 대량학살을 상징하는 말이다. 재벌 유통업체에 밀려 가게를 폐업 당하고 경제적으로 비참하게 사는 중소상공인의 삶을 그렇게 표현했다. 상인들은 직접 자영업을 하는 인 비서관이야말로 누구보다 현실을 잘 알고 있으니 자영업 문제를 해결할 적임자라고 보았다. 그의 성품을 말해주는 일화가 하나 있다. 인천 부평 문화의 거리에 '한 평 공원'을 만들 때의 일이다. 구청에서는 노점상들을 위한 햇볕과 비를 막아주는 차양 등 시설 설치를 반대했다. 하지만 그는 공동체적 운명을 강조하며 노점상을 챙겨서 시설 설치를 이끌어낼 정도로 의리가 있었다.

2006년부터 고 노회찬 의원과 벌인 카드수수료 인하 운동이 이듬해 겨울 대형마트 규제운동으로 발전하며 상인운동은 본격화됐다. 인 비서관은 인천 삼산동 롯데마트 입점에 반대하는 상인들을 모아 부평상인대책협의회를 발족하고 뒤에 인천상인대책협의회로 확대했다. 당시 그는 유통 재벌이 운영하는 마트의 이름을 '대형할인마트'가 아니라 '대형마트'로 불러야 한다고 주장했다. 그는 2008년에는 전국유통상인연합회(전유연) 공동회장을 맡아 대형마트 및 SSM 매장 입점 저지, 대기업 식자재 납품사업 저지, 남양유업 갑질 논란 등의 중소상인 운동을 이끌었다.

인 비서관은 2016년 10월, 산업통상자원위원회 국정감사의 참고인 자격으로 출석했다가 '상생기금이 불법'이라는 주영섭 중소기업청장의 발언에 깜짝 놀랐다고 했다. 현장에서 빈번히 일어나는 일이라 그조차도 불법이라는 점을 미처 인지하지 못했던 것이다. 그저 상생기금의 폐해가 심각하다는 의견을 전달하던 중 뜻밖의 대답을 들은 것이었다.

그는 "상생기금은 지역상인 사회를 분열시키는 독약이 될 수 있다. 상생기금은 지역 생태계를 죽이는 살생기금이다"라고 말했다. 영세 상인일수록 대기업보다 윤리 수준이 높아야 한다고도 주장했다. 그래야 대기업의 갑질에 떳떳하게 대응할 수 있다. 상인들이 대재벌과의 싸움에서 승리할 수 있었던 것은 상도(商道)의 철학이 있었기 때문이라고 늘 강조한다. 상도는 자신의 생존권 요구를 뛰어넘어 전체 자영업자의 운명을 지키고 비정규직 노동자, 청년들 모두와 연대해 사람답게 사는 세상을 만드는 힘이다.

2017년 11월, 부산에서 열렸던 만명상인궐기대회에서 전유연 공동회장이었던 그의 연설은 인상적이었다. "하루하루가 대한민국이란 세월호에 올라 탄 꼴이고, 하루하루를 포항 지진 속에 흔들리며 살아가고 있습니다. 하루도 안심할 수 없는 대한민국 그것이 우리 중소상인의 운명입니다"라고 했다. 누구보다도 자영업 현실을 잘 알고 잘 표현했다. 그는 재벌 유통업체와의 투쟁이 쉽지 않지만 이길 수 있으리라는 믿음으로 버텨왔다고 했다. "재벌들이 우리 곁에 다가와 칼끝을 들이대도 우리는 알지 못했고, 그것을 막아야 될 사람들이 그들과 한패가 될 때도 우리는 알지 못했습니다. 여러분이 찍은 지자체 단체장 중에 이 자리에 한 사람이라도 있습니까? 여러분의 손으로 원수를 비호하는 자들을 찍은 것입니다. 돌이켜보면 우리 상인 스스로가 어리석었기 때문에 이런 사태가 온 것입니다." 재벌 토호세력과 유착관계에 있는 정치권과 행정 권력을 향한 그의 날선 목소리는 하늘을 찌를 듯 쩌렁쩌렁 퍼져나갔다.

최저임금 인상의 후폭풍과 경기 침체에 모든 경제 활동이 위축된 듯하다. 상인들이 근시안적으로 자신의 호주머니 사정을 따지는 것은 어쩌면 당연하다고 하겠다. 최저임금 인상이 어느 정도 영향을 미쳤다고 볼 수 있지만, 최저임금 인상 탓만을 할 수 없는 현실에서는 구조적인 문제를 해결하는 것이 가장 중요하다. 청와대 입성 전에 그가 밝힌 내용은 이제 그가 풀어야 할 과제가 됐다. 이제부터가 중요하다. 중소상인에게 신뢰를 주고 반드시 맞춤형 정책을 만들 것을 간절히 소망한다. '을의 눈물'이 모이고 모여 '권리의 바다'가 만들어지기 바란다.

"대통령님 고맙습니다"

허둥지둥 뛰어오는 상인들은 오전 7시에 출발하는 서울행 버스에 오르며 숨이 차 헉헉거린다. 서울 광화문광장에서 열리는 전국상인대회에 참가하기 위해서였다. 부산에서 45인승 대형버스 8대와 봉고차 2대가 출발했다. 광화문에 집결한 부산 상인들은 10열 횡대로 '카드수수료 차별 철폐'라고 적힌 손팻말을 들고 대회장에 들어섰다. 사회자의 "부산 상인들이 입장합니다"라는 발언에 전국의 상인들은 연신 환호성을 질러댄다. 가장 먼 지역에서 온 부산 상인들이 마지막으로 위풍당당하게 입장한 것이다.

전국 20여 중소상인 단체와 함께 출범한 '불공정한 카드수수료 차별 철폐 전국투쟁본부'가 드디어 카드수수료 차별 철폐 전국상인대회를 연 것이다. 대회가 시작되자 전국마트협회의 김성민 회장은 대회사를 통해 카드수수료를 대기업과 차별 없이 적용해달라고 발언했다. 우렁찬 김 회장의 목소리는 정부청사에 있는 금융위원회(금융위)를 향해 울려 퍼졌다.

카드수수료 인하 운동의 중심엔 김 회장이 있었다. 2006년부터 슈퍼마켓을 운영하며 중소기업특화상품이나 농산물을 도매로 유통하는 등 유통 분야에서 20년 이상 잔뼈가 굵은 베테랑이다. 그는 카드수수료를 낮추어달라는 상인대회가 열리기 전까지 광화문 앞에서 무려 41일 동안 야외 노숙 농성을 이어가고 있었다. 수수료 인하에 대한 상인들의 기대치가 큰 만큼 어떤 결과로 이어질까 싶은 걱정에 뜬눈으로 밤을 새우곤 했다. 늘 새우잠으로 눈을 붙였지만 이른 새벽에는 어김없이 가락농산물시장에 물건을 떼러 가기 위해 일어났다. 자기가 운영하는 슈퍼마켓에 채소와 과일을 실어다 주고 다시 농성장으로 출근하듯 와야 했다. 바람이 세차게 부는 추운 밤에는 침낭으로 들어가 머리끝까지 침낭 지퍼를 올리고 추위를 견뎠다. 비가 내리는 날에 농성장을 덮은 비닐 천장이 찢어지며 젖은 침낭에서 뜬눈으로 새벽을 맞이한 적도 있었다. 농성이라도 해야 카드수수료가 인하된다며 눌러앉은 것이 41일째다. 야외 노숙 농성이 장기화되니 그의 가게도 매출이 많이 떨어졌다고 했다. 경찰에 붙잡혀 감옥에 갈 수도 있다며 그 이후의 가게 운영까지 주변인에게 부탁해놓은 상태였다. 어떤 피해를 감수해서라도 상인대회를 통해 카드수수료를 인하시켜야 한다는 마음이 그만큼 간절했다.

대다수의 상인은 대기업과 비교해 불평등한 대우를 받고 있었다. 상인들이 밤잠을 설치며 월 매출 1억 원을 올려도 인건비, 점포임대료 등을 빼면 200만 원도 손에 쥐기 쉽지 않았지만 카드사엔 230만 원을 수수료로 꼬박꼬박 바치고 있었다. 이런 말도 안 되는 일이 일어나고 있는데도 카드사는 수수료가 인하되면 소비자 혜택이 없어진다면서 국민을 위협했고 금융위는 모른 척 하고 있었다.

기업형 슈퍼마켓(SSM)과 일반 슈퍼마켓이 같은 1억 원의 매출을 낼 경우, 기업형 슈퍼마켓은 카드수수료를 70만 원 내는 반면, 일반 슈퍼마켓은 230만 원이나 내는 셈이었다. 일반 슈퍼마켓이 대기업보다 카드수수료를 3배나 더 많이 내고 있는데도 대형 카드사의 횡포에 눈감은 금융위에 집중포화가 쏟아진 것이다.

많은 언론들이 대회 후반부에 진행되는 삭발 퍼포먼스를 기다리고 있었다. 드디어 여섯 명의 상인들이 단상에 올라갔다. 사회자의 "삭발 시작"이란 말에 머리털이 뭉텅뭉텅 바닥에 떨어졌다. 삭발 후 모두 일어서서 비장한 목소리로 외쳤다. 그들은 "이런 불공정한 수수료는 대통령이 말하는 공정한 경제나 정의로운 경제가 아니다"라고 목소리를 높였다. 또한 이러한 상황에도 그저 "눈 감고 있는 금융위라면 그 기관은 적폐와 비리의 온상이다"라고 지적했다.

전국상인대회가 끝난 지 보름이 되지 않은 시점에 정부는 내수부진과 인건비 상승 등으로 어려움을 겪고 있는 자영업자 · 중소상인들의 불만을 달래기 위해 신용카드 수수료를 일정 부분 내리는 개편안을 발표했다. '불공정 카드수수료 차별철폐 전국투쟁본부'의 해단식을 하기 위해 모인 자영업자들은 11월 26일 세종로 정부서울청사 앞에서 '카드수수료 인하 환영 기자회견'을 열었다. 카드수수료 인하가 대통령의 결단에 의해 전격적으로 이루어졌다는 소문이 나돌았다. 상인들은 "대통령님 고맙습니다" 라고 외치며 두 팔을 번쩍 올려 만세 삼창까지 했다. 이전 정부들과는 다른 파격적인 정책에 '대통령님 감사합니다'라는 대형 플래카드를 길거리에 내걸기도 했다. 그만큼 카드수수료 인하는 자영업자들의 가장 가려운 곳을 긁어준 것이었다.

그런데 카드사와 카드사의 노조가 들고 일어났다. 그들은 졸지에 1조 4000억 원대의 수익이 날아가 대량 실업 사태가 온다고 반발했다. 최저임금 인상으로 자영업자들이 힘들어지니 정부의 소득주도성장을 폐지해야 한다며 비판하던 보수 야당의 이중적인 태도는 더 가관이었다. 진정으로 중소상인·자영업자를 위한다면 카드수수료 인하에 적극 찬성을 해야겠지만, 그들은 대형카드사의 논리를 그대로 가져다 쓰면서 반대했다. 일부 언론도 2019년부터 스키장이나 워터파크의 할인이 없어질 것이라며 호들갑을 떨었으니 기가 찰 노릇이었다.

국회 정무위원회 소속 정의당 추혜선 의원은 "재벌 가맹점은 과도한 부가서비스와 낮은 수수료 등의 혜택을 받고 있다. 반면, 협상권이 없는 일반 가맹점들은 카드사가 제시하는 수수료를 울며 겨자 먹기 식으로 받아들여야 했다"라고 지적했다. 그러면서 추 의원은 "자영업자와 소상공인의 카드수수료가 1%대로 줄었다고 수수료 산정을 둘러싼 사회적 갈등과 카드산업 내 을들의 어려움이 해소되었다고 보기는 어렵다"라고 평가했다.

대통령의 결단으로 수수료 인하가 되었지만 여전히 대기업보다 훨씬 높은 체크카드 수수료가 대폭 인하돼야 하는 문제가 남아있다. 카드수수료율은 2012년 여신금융전문법 개정을 통해 마련한 산정원칙에 따른 것이다. 조달 금리와 운영 · 관리비, 마케팅비 등 카드 결제에 수반되는 적정원가를 3년마다 조정하고 있다. 또한, 여신전문금융업법을 개정해 연 매출 3억 원 이상 가맹점에게도 카드수수료 단체협상권을 보장하고 카드수수료산정위원회에 이해당사자가 참여해야 할 것이다.

5장 정치와 상인의 함수관계

상인 편들어주는 정당이 부담스럽다니

이명박 정부 때는 광우병 파동과 4대강 사업 등으로 2008년부터 하루도 바람 잘 날이 없었다. 촛불시위를 진압하려고 전경들을 투입해 시민들을 향해 곤봉과 방패를 내리치는 일까지 벌어지는 등 사회 분위기는 극도로 불안했다. 가뜩이나 장사가 어려운 와중에 연이어 터지는 악재는 고스란히 자영업자들에게 피해로 돌아갔다. 이명박 후보가 대통령으로 당선되었을 때 많은 자영업자들은 당선인이 대기업 친화 정책으로 일관하지 않을까 우려했다. 그가 대기업 경영인 출신이라는 점 때문이었다. 역시나 이명박 정부의 경제 논리는 대기업 성장의 낙수 효과에 의해 모든 계층이 골고루 혜택을 볼 수 있을 거라는 정책 기조에 기반하고 있었다. 물이 넘쳐흐르듯 대기업에 혜택을 주면 그 결실이 개인과 가계로 흘러간다는 낙수 효과를 대대적으로 홍보했다. 정부의 경제 논리에 편승한 대기업들은 영업 자유와 소비자의 편익을 들먹거리며 마구잡이로 사업을 확장했다.

그 결과 대기업의 무분별한 동네상권 진입은 극에 달했다. 들어오는 과실은 고사하고 손에 들고 있던 빵마저 빼앗아 가기 시작했다. 더구나 자영업자들은 경쟁력 강화라는 정부 정책의 프레임 속에 갇히고 말았다. 모든 시장이 주변 상권보다 경쟁력을 갖추려고 지자체의 지원을 받는 데 목을 맸다. 장사가 안 되면 경쟁력을 갖추지 못했거나 이웃한 경쟁 점포 때문인 줄로만 알았다. 대기업의 마구잡이 입점으로 힘들어졌다는 걸 깨달았을 땐 엄청난 수의 대형유통업체들이 입점하고 난 이후였다. SSM과 대형마트의 출현에 전 재산을 날리고 생업을 접어야 하는 일이 비일비재했다. 더는 버틸 수가 없었다. 아무리 촛불과 집회에 무지막지하게 대하는 정권이라도 이대로 모든 것을 빼앗길 수가 없었다.

나는 부산 전역을 다니며 자영업자들이 뭉칠 것을 설득했다. 일부 상인들의 도울 일이 있다면 도와주겠다는 반응에, 나는 자신의 사업체를 지키기 위해 적극적이고, 자발적으로 나서달라고 요구했다.

2008년 11월 21일 오후 2시, 부산시청 앞에서 '천명상인궐기대회'를 열었다. 이날 참가한 대다수는 부산에서 장사를 하는 슈퍼마켓 상인이나 그들에게 납품하는 상인들이었다. 찬바람이 부는 추운 날씨였지만 천 명 가까운 상인들의 열기는 식을 줄 몰랐다. 나는 대회를 열기 전 언론과 사람들의 관심을 얻기 위해 민주노동당의 강기갑 대표를 모시자고 했다. 그러나 이명박 정부의 시위 진압에 겁을 먹은 대다수의 상인들은 민주노동당의 개입을 한사코 반대했다. 상인 대다수는 민주노동당의 당명과 이념을 부담스럽게 생각했다. 상인들은 그 당이 좌파이기에 위험하다고 했다. 심지어 부산시청에 근무하던 한 공무원도 그 당과 가까이하지 말라고 했다. 심상정, 노회찬 같은 민주노동당 국회의원들은 이미 대형마트의 입점 반대운동을 하고 있었다. 나는 "그 당은 정부에서 정당 설립을 인정했고, 노동자의 권리를 대변하는 정당이다. 우리 자영업자를 위해서도 힘껏 목소리를 내어주면 좋겠다"라고 강 대표를 반대하는 상인들을 향해 대꾸했다.

대부분의 정치인들은 자영업자보다는 대기업의 입장에 서 있는 듯했다. 민주노동당을 제외한 다른 정당은 행사 참석에 응하지도 않았고 심지어 참석 여부를 묻는 질문에 답변조차 내놓지 않았다. 우리의 처지를 세상에 알리는 것이 절실하고 시급한 만큼 유통법을 개정하기 위해서는 언론과 정치권이 관심을 가져야 했다.

궐기대회 때 퍼포먼스를 준비하는데 한 준비위원이 대형마트 모형을 만들어 불태우면 어떻겠느냐고 제안했다. 하지만 2008년 2월 국보 1호인 숭례문이 방화로 전소되는 일이 있었던 터라, 그 퍼포먼스가 국민의 정서와는 맞지 않는다는 생각에 다른 방법을 찾았다. 친구의 도움으로 알게 된 미술 전공 교수에게 홈플러스 모형 제작을 부탁했다. 그 교수는 자신의 예술작품이라며 엄청난 크기의 석고상을 행사 당일 트럭으로 보내왔다.

퉁! 퉁! 퉁! 둔탁한 소리를 내며 서로 부딪치는 막대풍선은 사방으로 노란색 물결을 일으켜 상인들의 심장을 뛰게 하였다. 상인들이 지르는 고함 소리는 부산시청 건물에 쩡쩡하게 울려 퍼졌다. 한복을 입고 단상에 선 강기갑 대표는 "상인 여러분! 요즘 먹고 살 만합니까?"라며 물었다. 정부의 무관심과 어긋난 정책에 서러웠던 상인들은 이구동성으로 자리가 들썩일 정도로 "아니요"라고 대답했다.

드디어 홈플러스 모양의 석고 모형을 단상 앞에 올려 깨부술 차례가 되었다. 사회자가 모형을 깨뜨릴 사람을 찾자 많은 상인들이 우루루 몰려나왔다. 준비해둔 방망이로 대형마트 모형을 순식간에 깨부셨다. 씩씩거리며 모형을 내리치는 모습에서 그동안 참고 있던 고통이 느껴졌다.

공식행사가 끝난 뒤에 현장에서 행사에 든 비용의 협찬을 받기 시작했다. 워낙 급하게 기획되어 비용을 마련할 틈조차 없었기 때문이었다. 고가의 석고상 모형이며 대형 무대와 음향시설 등 큰 행사를 치르면서 들어간 재정이 걱정되었다. 무모하게 치른 행사였다. 그러나 많은 이들이 서로 눈치 보지 않고 모금에 동참했다. 대형마트로부터 부산의 상권을 지키기 위한 행사인 만큼 자신의 호주머니를 털어서 보태야 된다는 것이었다. 너무 감격스럽고 고마웠다. 깨진 석고상을 다 같이 치우며 주위 청소를 마치고 서로를 부둥켜안으며 위로와 감사의 인사를 나누었다.

참석한 상인들은 자신들도 뭉쳐서 한 목소리를 낼 수 있다는 자신감을 가지게 되었다. "상인들이 길거리에 나앉으면 나라가 망한다." 정치인들을 향해서도 제대로 일하라며 큰 소리로 외쳤다. '천명상인궐기대회'를 시작으로 천지의 기운이 바뀌기 시작했다.

올바른 정치인을 선택할 때 자신의 삶이 달라진다

"예, 미안합니다. 급히 오느라고 수첩을 준비하지 못하고 왔습니다. 대신 오늘 간담회에서 나온 상인 여러분들의 절박한 목소리를 꼭 잊지 않겠습니다." 공손하게 미안함을 전하는 그는 2012년 부산 사상구에 국회의원으로 출마하는 문재인 후보였다. "후보님은 상인들이 무엇을 원하는지 절박한 목소리를 듣고서 금방 잊을 건데 수첩 없이 오셨습니까?" 상인들의 어려움을 잊지 말기를 바라는 마음으로 묻는 나의 질문에 대한 대답이었다. 간담회를 하는 내내 고개를 끄떡이며 맞장구치는 문 후보의 모습은 진지했다. 이성숙 부산시의원의 주선으로 진행된 긴급 간담회였다. SSM으로 인해 계속되는 피해로 우리의 처지가 너무나 절박한 때였다.

같은 해 12월 19일, 대통령 후보로 나올 것이라고 알고 있었기에 협회의 사상구 지부와 문재인 후보의 간담회는 열기가 대단했고 많은 상인들이 참석했다. 물론 국회의원으로 당선되어야 대선에 나간다고 보았지만 이미 대선 분위기가 대세였다. 나는 문 후보가 대통령이 되면 상인들의 간절한 목소리를 잊지 않고 자영업자들이 마음 편하게 장사할 수 있는 정책을 꼭 만들어주기를 바라는 마음이었다. 문 후보는 국회의원에 당선된 후 12월에 치른 18대 대선에서 3% 정도의 차이로 대통령에 낙선했다.

12월 대선에서 부산 상인들은 대형유통업체에 시달리면서도 정치적 중립을 주장하고 있었다. 전국적으로 같이 활동하던 인천 쪽의 유통상인들은 2012년 대선에서부터 선거전에 직접 뛰어들었다. 그들은 입법부인 국회나 정부 최고 책임자인 대통령이 유통정책에 관심을 가지지 않으면 상인운동의 투쟁방식만으로는 대기업의 골목상권 진출 저지에 한계가 있다고 여겼다.

부산 상인들은 상당히 보수적이어서 소수 진보정당의 정당 대표가 집회 행사장에서 발언하는 것조차 반기지 않았다. '우리가 남이가'라고 외치던 정치문화의 울타리는 부산 상인들에게 깨어지지 않는 유리벽 같았다. 생활과 분리할 수 없는 밀접한 정치환경을 문제 삼으며 집권 여당을 비난하는 나를 협회 임원들은 도리어 걱정하곤 했다.

그러나 집회 횟수가 많아지고 세월이 가면서 상인들의 정치를 바라보는 관점이 달라지고 있었다. 자신들의 내몰린 환경이 어디에서부터 잘못되었는지 점차 깨닫기 시작했다. 그러던 중 이마트 타운 연산점 영업등록인가의 부당함에 맞선 단식농성장을 찾은 수많은 상인들은 누가 먼저라고 할 것 없이 정치를 앞다투어 말했다. 한 지자체장의 정치철학이 자신의 삶에 어떤 영향을 미치는지 두 눈으로 똑똑히 보게 된 것이었다.

이후 2018년 6 · 13 지방선거 때 부산시장 후보로 김영춘 해수부 장관이 나서도록 뜻을 모으자는 한 시민단체의 의견을 협회 이사회와 확대임원진에게 물었다. 당시 노브랜드와 대형마트의 부산지역 입점계획이 엄청나게 잡혀 있었다. 우리가 할 수 있는 선택은 정치지형을 바꾸어, 골목상권을 지키고자 하는 우리의 목소리를 적극 전달하는 것 말고는 아무것도 없었다. 이사회 전원의 동의와 임원 대다수의 적극적인 지지로 인터넷 서명을 시작한 지 하루 만에 2545명의 회원이 동참했다. 부산 시민사회에서는 상인들의 폭발적인 동참에 놀라워했다. 상인들의 참여는 대기업에게 빼앗긴 자신의 일터를 지키겠다는 하나의 몸부림이었다. 특히, 지역 구도를 깨기 위해 부산으로 출마지역까지 옮긴 김영춘 장관에 대한 상인들의 호응이 매우 좋았다. 그는 한 언론을 통해 "사람이라는 가치에 주목하면 거의 모든 문제가 정리될 수 있다"라고 말했다.

김영춘 장관의 부산시장 선거 출마는 장관직을 수행한 지 10개월 남짓밖에 되지 않은 상황 등으로 불발되었다. 그러나 이때의 단합된 힘이 이후에 크게 영향을 끼쳤다. 오거돈 부산시장 후보의 선거유세 때는 2만 700명의 상인이 지지서명을 하고, 그중 500명의 상인들이 동일한 파란색의 유니폼을 입고 유세장에 나왔다. 이는 전국 어디서도 일어나지 않은 일이었다. 일부 상인단체의 대표들이 지지 기자회견을 열거나 정당에 참여하는 일은 있었지만 부산 상인들처럼 무더기로 유세전에 뛰어들어 대규모로 지지하는 경우는 없었다.

2008년부터 맞이한 세 차례의 총선과 두 차례의 대선 그리고

민선 5기, 6기 지자체장 선거를 치르는 동안에도 부산 상인들의 대규모 정치 조직화는 없었다. 2017년 6월의 연제구 이마트타운 영업등록인가 후 그해 11월의 만명상인궐기대회를 치르면서 상인들의 세력은 정치 조직화가 되었다. 그 조직화된 힘이 2018년 6·13 지자체장 선거에서 폭발한 것이었다.

한편으로 6·13 지방선거 때 부산일보에서는 '마이 보트(My Vote)'라는 포털사이트를 운영하여 유권자에게 신선한 충격을 던졌다. 부산지역에 출마한 지방선거 후보들에 대한 다양한 정보를 보고 자신에게 꼭 맞는 후보가 누구인지 찾아보는 '맞춤형 후보 찾기' 인터넷 사이트였다. 그동안 막연하게 정당만 보고 선거를 치렀던 병폐를 많이 줄일 수 있었다. 자신이 유권자로서 생각하는 정책과 후보자의 공약이 어느 정도 일치하는지를 비교해 수치화해서 알려주었다. 이 정보를 잘 활용하면 유권자로서 제대로 된 정치인을 뽑을 수 있었다. 올바른 정치인을 선택할 때 자신의 삶이 달라진다는 것을 알았다. 정치가 생활에 직접적인 영향을 미치는 것을 느끼며 민선 7기 기초 지자체장들의 행정력까지 파악하는 등 상인들의 정치의식 수준도 상당히 높아졌다. 상인들의 정치의식은 제21대 국회의원 선거가 있는 2020년 4월에 더욱 큰 힘을 발휘할 것으로 보인다.

목숨처럼 지켜온 정치적 중립성을 버리다

부산에 진출하려던 이마트 노브랜드 세 곳(강서구 신호점, 북구 화명점, 해운대구 중동점)의 동시 입점 철회 문서가 부산시로부터 날아왔다. 2018년 11월 2일이었다. 사업조정 중이었던 노브랜드 세 곳의 사업 철수 내용이었다. 수없이 열렸던 입점 반대 집회가 주마등처럼 머리를 스치고 지나갔다.

부산시는 강서구 신호점에 대해 3월 22일 개점 당일, 사업 일시 정지 권고를 결정했다. 이후 7개월이 넘는 영업정지 기간 동안 주변 상인들은 어떤 결과가 나올지 몰라 숨죽여 기다리고 있었다. 마침내 노브랜드 입점 철회가 결정되자, 중소상인들은 이 소식을 듣고 기쁨에 겨워 세상을 다 얻은 듯했다.

이 결과는 그냥 얻은 것이 아니었다. 연제구에 입점하려는 이마트타운과 무차별적으로 진출하는 대기업의 동네 상권 진입 때문에 2017년 11월 20일 송상현광장에서 만명상인궐기대회를 열었다. 그러나 잠시 주춤할 뿐 이마트 등 대기업은 물러설 기색이 보이지 않았다. 코스트코, 탑마트 등 유통대기업의 점포 개설이 줄지어 예정되어 있었다. 그들은 동네 상권이 죽든 말든 아랑곳

하지 않았다. 전국은 유통대기업과 중소상인들의 전쟁터 같았다.

상인들은 자신의 점포 주위에 대기업 점포가 들어설 것이 걱정되어 조바심을 떨칠 수가 없었다. 점포를 다른 사람에게 넘기려 해도 언제 망할지 모른다며 누구도 매입하려 들지 않았다. 급기야 점포를 대기업 SSM에 넘기려고 기업의 점포 개설자들과 접촉하는 일이 빈번해졌다. 특히, 노브랜드는 이마트의 구매력과 제조업체에 대한 매입가격 옥죄기 등으로 대표적인 생필품을 일반 가격에 비해 거의 절반 이하로 판매했다. 전국의 동네 상권이 붕괴할 수밖에 없었다. 다른 대기업조차 노브랜드와의 경쟁이 어렵다며 혀를 내두를 정도였다. 제조업체 등 다른 연관 산업까지 뿌리째 휘둘리고 있었다.

이대로 내버려두면 동네 상권의 몰락은 불 보듯 뻔했다. 부산도소매유통사업협동조합 이사장이었던 나는 부산 세 곳의 이마트 노브랜드 입점을 반대하며 사업조정을 신청했다. 이때 북구의 한 조합은 노브랜드가 북구청에 출점 예고를 하자마자 사업조정 신청을 했다. 하지만 '캔맥주 낱개 판매 금지' 등 말도 되지 않는 합의안으로 하루 만에 사업조정 종료를 결정했다.

이러한 사실을 모른 채 부산유통조합이 사업조정을 신청했던 것이다. 그러나 부산시는 사업조정이 종료된 상황에서 다른 조합의 신청은 더 이상 안 된다고 했다. 부산시의 결정이 이해되지 않았다. 상식 이하의 합의안을 급하게 체결한 조합의 이상한 행동이 문제였다. 중기부는 부산시와 해당 조합의 조사를 통해 추가로 사업조정을 신청할 수 있다는 웃을 수도 울 수도 없는 궁여

지책을 내놓았다. 이후 우리 조합 외에도 세 곳의 조합이 이마트와 사업조정을 하는 보기 드문 상황이 발생했다. 이전엔 여러 조합이 한 대기업과 사업조정을 한 적이 없었던 것이었다.

우리 조합에서는 사업조정제도가 허락하는 입점 기간 유예 및 품목 제한을 최대로 활용하기로 했다. 노브랜드의 3년 입점 유예와 함께 유통기간 3개월 냉장 제품, 9개월 냉동 제품 판매제한을 조정안으로 내밀었다.

그런데 상대는 우리 조합이 원하는 대로 움직이지 않았다. 노브랜드 관계자는 말도 되지 않는다며 화를 냈다. 세 곳의 조합과 이마트가 가세해 우리를 공격했다. 이들 조합은 이마트 노브랜드보다 동네 슈퍼마켓이 더 무섭다며 노브랜드 입점을 옹호하는, 이해되지 않는 모습을 보였다. 여기저기에서 이마트와 결탁 등의 이상한 소문들이 들려왔다. 이마트 노브랜드보다 이 조합 관계자들이 더 얄미운 존재였다.

부산시는 상생 테이블을 마련했지만 적극적으로 사업조정에 나서지 않았다. 이대로 이마트와 자율 조정이 무산되어 부산시 사업조정심의위원회에 안건으로 상정되면 어떤 결과가 나올지 걱정이 되었다. 백 번 생각해도 부산시가 이마트 입점에 제한을 두지 않을 것이라는 판단이 들었다. 대기업의 도의적이지 못한 협상 전술과 자영업자 보호 정책에 무심한 지자체장을 극복할 방법은 한 가지밖에 없었다.

유통대기업 점포 개설 저지 운동만으로는 더 이상 이길 수 없었다. 우리들의 결집된 표심을 지자체 선거에서 드러내야 했다.

이사회와 확대임원회의를 통해 협회가 지난 12년간 목숨처럼 지켜온 정치적 중립 철학을 폐기하기로 결정했다.

지난 10년간 대기업 친화 정책을 펼쳐온 정당이 아닌 복합쇼핑몰 규제를 지지하는 정당의 후보를 6 · 13 지방선거에서 적극 밀기로 의견이 모아졌다. 부산의 민주당 오거돈 후보와 우리 협회는 선거공약 이행 채택문을 작성했다. 동네 상권을 살리기 위한 정책과 중소상공인 부서를 마련할 것을 주요 공약으로 채택한 그를 적극 지지하기로 했다.

6월 9일 오후 2시, 오거돈 부산시장 후보는 해운대 재송한마음시장에서 재송시장으로 이어지는 곳에서 만나는 상인마다 한 표 한 표를 부탁하며 악수를 청했다. 노점의 아주머니에게 "어려운 부산 경기를 꼭 살리겠다. 오거돈을 꼭 찍어 주이소"라며 지지를 부탁했다.

그동안 선거 때만 되면 후보들은 전통시장을 찾아가 간도 쓸개도 내어줄 듯 허리를 90도로 숙이며 표를 구걸하다시피 했다. 그러나 당선만 되면 언제 그랬냐는 듯 모르쇠로 일관하는 정치인이 대다수였다. 이번에도 그렇게 되도록 내버려 두면 우리 모두 다 죽는다는 절박함이 엄습했다. 우리 상인들도 표심으로 뭉칠 수 있다는 강한 이미지를 보여야겠다는 생각이 들었다. 그래서 기획한 행사였다. 길게 늘어선 상인 행렬 속을 지나는 오 후보의 표정은 신나 보였다. 파란색 상의를 맞춰 입은 500여 명의 상인들 사이를 지나며 오 후보는 계속되는 "오거돈" 연호에 힘이 나는 모양이었다.

오 후보의 선거 캠페인 투어는 부산은행 재송점 앞 사거리까지 20여 분 동안 이어졌다. 오 후보와 걸으며 뒤돌아보니 줄지어 있는 파란색 행렬이 장관이었다. 상인들이 이런 행사를 할 수 있다는 것이 믿기지 않을 정도였다. 사거리에 있는 대형 선거 캠페인 차에 올라가 부산 상인들로 구성된 2만 700명의 오거돈 후보 지지자 명단을 전달했다. 민주당의 오 후보와 윤준호 국회의원 후보 그리고 홍순헌 구청장 후보가 나란히 섰다.

"부산은 특정 정당이 단체장과 의회를 장기 독점하면서 우리 중소상공인의 피와 삶의 터전을 빼앗아 언젠가부터 대기업이 장사하기 좋은 도시, 상인들이 살기 힘들어 떠나는 도시가 되었습니다. 이제 대규모 업체들의 무분별한 진출을 막고, 중소상공인의 생존권을 지킬, 제대로 된 정책을 시행할 수 있는 시장이 선출되어야 합니다." 이렇게 오 후보 지지 선언을 했다.

이에 오 후보는 "여러분의 권익이 보호되고, 우리 골목상권이 살아나고, 중소상인이 보람을 가지고 일할 수 있는 부산 경제를 만들겠다는 것을 여러분께 약속합니다"라며 확신에 찬 발언으로 화답했다. 오거돈을 외치는 연호가 여기저기에서 우렁차게 울려 퍼졌다.

같은 날 오후 7시 부산 중구 광복로에서는 서병수 부산시장 후보의 집중 유세가 있었다. 홍준표 자유한국당 대표가 깜짝 방문하여 서 후보의 지지를 호소했다. 그는 "박근혜 대통령 때 친박, 비박으로 갈라져서 붕당정치를 했습니다. 그렇게 하다 보니까 두 대통령께서 감옥에 있습니다. 부산 시민 여러분들의 실망과 분노에 대해서 저희 당을 대신해서 제가 사과의 말씀을 드리고 사죄하겠습니다"라며 큰절을 세 번이나 하면서 표를 애걸했다. 상인들 속에서 여는 유세인데도 지난 10년의 대기업 친화 정책으로 골목상권이 몰락하고 자영업자들이 죽어가는 데 대한 반성은 전혀 없고 오로지 정치적인 수사만 가득했다.

지난 1년 동안 부산에서 1만 9000개의 가게가 폐업했다는 통계자료까지 나왔지만 정작 지방선거에서는 북 · 미 대화에 묻혀 자영업 이슈가 제대로 부각되지 않았다. 민생 문제와는 상관없이 끝나는 것 같아 초조했다. 그런데 선거 막바지에 불이 붙었다. 누구도 예상치 못한 민주당의 압승으로 선거가 끝났고 오거돈 후보가 부산시장으로 당선되었다. 중소상공인지원과 부서가 신설되니 유통대기업과 그들을 옹호하던 조합들, 그리고 상인들의 분위기는 확실히 달라졌다.

선거 후 부산시청에서 다시 시작된 이마트와의 사업조정 테이블은 예전과는 딴판이었다. 부산시장이 바뀌자 이마트 측은 예전처럼 공격적인 자세를 취하지 못했다. 부산시장의 입장이 반영될 수 있는 사업조정심의위원회에서 자신들이 원하지 않는 결과가 나올 것을 우려했을까? 노브랜드 세 곳의 동시 입점 철회가 전격적으로 발표되었다.

사실 우리는 벼랑 끝에 매달리는 심정으로 도박하듯 정치에 참여한 것이었다. 매번 선거에서 특정 정당이나 후보를 한 번도 지지한 적 없이 정치적 중립을 지켜왔다. 하지만 정치적 중립을 지킨 선거 결과는 우리와 아무 상관없다는 것을 4년 전에 비로

소 깨달았다.

2014년 6·4 지방선거를 앞두고 협회는 부산일보사 강당에서 '부산 경제민주화 대회'를 열었다. 서병수, 오거돈, 김영춘, 고창권 부산시장 후보 4명이 정책제안을 수용한다는 협약서에 서명을 받아냈다. 협약서는 대형유통업체로부터 중소상인을 보호하고, 부산시에 중소유통 전담부서를 설치하겠다는 등의 6개 항목을 담고 있었다.

서병수 시장은 당선 후 약속을 하나도 지키지 않았다. 아예 소통조차 되지 않았다. 이마트타운 입점에 반대하는 17일간의 단식 때 지자체장 중 그 누구도 관심을 보이지 않았다. 이때 상인들은 정치적 중립성을 버리기로 마음먹기 시작했다. 다른 지역의 상인들도 자유한국당 소속 지자체장들이 대형마트나 복합쇼핑몰의 입점을 찬성하자 철퇴를 내릴 방법을 고민하기 시작했다.

상인들은 최저임금 인상으로 직격탄을 맞았지만 10년간 지속된 대기업 친화 정책을 심판하기 위해서 민주당을 차선책으로 선택했다. 늘 중립을 지켰던 부산의 상인 2만 700명은 경제민주화를 이루겠다는 약속을 헌신짝처럼 버리고 대기업 친화 정책을 계속하는 것을 심판하기 위해 오거돈 후보를 지지했다.

벼랑 끝에 내몰린 자영업자들의 눈물을 닦아줄 지자체장은 우리 손으로 뽑아야 했다. 또한 공약이 공수표에 그치지 않고 실제 정책으로 반영되도록 늘 지켜봐야 했다. 철학자 플라톤은 "정치에 대한 무관심의 대가는 가장 저질스러운 인간에게 지배당하는 것이다"라고 말했다. 중소상인들에게도 마찬가지였다.

“그 정도 능력이 없으면 가게 문 닫아야지”

무더위가 기승을 부리던 2018년 여름의 끝자락이었다. 만여 명의 자영업자들이 서울 광화문에 모여 정부를 향한 분노를 쏟아냈다. 급격하게 오른 2019년도 최저임금 인상이 무효라는 목소리는 날카로웠고, 분위기는 험악했다. 하염없이 내리는 빗줄기는 촛불 민심으로 만들어진 문재인 정부가 바닥 민심을 몰라도 너무 모른다는 울부짖음을 더 처연하게 만들었다.

골목 상가 유리문에 붙은 ‘임대’나 ‘폐업’이란 문구가 흔해졌다. 대신 편의점 입구에 늘 붙어있던 ‘아르바이트생 구함’이란 문구는 찾아보기 어려워졌다. 아르바이트 자리까지 끊긴 청년 실업률은 10%로 19년 만에 최악이라고 난리다. 어느 식당은 돌파구를 찾기 위해서 가격을 올렸지만 미안했던지 ‘국밥 한 그릇 인상분 500원’이라고 조그맣게 써 붙였다.

장사가 되지 않으면 폐업할 수밖에 없다. 2017년 부산에서 폐업한 사업자는 무려 5만 7500명에 달했다. 하루 평균 234명의 사업자가 폐업했다니 예사롭지 않다. 지금까지 폐업은 과당 경쟁과 불황에 의한 것이었지만 최저임금 인상과 근로시간 단축이라는 사업 환경과 맞물린 앞으로가 더욱 걱정이다.

자영업을 해보지 않은 사람들은 "내년에 최저임금이 820원 정도 오르는데 그 정도도 지급할 능력이 없으면 가게 문 닫아야지"라고 너무 쉽게 이야기한다. 영세 자영업자들이 이 소리를 들으면 속으로 눈물을 흘린다. 생업 현장을 조금이라도 안다면 이런 말이 쉽게 나오지 않을 것이다. 참 가슴이 아프다. 820원이 푼돈으로 보이지만 월 근로 209시간 기준에 4대 보험료 인상분까지 계산하면 한 달에 직원 한 명 당 20만 원 이상의 추가 비용이 발생한다. 최저임금과 상관없는 기존의 직원 급여도 덩달아 오르니 늘어나는 비용은 상당한 타격이 된다. 근근이 생계를 이어가며 살아가는 자영업자들의 눈물을 잠시라도 헤아려주면 안 될까.

2017년 제19대 대통령 선거 기간에 대선 후보 모두가 최저임금 1만 원 공약을 했다. 정치권은 최저임금 인상 후의 엄청난 사회적 갈등과 부작용에 대한 심각성을 크게 우려하지 않은 듯했다. 대부분의 자영업자들은 그때 엄청난 충격을 받았다. 그렇지만 어디에도 하소연할 곳은 없었고, 설마 하는 심정으로 지켜보았다. 누군가는 "공약은 공약일 뿐, 실제로 시행하겠어?"라며 애써 무관심했고, 또 누군가는 "정치가 우리 밥 먹여주지 않는다"라며 무책임했다. 또 다른 누군가는 "최저임금 인상에 대한 대책을 정부가 미리 마련해줄 거야"라고 내심 기대했다.

그런데 정부와 정치권은 최저임금 인상 이후에도 열악한 자영업 환경을 개선시키지 않았다. 여당은 확정된 최저임금지원대책

안에 야당이 입법 협조를 하지 않는다고 개탄만 하고, 최저임금 위원회에 책임을 넘기는 듯했다.

최저임금 인상 갈등의 근본 원인은 현실 경제의 체질을 제대로 보지 않고 섣부르게 이념적이고 정치적으로 접근한 데 있다. 자영업자들도 기본적으로 저임금 노동자의 주머니를 좀 더 채워야 한다는 정책 방향에 공감한다. 최저임금 1만 원 인상을 받아들여야 한다는 의견도 있다. 그러나 아무런 대안도 마련하지 않은 채 최저임금의 인상만을 결정한 것이 문제다.

최저임금을 급격하게 인상하려면 자영업 대책을 선행적으로 강구해야 했다. 그렇지 못했기 때문에 '최저임금 인상이 중소상인들 다 죽인다'는 프레임이 잘 먹힌 것이다. 결론적으로 자영업자들을 위한 대책을 만들지 못하고 1년의 귀한 시간을 허송세월로 보낸 정부와 정치권에 그 책임이 있다는 것이다.

하지만 사태가 심각하다고 해서 최저임금 노동자와 다투며 을끼리의 전쟁으로 치닫는 것은 옳지 않다. 우리 상인들이 당장 어렵다고 직원이나 아르바이트생 같은 약자에게 내미는 손을 거두어들여서는 안 된다. 자영업자들이 동네 상권을 지키자고 거리에 나섰을 때 그들은 같이 분노하며 일터를 끝까지 지켰고, 자영업자와 함께 투쟁했다. 그들은 사업체를 도와주는 동료이자 소비자이고 우리의 자식이다.

아르바이트생에게 임금을 더 올려주지 않는다고 해도 자영업자들의 열악한 사업 환경은 달라질 것이 없다. 이미 기울어진 운동장이다. 최저임금 인상은 넘치기 직전의 양동이에 물 한 바가지 더한 격이라고 할 수 있다.

자영업자들의 문제를 최저임금 탓으로만 돌리고, 최저임금 인상 불복종으로 맞선다면 국민들이 대기업으로부터 중소상공인을 보호하기 위한 규제정책을 계속 지지할 수 있을까? 아닐 것이다.

시장을 독식하며 자영업 생태계를 붕괴시키고는 뒤에 숨어서 책임지지 않는 대기업이 문제다. 재벌개혁에 반대하며 관련 법안을 깔고 앉아 갈등만 부추기며 편승하는 일부 정치권도 문제다. 정확한 팩트는 파악하지 않고 사태의 본질을 호도하며 갈등을 키우는 일부 언론 또한 문제다. 최저임금 문제가 이 정도로 심각해질 때까지 아무런 대안을 세우지 못한 정부와 국회가 가장 문제인 것이다.

청와대에서
골목상인 대책을 요구하다

2019년 2월 14일 청와대 영빈관에서 '골목상권 르네상스-자영업 · 소상공인과의 동행' 행사가 열렸다. 자영업자 · 소상공인*이 157명이나 초대된 '대통령과의 대화'는 역대 정부로는 처음 가지는 의미가 큰 행사였다.

행사 전 많은 상인들은 청와대 방문이 가문의 영광이라며 사진을 남기려 분주했지만 나는 박헌영 부산상인연합회 회장과 기념사진만 찍고 발언 기회를 노렸다. 무조건 질문을 해야 한다는 심적인 부담을 가지고 있었다. 내가 앉은 자리는 대통령과 거리가 있었지만 사회자와는 가까운 곳이었다. 오히려 좋은 위치라고 여겼다. 발언 기회를 얻기 위해 사회자의 모습을 사진으로 찍으며 눈을 맞추려고 필사의 노력을 했다.

---

* 소상공인은 조직 형태가 개인사업자, 법인사업자이면서 매출 기준 소기업 중 상시근로자가 5인 미만 기업으로 제조업, 광업, 건설업, 운수업은 10인 미만이다. 자영업자는 임금근로자가 아니며, 근로자를 고용하면서 사업을 영위하거나 자기 혼자 사업을 영위하는 사람으로 법적 개념은 아니다. 넓은 의미에서는 자영업자의 개념 속에 소상공인이 포함되어 있다.

문재인 대통령은 모두발언에서 "나도 골목상인의 아들이다. 어릴 때 부모님 연탄 가게에서 주말이나 방학 때 연탄 리어카를 끌거나 배달을 했다. 어린 마음에 온몸에 검댕을 묻히고 다니는 것을 참 창피하게 생각했는데 그 시절 우리 국민들은 그렇게 가족의 생계를 지켰고 희망을 찾았다. 지금도 골목상인과 자영업자들의 삶은 크게 다르지 않을 것"이라고 말했다. 또한, "자영업자는 호칭은 사장님이지만 실상은 자기고용 노동자에 해당하는 분이 많고, 중층 · 하층 자영업자의 소득은 고용 노동자보다 못한 실정"이라고 말했다.

문 대통령은 "최저임금 인상에서 생기는 고통을 빨리 해소해주지 못해 자영업자들이 어려움을 겪는다"라며 연신 미안하다고 말했다. 최저임금이 인상돼도 카드수수료 인하, 일자리안정자금 지원, 4대 보험료 지원, 상가 임대차 보호, 가맹점 관계 개선 등의 조치가 함께 취해졌다면 자영업자들이 감당할 수 있을 텐데 최저임금이 먼저 인상되고 이후 보완조치들이 같은 속도로 맞춰지지 않은 데 대해 많이 아쉬운 듯했다.

이후 임금 · 비용 · 임대료, 상생, 혁신 · 성장, 규제 개선이라는 4개의 주제로 나누어 대화의 장이 진행됐다. 사전 시나리오 없이 방송인 서경석 씨의 사회로 격의 없는 대화를 나눴다. 자영업자 · 소상공인들이 고충을 제시하면 중간중간 정부 관계자가 답하는 형식으로 진행됐다. 서 씨는 대단한 입담과 재치로 많은 웃음을 이끌어내며 딱딱한 자리를 편안한 분위기로 진행하려고 애썼다. 주제별로 상인들이 서로 질문하겠다고 손을 들고 난리가 났다. 1시간의 행사로는 할 말이 많은 상인들의 애타는 소리를 담아내기가 어려웠다. 질문자는 주제별로 3명으로 한정되고 질문 시간은 2분 이내였다.

첫 주제에서 중소마트로 구성된 한국마트협회 김성민 회장이 "연 매출 30억 원 초과 가맹점의 카드수수료 인하가 되지 않았다. 카드수수료 단체교섭권을 가질 수 있게 해달라"라고 요청하자 최종구 금융위원장은 어렵다고 답변했다. 하지만 문 대통령은 단체교섭권을 긍정적으로 생각해보라고 최 금융위원장에게 말했다.

두 번째 '상생' 주제에서 질문자를 찾는 사회자의 말에 나는 가장 먼저 손을 힘껏 치켜들었다. 이후 수십 명의 상인이 손을 들었지만 사회자는 이미 자리에서 일어서려는 나를 지명했다. 여기저기에서 안타까운 한숨 소리가 터졌다.

나는 "현 정부의 소득주도성장을 지지한다. 중기청을 중기부로 승격시키고, 자영업 비서관직을 신설한 것과 같은 대통령의 철학을 이전의 그 어떤 대통령도 가지지 않았다"라고 감사를 표하며 발언을 시작했다. 이어서 "대형마트 입점 시 현금수수에 의한 매수 행위는 상생기금의 탈을 쓴 대기업의 입점 도구로 사용되고, 돈을 받은 대부분의 상인회장들이 처벌받는 현실을 제도로 바꾸어야 한다"라고 말했다. 아울러 "현금 매수 행위가 확인되면 영업등록정지처분과 처벌조항을 신설하고, 전통시장 상인과 별도로 골목상인들의 법적 대표성을 부여해 보호해달라"라고 요청했다. 해결방법으로 유통산업발전법 시행규칙을 대통령령으로 바꾸면 될 것이라고도 제시했다.

오로지 발언할 기회를 얻는 것에만 온통 신경을 쓴 나머지 내 소개를 하지 않았던 모양이다. 사회자가 다시 내 소개를 부탁해 두 번이나 일어나 발언을 하는 행운을 잡았다. 50대 1의 경쟁을 뚫고 두 번이나 발언 기회를 얻은 것이다.

답변에 나선 성윤모 산업통상자원부 장관은 "현금 매수 행위는 불법이다. 시행규칙과 상관없이 당장이라도 엄격히 조사해 더는 문제가 되지 말아야 한다. 또한, 골목상인의 법적 대표성이 반영될 수 있도록 지자체와 세부적 내용을 검토하겠다. 상권영향평가도 더욱 세밀하게 파악할 수 있도록 시행령을 바꾸겠다"라고 답변했다. 성 장관은 문제 제기한 내용의 핵심을 정확히 파악해 내가 듣고 싶었던 답변으로 확약을 했다. 전날 저녁에 서울에 올라와 1박을 한 보람이 있었다.

사실 나는 청와대 행사가 있기 하루 전날인 2월 13일 오전, 부산에서 열렸던 문 대통령과 경제인들과의 오찬 행사에도 초대되었다. 이날 자리에서 사회를 맡은 김윤일 일자리경제실장에게 발언 기회를 달라며 사전에 거듭 요청했다. 이마트타운 연산점 문제 제기와 재발 방지를 위한 제도 개선을 대통령에게 요구하려고 했던 것이었다. 김 실장은 그러겠다고 약속했지만 발언 기회가 주어지지 않아 애가 탔다. 가덕도신공항과 스마트시티, 만덕에서 센텀까지 이어지는 내부순환고속도로 등 굵직한 현안이 오찬에서 다루어지는 주된 대화였다. 시간이 너무 짧아 발언 기회를 얻기가 어려운 상황이었다. 대통령과의 부산 오찬이 있기 바로 전날 폐업을 한 사장이 둘이나 있었다. 그들의 눈물 나는 모습이 생생하게 떠올라 오찬 자리는 가시방석이었다. 대통령의 부산 일정에서 발언 기회는 결국 얻을 수 없었다.

이틀 동안 대통령을 연속해서 만난 것은 엄청난 행운이 아닐 수 없다. 그만큼 부담도 컸다. 청와대에서 내가 한 발언으로 제도 개선을 하겠다는 답변을 이끌어냈으니 임무를 다한 듯 마음이 한결 가벼워졌다. 제도로 완성될 때까지 계속 지켜보아야 할 것이다.

문 대통령은 2022년까지 자영업자와 소상공인을 위한 18조 원 규모의 지역 상품권과 온누리 상품권을 발행하고 전통시장 주차장 보급률을 100% 수준으로 높이겠다고 약속했다. 문 대통령은 "올해는 자영업의 형편이 나아지는 원년이 되었으면 한다"라고 소망했다. 대통령의 바람이야말로 모든 자영업·중소상공인들의 간절한 희망이자 소원이다. 하루빨리 장사하기 좋은 세상이 오면 좋겠다.

깨어 있는 시민이 올바른 세상을 연다

SSM이 생기기 시작할 무렵이었다. 부산 MBC 생방송 도중에 나는 지역의 한 대기업 점포개설에 관련된 언급을 했다. 그 기업의 향후 점포개설 계획을 방송을 통해 알림으로써 더 이상 사업을 추진하지 못하게 하려는 계획이었다. 당시 내가 포착한 그 점포개설 계획은 정확한 정보였다. 방송 출연이 있은지 며칠이 지난 후였다. 부산시 유통업상생발전협의회 회의 후 같은 위원이었던 그 대기업의 본부장이 나에게 다가왔다. 나의 발언으로 회사가 큰 피해를 보았다며 고발하겠다는 것이었다. 나는 주저하지 않고 "제발 그렇게 해달라"라고 말했다. 소송을 통해 구멍가게를 추진하는 대기업의 욕심을 사회적으로 알릴 작정이었다. 설령 내가 큰 배상금을 물게 되더라도 상인들이 모금을 통해 결집하는 계기가 될 것으로 생각했다. 그때 그 본부장의 말을 듣게 된 부산경제살리기시민연대 상임대표인 박인호 의장이 펄쩍 뛰었다. 박 의장은 "만약에 이 회장을 고발하거나 시비를 걸면 시민단체가 당신 회사 제품 불매 운동을 추진하겠다"라며 강력한 경고를 날렸다. 박 의장의 말에 그 본부장은 죄송하다며 연거푸 사과했다. 변함없이 지켜주며 든든한 응원을 해주는 박 의장은 나에게 하늘 같은 분이다.

박 의장이 이끄는 부산경제살리기시민연대는 60개가 넘는 부산의 시민 사회단체가 모여 만든 단체다. 르노삼성자동차 유치, 2005 부산 APEC 정상회담 유치, 동남권 신공항 유치 운동 등 지역 경제 활성화를 위해 지금껏 엄청난 활동을 펼치고 있다. 이렇게 바쁜 와중에도 박 의장은 수많은 집회에 참석해 상인들의 생존권을 지키는 일에도 앞장섰다. 그의 존재는 상인들이 기댈 수 있는 언덕이자 지역의 큰 어른이다.

이렇게 시작한 시민단체와의 만남은 경실련, 부산참여연대, 환경운동연합, 부산여성소비자연합 등 많은 시민단체와의 연대와 동참으로 이어졌다. 먹고살기 위한 생업이 전부였던 나는 시민단체와의 연대를 통해 지역 공동체 의식과 시민 가치를 깨닫기 시작했다. 시민단체들과 함께 활동하면서 시민 의식이 생긴 것이다.

이 시민단체들은 시민이 스스로 모여 사회 공동체의 이익을 목표로 활동한다. 그들은 경제, 노동, 환경, 인권 등 사회 공동체 발전을 위한 일을 한다. 다양한 영역에 걸쳐 활동하니 정부나 지자체의 정책을 결정하는 데도 큰 영향을 미친다. 시민단체 운동가들은 보다 좋은 세상을 만들기 위해 자신의 시간과 비용을 써서 활동한다. 그래서 사람들은 자신이 어려운 일을 당하면 시민단체부터 찾는다. 나 또한 대기업으로부터 골목상권을 지키기 위해서 시민단체를 찾아 도움을 요청했다.

양미숙 부산참여연대 사무처장은 이마트타운 입점에 반대하는
집회에 빠짐없이 참석해 상인들보다 더 크게 목소리를 냈다.

내가 도움을 요청한 시민단체 중 부산참여연대를 빼놓을 수 없다. 부산참여연대 양미숙 사무처장을 처음 만났을 때는 대형마트와 SSM으로 인해 부산의 골목상권마다 온전한 곳이 없을 정도여서 집회가 많이 열렸던 시기였다. 양 처장은 부산참여연대의 비상근 팀장으로 일하다가 단체가 어려운 상황이 되자 2011년부터 사무처장을 맡았다. 8년째 사무처장을 맡은 이유는 당시 김종민, 유동철, 최성주 등 공동대표들과의 의리 때문이라고 했다. 그들은 "부산참여연대를 제대로 된 시민단체로 만들어보자"라며 의기투합했다고 한다. 양 처장은 상인들의 생존권을 지키는 것이 지역 경제에서 중요한 시민사회의 역할이라고 여기는 듯했다. 그는 집회가 열릴 때마다 빠짐없이 참석해 목소리를 냈다.

이마트타운 연산점의 입점허가 때 특혜성 논란에 상인들보다 더 큰 목소리를 냈다. 집회 도중 "골목상권 파괴와 교통 체증 등 이마트타운 입점 이후 발생할 각종 폐해에 대해 구청에서 적극 알렸어도 입점을 찬성하는 주민들이 있었을지 의문이다. 민민갈등을 유발하는 구청장은 사퇴하라"라고 목소리를 높였다. 양 처장의 발언은 이마트타운을 향해 일침을 가하는 촌철살인의 명쾌한 대사였다. 양 처장의 발언에 많은 상인이 박수갈채를 보냈다.

연제구청 앞에서 내가 단식을 할 때 양 처장은 몇 번이나 농성장을 찾았고, 해결 방안을 마련하기 위해 동분서주했다. 이후 이마트타운의 개설등록을 취소해달라며 행정소송을 하자 부산참여연대 소속의 변호사들을 섭외해 큰 도움을 주었다. 급한 일이 생겨 늦은 밤에 전화를 걸면 양 처장은 사무실에서 업무를 보고 있었다. 밤낮을 가리지 않고 일하는 양 처장의 모습에 내가 그의 건강을 걱정할 정도였다.

양 처장은 "주변 사람들이 시민단체가 봉사활동만 해야지 왜 정치적인 행위를 하느냐"라는 말에 속이 상할 때가 있었다고 한다. 사회적인 시스템을 바꾸기 위해서는 정치를 통해 입법화해야 하는데 보수 정당이 '봉사' 프레임을 씌워 시민단체의 정당성을 훼손하는 것이 문제라고 했다. 지방자치 시대에 발맞추어 1991년 창립한 부산참여연대는 수십 년간 왕성한 활동을 펼치며 사회적 약자를 위한 공익사업을 펼치고 있다. 그는 "자신의 사업 성공 여부를 떠나 이웃 상인들에게 손을 먼저 내밀고 안아줄 수 있는 동료의식이 있으면 좋겠다. 또 지역 시민으로서 공동체 의식과 연대성이 있어야 다 함께 사는 좋은 세상이 열린다"라며 그동안 협회와 함께 활동하며 상인들에 대해 느낀 부분을 말했다.

자영업자들은 자신의 환경에서 탈피해 세상 이치에 눈과 귀를 열어 깨어 있는 시민이 되어야 한다. 시민들이 깨어 있어야 올바른 세상이 열리기 때문이다.

대기업에 의지한 상생은 이미 그들의 상권

"개굴, 개굴, 개굴…." 나는 혀를 살짝 깨물고는 개구리 울음을 흉내 냈다. 천천히 물을 끓이면 개구리는 자신이 삶기고 있다는 것도 모른 채 죽게 된다는 '삶은 개구리 증후군'을 설명하는 중이었다. SSM이라는 용어가 생기기 전이었다. 상인들이 대기업의 구멍가게 진출에 대해 지금처럼 무신경한 채로, 서로 뭉치지 않으면 결국 대기업에 삶의 터전을 빼앗긴다는 사실을 알리기 위해서였다. 일요일 아침에 방송되는 부산 MBC 〈시사포커스〉에서 시사 토론을 하는 중이었다. 논리 있게 토론해야 하지만 현장에서 일어나는 생생한 느낌을 시청자에게 전달하는 것이 중요하다고 생각했다. 개구리처럼 가만히 있으면 죽고 만다는 것을 상인들이 자각하게 만들고 싶었다.

2007년부터 시작한 골목상권을 지키기 위한 운동은 상인들에게 위기를 알려 뭉치게 했다. 그러나 대기업 유통업체는 더욱 교묘한 방식으로 출점 방식을 진화시켰다. 그중에서도 신세계 이마트가 으뜸이었다. 백화점을 운영하는 신세계는 법인형태를 달리하여 대형마트 이마트에서 중형급 SSM인 이마트 에브리데이,

편의점인 이마트24, 그리고 자체상품 전문매장인 노브랜드까지 등장시켰다. 급기야 대형 복합쇼핑몰까지 추진해 대한민국에서는 누구도 건드리지 못하는 유통 공룡이 되고 말았다.

또한, 제조공장인 신세계푸드에서 소스류, 면떡류, 육가공류 등 많은 가공식품을 생산하면서 제조업 기반마저 장악하려 하니 그야말로 '신세계민국'을 만들려는 탐욕은 끝이 없다고 하겠다.

처음엔 '삶은 개구리 증후군'을 이야기하며 상인들이 우리가 처한 현실을 자각해야 한다고 외쳤다. 10년 정도 지나니 상인들도 그새 고수(?)가 되었는지 대기업을 활용해 상권을 살리겠다는 상인들이 전국적으로 나타났다. 전통시장 내에 노브랜드를 유치해 몰락한 전통시장의 옛 번영을 되찾자고 했다. 현상 유지가 어려운 개인 점포를 노브랜드 가맹점으로 탈바꿈시켜 위기 극복을 하겠다는 것이다.

일부 전통시장에서 노브랜드에 러브콜을 보내고 있고, 실제 몇 곳의 전통시장 내에 노브랜드가 입점해 영업하고 있다. 노브랜드가 전통시장 내에 들어서면 젊은 층의 유동 인구가 늘어나 시장이 활성화될 것이라고 말한다. 중기부에서도 대기업과 전통시장의 좋은 상생 사례라며 부추기고 있다. 노브랜드는 2016년 충남 당진어시장을 시작으로 서울 경동시장, 대구 월배시장 등 전국 여러 전통시장과 상생스토어 입점을 마쳤다. 전통시장 1호점인 당진어시장에서는 노브랜드 개점 이전과 비교해 시장을 찾는 고객이 30%나 늘었다며 언론에서는 떠들썩했다. 이마트 노브랜드를 상생스토어로 탈바꿈시킨 데 대해 쏟아진 호의적인 언론기사만 보면 전통시장의 구세주로 나선 느낌이었다. 과연 그럴까?

그러나 정작 골목상권에서는 지역 중소상공인들의 반발로 노브랜드는 찬밥신세였다. 일부 전통시장 상인회는 상인들의 영업권 보장으로 품목을 제한해 상생의 모델을 만들고자 했다. 노브랜드도 전통시장과 상생의 명분을 쌓으면서 골목상권의 진입을 노렸다. 그러다 직영점의 추가 출점이 어려워지자 이번에는 출점 방식을 가맹사업으로 전환했다. 노브랜드는 준대규모점포로 유통법의 적용을 받지만 대기업의 출자 지분이 51%가 되지 않으면 사업조정제도의 대상이 되지 않았다.

이번에는 편의점인 이마트24 가맹점주들의 반발이 심했다. 편의점 과밀화 해소를 위해 경쟁업체 간 출점 거리를 지역에 따라 50~100m로 제한하는 편의점 업계의 자율규약이 2018년 12월 마련되자 가맹점주들은 이를 환영하면서 포화상태인 편의점 시장에 숨통이 트일 것으로 보았다. 그런데 이마트가 편의점 자율규약으로 출점이 어려워지자 이마트24의 대안으로 노브랜드 가맹사업을 시작한 것이었다. 공격적으로 동네 상권에 진입하려는 상도의 없는 노브랜드 출점 행보에 비판이 쏟아졌다.

강남구 대치4동 도곡시장 인근에 노브랜드 강남한티역점이 2018년 3월 개점해 화제가 되었다. 도곡시장과 10분도 채 걸리지 않는 거리니 전통시장 코앞이다. 전통시장 인근에 진출하는 노브랜드가 과연 상생의 아이콘일까. 이마트가 지역 경제와 전통시장 활성화를 위해 선보인 상생 모델인 '노브랜드 상생스토어'가 처음부터 허울 좋게 포장된 상품은 아니었을까.

2018년, 부산의 세 곳(강서구 신호점, 해운대구 중동점, 북구 화명점)에 입점하려던 이마트 노브랜드와의 사업조정 테이블에 나갔던 나는 이마트의 어떠한 품목조정도 끌어낼 수가 없었다. 그들은 전통시장 내에 입점할 땐 많은 양보를 하는 듯하며 상생을 외쳤지만 동네 상권에서는 어떤 양보도 하지 않았다. 기껏 양보한다고 해도 캔맥주를 낱개로 판다는 등의 하나 마나 한 것이었다. 그런데 전통시장과의 상생이라는 그럴싸한 옷으로 변신시킨 것이다. 이를 두고 일부 언론에서는 진실을 가려내기는커녕 마치 상생하는 것처럼 노브랜드를 대대적으로 홍보했다. 우후죽순으로 증가하는 노브랜드 매장에서 신선 식품부터 전자 제품까지 판매하니 사실상 작은 이마트와 다를 바 없었다.

상인들이 오죽하면 대기업과 손을 잡고 전통시장을 살리겠다며 적과의 동침도 마다하지 않았을까? 그 정도로 전통시장과 골목상권은 숨을 쉬기도 어려운 지경이다. 넘쳐나는 온·오프라인의 유통환경은 그대로인데 노브랜드가 전통시장에 들어간다고 젊은 층을 전통시장으로 계속 유인할 수 있다는 생각은 무리다. 전통시장 살리기 분수효과는 일시적으로 생길 수 있겠지만 마지막 남은 상권마저 스스로 빗장을 풀어 대기업에 바치는 결과로 이어질까 우려스럽다. 겉으로는 상생을 외치지만 사실상 대기업 주도로 이뤄지는 상생일 수밖에 없다. 중소상공인 스스로 경쟁력을 갖추고 일정한 방어시스템을 만들지 못한 채 대기업의 도움을 받아 상생해나간다는 것은 결국 대기업 자본 논리대로 움직인다는 뜻이다. 노브랜드의 경우 자신들의 제품 판매가 목표이기 때문에 지역 상품이 밀리게 돼 결국 지역 경제가 무너지게 되는 악순환에 놓이게 된다. 대기업에 의지한 상생은 결국 대기업의 골목상권 잠식으로 이어진다.

일시적으로 매출 효과를 노린 상생보다는 근본적으로 대기업 중심의 산업구조 시스템을 혁신시켜 중소기업과 자영업 환경을 조성해야 한다. 골목상권이 살아나기 위해서는 높아진 소비자들의 요구에 부응하는 시설과 서비스 품질의 확대 그리고 특색 있는 상권 등 경쟁력을 갖추려는 중소상인들의 다양한 노력과 자구책이 강구되어야 한다.

지역 신문·방송은 우리가 지켜야 할 자산

2018년 1월 17일 오전, 이마트타운 연산점 개설 인가를 위한 이마트와 연제구 전통시장들 간의 비밀 합의서가 존재하며, 협회가 법원에 개설등록 집행정지를 신청하겠다고 밝히는 기자회견이 열렸다. 비밀 합의서 내용이 세상에 공개되는 순간이었다. 이전의 1심 법원은 "전통시장과 이마트의 발전기금 수수를 인정했으나 점포 개설등록 찬성의 대가로 받았다는 자료가 없다"라고 했다. 항소심 재판부는 4차 변론에서 이마트에게 전통시장들과의 합의문을 제출하라는 문서 제출 명령을 내렸다. 이마트는 제출 명령을 거부하더니 대법원에 즉시항고했다. 이마트의 항고가 받아들여지지 않을 거라 여겼지만 건물 완공을 위해 재판 진행을 늦추려는 것 같았다. 재판부는 다시 전통시장에 합의문 제출 명령을 내렸고, 드디어 비밀 합의문이라는 판도라가 열렸다.

오후 6시, 인터넷으로 오전에 있었던 기자회견 내용을 검색하다가 인터넷 매체의 기사 하나 외에는 주요 신문에서 다루어지지 않은 것을 알게 되었다. 통상 이 시간까지 인터넷으로 기사가 올라오지 않으면 다음 날 조간신문에 활자화되지 않았다. 한 시간이 지나자 부산일보 기사가 게재되어 겨우 한숨을 돌렸다. 나는 인터넷 기사를 협회 SNS에 올리며 저녁 TV 뉴스 시간을 초조하게 기다렸다. 하지만 어느 방송사에서도 관련 내용이 보도되지 않았다. 나는 "그래, 이마트는 재판에도 영향을 미칠 정도니 방송사나 신문사도 피했을 거야"라며 애써 씁쓸한 마음을 달랬다. 부산일보와 인터넷 매체 '뉴스1'에서 다루어 준 기사가 더욱 더 고맙게 여겨졌다.

다음 날은 종일 전화통을 붙잡고 있어야 했다. 주로 기자회견 공지 때문에 뉴스 시간에 관련 기사가 나오기를 기다렸으나 보지 못했다는 회원들의 연락이었다. 지역 방송 3사에서 다루어지지 않았다는 소식에 크게 실망하는 한숨 소리가 전화기 너머로 들려왔다. 한 상인이 "방송에도 영향을 미치면 재판에도 영향을 미칠 수 있는 것 아니냐?"라고 묻는 말에 나는 그럴 리가 없다고 했다. 전화를 건 상인은 "기자회견장에서 많은 방송사의 카메라를 보았는데 방송되지 않으니 뭔가 보이지 않는 손이 있는 것이 아니냐"라며 앞으로가 걱정된다고 말했다. 아마 양승태 사법 농단 의혹이 있고 난 이후라 그런지 더 신경이 쓰이는 모양이었다. 나는 "부산일보에서 다루었으니 괜찮다"라며 신문은 기록을 남기니 활용할 수 있는 장점이 많다고 했다.

오후에 양곡을 납품하는 자연쌀 유통의 이미영 사장과 함께 상인 두 명이 사무실을 찾아왔다. 기자회견에 관한 이야기를 주고받다가 "혹시 부산일보는 보지 못했냐?"라고 물었다. 이 사장은 아무렇지도 않은 듯 "나는 지방지는 구독하지 않는다"라고 말했다. 대다수의 상인이 이 사장과 같은 마음이라면 문제가 있다고 여겼다. 그래서 "우리 필요할 때만 지역 신문이나 지역 방송을 찾습니까?"라고 속마음을 이야기해버렸다. 순간 이 사장의 얼굴색이 붉어졌다. 뜬금없이 자신을 나무란다고 느낀 모양이다. 옆에서 김영석 사무처장이 거들었다. "회장님은 어제 기자회견으로 종일 언론사와 회원들의 전화를 주고받으며 아쉬움이 많았던 모양입니다"라고 말했다. 나는 아랑곳하지 않고 "우리가 중앙지나 전국 방송을 계속 이용한다고 해도 그 매체들은 우리의 목소리를 내주지 않습니다. 지역 신문이나 지역 방송을 우리가 아껴주지 않으면 지역 언론도 우리를 지켜줄 수 없을 겁니다"라며 식파라치 때 겪었던 사례를 들려주었다.

2014년 중반부터 2015년에 걸쳐 식파라치가 부산지역에서 극성을 피울 때의 일이다. 식파라치들이 보상금을 위해 사건을 조작한 뒤 국민신문고에 신고해 중소상인들이 골머리를 썩고 있었다. 과태료가 몇천만 원에 이를 정도니 상인들의 스트레스가 엄청났다. 지역의 언론매체에서는 하루가 멀다고 이 내용이 기사화되었다. 나는 JTBC 본사에 부산의 상황을 설명하며 여러 번 보도 요청을 했다. 그러나 묵묵부답이라 더는 연락하지 않고, 대신 국회 보건복지위원장과의 면담을 준비했다. 두어 달 후에 이전에 연락했던 JTBC 본사의 기자에게서 전화가 왔다. 부산에서 서울로 이동한 식파라치의 소행으로 서울 상인들의 피해가 상당하다며 부산에서 인터뷰 대상자를 섭외해달라는 것이었다. 당시 그

방송사 관계자들이 부산에 왔을 때 하주 종일 같이 다니며 방송이 수월하도록 협조했다.

2017년 5월 말에도 이마트타운 영업등록인가의 부당함을 알리기 위해 부산 연제구청 앞에서 17일간의 단식 전후로 JTBC 본사에 여러 번 보도요청을 했지만 전국 방송의 높은 벽을 다시 실감했다. 두 번의 사건을 치르면서 JTBC는 지역이나 서민의 목소리보다는 큰 이슈 중심인 중앙 무대의 방송이라는 사실을 깨달았다. 나는 서울에서 일이 터져야 전국 방송이 움직이는 현실이 지방 도시에 사는 설움이라고 여겼다. 오죽하면 서울에서 카드수수료 인하 후 기자회견을 할 때 서울 상인들도 JTBC를 부르기 어렵다며 되레 내게 부탁할 정도였으니 오죽할까.

내 이야기를 듣던 이미영 사장은 "아무 생각 없이 중앙지와 경제지를 구독하고 전국 방송만 보고 있었는데 회장님 말씀 듣고 보니 우리부터 바꿔야 할 것 같네요"라고 말했다.

요즘은 인터넷이나 스마트폰으로 주요 포털에 난 기사만 보는 경향이 많아져 폭넓은 지역 정보를 접하기 어렵다. 유명한 중앙정치인의 사소한 언행은 알지만 자신이 속한 지자체장 이름을 모르는 이가 주변에 너무 많다. 6·13 지방선거 때 부산시장 후보 이름도 모르고 투표를 한 이가 있을 정도로 지역에 관심이 없는 사람들도 많다. 지역 언론에서는 지역의 전통시장과 골목상권이 살아야 지역 경제가 산다는 기사를 자주 보도한다. 지역 언론이 지역 경제, 전통시장 상품권, 지역화폐 등을 외치며 지역 자영업자들의 목소리를 담아내고 있지만 정작 자영업자들은 지역 뉴스를 외면한다. 뉴스 시간에 임팩트와 흥미가 있는 중앙방송이 좋다고 말하며 지역 뉴스 편성이 없는 방송을 보는 이들이 주변에 너무 많아졌다.

나는 이전부터 식당이나 부동산, 슈퍼마켓 등 자영업자들의 사업장에 중앙지만 덩그러니 놓여 있는 것을 못마땅하게 생각했다. 전국 소식을 알고 싶으면 중앙지와 함께 지역 신문을 같이 보는 것이 당연한 것이 아닌가. 게다가 손님을 위한다면 지역 신문을 들여놓는 것이 더 좋다고 생각한다. 식당에서 손님이 밥을 먹으면서 구인이나 구직을 원할 때 지역 언론에서 정보를 얻을 수도 있을 것이다. 부동산을 찾는 고객이 구할 전셋집이나 아파트 가격 등 매물에 필요한 정보도 결국 자신이 사는 지역에서 찾을 수 있는 게 아닌가.

중앙 언론 매체는 중앙의 논리와 자본의 크기에 따라 움직일 수밖에 없으니 자영업자 입장에서 보면 혜택도 없다. 자영업자들이 중앙 언론 매체에 대기업처럼 광고 하나 내줄 수도 없으니 자영업자에게 유리한 기사가 나가길 기대하기도 어렵다. 지역민이 지역 뉴스 소비자와 이용자가 되지 않으니, 결국 지역 언론은 계속 힘들어져 누적되는 적자에 지탱하기도 어려운 실정이다.

1995년 지방자치가 시작되면서 지역 언론의 중요성이 커지며 크고 작은 신문사들이 창간되었다. 친구가 있던 진주신문사의 경우 1000명이 넘는 진주시민들이 주주로 참여하는 폭발적인 호응 속에 시작되었지만 경영난을 극복하지 못하고 폐간되기도 했다. 우리 협회도 이전에 지역 신문 구독 캠페인을 시도했지만 사

최저임금 인상 후 한 지역 방송에서 자영업자의 동향을 취재하고 있다.
지역 상인의 목소리를 담을 수 있는 지역 언론에 대한 관심이 필요하다.

회적인 반향을 크게 일으키지 못했다. 지역 신문을 구독하고 지역 방송을 시청하는 것이 언론사만을 위한 일은 아니다. 지역 정보를 공유하고 우리의 목소리를 담기 위한 최소한의 할 일로 각인되지 못해 구독운동이 확대되지 못하는 것은 지금 생각해도 많이 아쉽다. 지역 신문 · 방송은 우리가 지켜내야 할 중요한 자산이다.

지역 경제를 활성화하는 지역화폐

복학을 준비하던 아들 도현이가 물었다.

"아버지 지역화폐가 뭐예요? 그게 왜 지역 경제에 도움이 되나요?" 지역에서 대학을 다니는 대학생도 아직 지역화폐에 대해 잘 모른다니 제대로 설명해줄 필요가 있다는 생각이 들었다. "우리 집 앞에 있는 대기업 편의점에서 우유나 과자를 사면 우리가 지불한 돈이 본사인 서울로 빨려나가고, 그러면 다음 날 대기업 본사 물류차가 제품을 싣고 와 다 팔린 제품을 채우게 된다. 그러나 양정시장에서 제품을 사면 지역 업체들이 팔린 제품을 다시 납품하니 지역 납품업자들이나 점주들은 늘어난 소득만큼 지역에서 다른 소비를 할 수 있게 된다. 장사가 잘되어 직원을 더 채용하면 지역에는 일자리도 늘어나게 되고. 그래서 지역화폐는 지역에서만 유통될 수 있도록 조례로 정하는 거란다." 도현이는 고개를 끄덕이며 지역화폐가 꼭 필요하겠다고 말했다.

2019년 1월 31일, 국회에서 지역화폐 활성화 방안 토론회가 열렸다. 42명의 국회의원이 공동주최하고 경기도 등이 주관했다. 토론회 발제자였던 울산과학대 김병조 교수는 성남시의 사례를 들었다. 그는 성남시에서 지역화폐(상품권) 1822억 원의 생산유발 효과는 3247억 원, 취업 유발효과는 3962명으로 추정된다고 했다.

청년 배당과 지역화폐를 연동한 후 성남시 전통시장 매출이 20% 이상 늘었다. 카드로 받은 지역화폐가 어떻게 사용되었는지 분석해보니 주로 지역의 골목상권에서 쓰이고 있어 주목의 대상이 되었다. 지역의 마트, 생협, 식료품점에서 사용한 비중이 40.1%로 가장 높았고 그다음으로 음식점 · 주점 21.5%, 병원 · 약국 11.9%, 어린이집 · 유치원 6%, 학원 4.4%, 베이커리 1.8% 순이었다.

돈이 모두 지역 내에서 유통되면서 지역의 자영업자들에게 환영을 받고 있었다. 지역화폐를 사용하는 주민들에게도 10%의 추가 혜택이 더해지니 일석이조였다. 아동 수당과 청년 수당 등 성남시가 지급하는 각종 사회 수당을 지역화폐와 연계해 운영할 경우 연간 약 1000억 원 수준으로 유통량이 늘어난다니 95만 인구를 감안하면 적지 않은 규모다. 성남의 지역화폐가 지역 경제 활성화에 긍정적 파급효과가 있었음을 확인한 것이다.

국내에서 지역화폐가 처음 도입된 것은 1997년이다. 경제위기 이후 지역 소득이 지역 외로 유출되는 것을 방지하며 지역 경제를 활성화하기 위한 해법을 모색하려는 지역 시민사회의 시도에서 비롯되었다. 지역구성원 간의 상호신뢰를 바탕으로 지역화폐를 발권해 지역순환경제를 구축하고자 했다.

대형유통업체의 경우 매출액의 대부분이 지역 외부로 유출되지만 지역화폐는 조례를 통해 지역 외 유출 방지조치가 합법적으로 가능해진다. 물론 지역화폐가 만능일 수는 없다. 그러나 지역의 돈이 수도권으로 유입되는 것을 막고, 지역 경제를 선순환시킬 수 있는 혁신적인 정책 중의 하나인 건 자명하다.

현재의 유통 생태계는 자영업 및 중소기업체들의 성장은 고사하고 골목상권 깊숙이 파고든 대기업 프랜차이즈 업체를 이겨내기조차도 어려운 상황이다. 대기업 브랜드와 시스템을 활용한 프랜차이즈들은 지역 거점의 자영업 생태계만 파괴하는 것이 아니라 지역 자본 역외유출의 창구 역할로 지역 경제를 고사시키고 있는 지경이다.

또 다른 유통경로인 온라인쇼핑의 거래액은 2018년 12월 기준 10조 7298억 원으로 전년 12월 대비 24.4% 증가했다. 재벌과 대기업들의 다양한 유통경로가 지역 경제 생태계를 황폐화하여 복구 불능에 이르게 한 것이다. 문제의 핵심은 다양한 온·오프라인 유통 채널을 통해 매년 수조 원 이상의 돈이 서울과 수도권으로 빨려 들어가는 구조에 있다. 이 구조가 바뀌지 않는 한 지방에 아무리 많은 돈을 쏟아부어도 지역 경제는 살아나지 않는다.

문재인 정부는 소득주도성장, 공정 경제, 혁신 성장의 세 바퀴 경제 정책을 내걸었지만, 시민들이 그 효과를 체감하기도 전에 최저임금 인상발 저항이 기폭제가 되어 보수 정당으로부터 공격을 당하고 있다. 초기 80%대의 높은 지지율을 보이던 문재인 대통령의 업무 수행 긍정 평가는 현저하게 떨어졌다. 그 원인으로 나아질 기미가 보이지 않는 경제 상황이 지목된다. 서민들의 주머니 사정이 궁핍하다는 것이다.

이런 상황이라면 대기업을 통해서만 경제 발전과 일자리가 만들어진다는 시장경제 맹신론으로 회귀하는 것이 아닐까 하는 걱정이 든다. 지난 반세기 동안 낙수 효과론에 기인한 대기업 주도의 산업 정책 및 수출중심 경제 정책은 중소기업의 허약한 체질과 취약한 내수시장 등 부실한 경제 구조를 만들어버렸다.

2019년 1월 말일부터 시작된 카드수수료 인하는 경비 절감 정책 중 하나였지만 보다 근본적으로는 매출을 증대할 방법이 필요하다. 매출 증대 방법 중 하나가 지역화폐(지역 상품권) 발행이다. 부산지역에서 지역화폐를 활성화하기 위해서는 부산시가 플랫폼을 구축해 기초 지자체들의 비용 절감과 업무 표준화 작업을 선행해야 한다. 지역화폐 발행을 지역 중소상공인들의 매출 증대를 위한 시혜로 볼 것이 아니라, 복지와 지역 경제를 활성화할 수 있는 성장 동력으로 보아야 한다.

정부는 2018년 12월, 자영업자 종합대책에서 지역사랑 상품권인 지역화폐 발행 규모에 대해 4년간 8조 원을 푼다고 발표했다. 인천은 2019년 지역화폐 발행 규모를 1조 7000억 원 정도라고 예상한다. 또한, 경기도도 4년간 지역화폐 형태로 1조 5905억 원을 투입하여 경제적 효과는 3조 5000억 원에 이를 것으로 전망하고 있다.

부산시에서도 행정의 선제적 대응이 필요한 시점이다. 지역 경제 활성화를 위한 근본적인 해결책은 시민사회와 지역의 경제 주체가 서로 머리를 맞대고 대안을 찾아야 한다는 것이다.

지역사회는
공무원이 하기 나름

신문을 읽다 보면 인터넷 매체와는 달리 정보와 소식 외에도 기고나 칼럼 등을 통해 다양한 사람의 관점을 보고 배우는 쏠쏠한 재미가 있다. 부산일보 2019년 7월 17일자 칼럼 「조준현의 사람 사는 경제」에서 정부와 관료 및 공무원의 역할과 책임을 요구한 내용 역시 그랬다. 이 칼럼니스트는 김대중 정부 때 공급과잉으로 인한 우유 가격 폭락 사태를 해결할 방안으로 우유 더 마시기 운동을 제안했던 국책연구기관장의 사례를 들며, 그 기관장의 무책임한 해결 방법에 대해 “예식장에 손님이 없으면 결혼 두 번 하기 운동을 해야 하나?”라고 풍자했다. 또 양파 가격 폭락으로 깊어가는 농민들의 시름에 대한 정부의 무대책을 나무라며 “세금으로 월급 받는 관료가 일을 못 하면 곳간 쌀 축내는 서생과 다르지 않다”라고 하기도 했다. 관료와 공무원 세계의 무사안일한 태도를 신랄하게 비판하는 내용에 공감이 되었다.

인천광역시 지역화폐인 ‘인천e음’과 인천 서구에서 발행한 ‘서로e음’의 효과 확인차 인천에 갔을 때의 일이다. 그곳에서 공무원의 역할이 얼마나 중요한지 느꼈다. 인천광역시 소상공인정책팀의 안광호 팀장과 인천평화복지연대 신규철 정책위원장이 주선한 인천 서구 중소상인들과 서구청 공무원들과의 간담회 자리였다. 지역화폐가 발행되어 중소상인들의 매출이 20% 이상 늘었다는 말을 직접 확인해보고 싶었다. 원래 서구청의 최형순 경제에너지 과장이 서구 지역화폐인 서로e음에 대해 설명하기로 되어 있었지만 일정이 늦어지자 변주영 부구청장이 직접 나섰다. 혼자 찾아갔는데도 전혀 권위 의식 없이 이웃 사람처럼 소탈하게 맞아주는 모습이 인상적이었다. 서구의 부구청장으로 발령받고는 그 역시 직원들과 함께 자영업 현장과 플랫폼 기업을 오가며 하루가 25시간이 되도록 뛰어다녔다고 한다. 변 부구청장은 "인천시에서 국장으로 있을 때 안광호 팀장으로부터 지역화폐 기획안을 보고 받는 순간, 제대로 만들면 어려운 지역 경제에 큰 도움이 될 것이라고 확신했다. 그러나 제로페이 정책을 성공으로 이끌어야 할 인천시의 정책과 상충되며 번번이 좌절되어 초기에는 무척 어려웠다"라고 털어놓았다. 행정조직이 위험요소가 있는 결단을 내리기가 쉽지 않다는 것을 짐작할 수 있었다.

그렇게 시작된 광역권 지역화폐 인천e음의 2019년 1월부터 6월까지 전자상품권 실적을 보면 입이 쩍 벌어질 정도다. 가입자 수는 1월의 3426명에서 6월에 23만 8125명으로 695배, 발행액은 6억 4276만 원에서 1484억 8636만 원으로 231배나 증가했다. 또한 결제액은 발행액 기준으로 1억 6493만 원에서 1386억 7302만 원으로 성장했다. 1월에 25%이던 결재율이 6월에 93%

결재율로 급증할 정도였다. 7월 들어서는 하루 평균 1만 2000명 정도가 가입할 만큼 열기가 뜨거워졌다. 7월 중순부터 하루 평균 사용금액이 100억 원을 육박했으니 기적이라고 해도 과언이 아니다. 인천 지역화폐의 성공의 배경에는 인천 서구의 역할이 컸다. 특히 서구 지역화폐인 서로e음은 인천 지역화폐를 선도해 기초 지자체 중에서 선망의 대상이 되었다.

변 부구청장은 "2019년 말까지 인천 인구 295만 명 중 110만 명 이상이 인천e음에 가입할 전망이다. 지금은 시작 단계에 불과하지만 뛰어난 플랫폼 확장성으로 어떤 정책도 무궁무진하게 펼칠 수 있다"라며 자신감을 보였다. 그는 '똘끼 있는 공무원'이라는 닉네임까지 붙은 안광호 팀장의 헌신과 열정에 대해서도 칭찬을 아끼지 않았다. 변 부구청장은 인천 지역화폐의 성공 요인을 묻는 질문에 '소비자에게 선택받을 수 있는 정책, 민관 협치와 산학 협력, 공무원 내부 조직의 열정, 정책 홍보 조직력, 책임자급 부서장의 리더십' 등 다섯 가지를 꼽았다.

간담회를 마치고 매출이 제법 큰 갈빗집, 중형급 매장인 홈마트, 기업형 편의점 등 여러 점포를 둘러보았다. 식당과 중형 마트에서는 전체 고객의 30% 이상, 편의점에서는 50% 이상의 고객이 지역화폐로 결재한다고 한다. 특히 대형마트와 관련된 중소상인 업체에서 지역화폐의 효과가 더욱 크다고 했다.

다음 날 아침, 부산시 지역화폐 조례를 발의한 곽동혁 의원과 함께 인천시의회에서 열린 지역화폐 토론회에 참석했다. 부산에서도 지역화폐 발행이 이슈였기에 곽 의원도 인천의 성공 사례를 확인하고 싶었던 것이다. 그런데 토론회 중 인천시 경제특보가 지역화폐 승수효과에 대해 의문성을 제기하며, 10% 정도의 캐시백 혜택 때문에 제품가격이 올라갈 것이 우려된다고 했다. 이에 인천의 시민단체와 상인들은 현장을 너무 모른다며 분개했다. 인천 연심회상인협동조합 장영환 이사장은 경제특보의 말에 직접 문제제기를 했다. 장 이사장은 인천 지역화폐의 선구자였다. 그는 전국에서 처음으로 인천 서구 연희동, 심곡동, 공촌동에서 지역화폐인 '우리동네 상품권'을 지역주민 주도로 발행한 전력이 있었다. 그는 "대형마트로 소비력이 빠져나가는 것을 우려해 지역화폐를 만들었고 소비자들에겐 상품권을 통해 3%의 할인 혜택을 주었다"라고 밝혔다.

그가 밝힌 지역화폐의 순환 구조는 다음과 같다. '할인된 3% 금액 가운데 2%는 지역 내 업체 3사가 지원한 재정으로 충당한다. 업주가 1.5%를 부담하면 이 중 0.5%는 지역발전기금으로 적립된다. 상품권 유통과 환전 및 관리는 새마을금고에서 맡고, 휴대전화 애플리케이션을 이용하면 구매 당시 3%의 할인에 업주별 3~5%인 추가 포인트가 적립되어 최대 8%까지 할인받을 수 있다.' 그는 인천에서 지역화폐를 꽃피운 역사를 통해 민관 협치가 중요하다는 것을 체험했기에 경제특보의 인식에 항의한 것이었다. 나는 "건전한 비판은 충분히 할 수 있지만 현장 자영업자들의 목소리를 많이 듣고 긍정적으로 정책을 추진했으면 좋겠다"라고 운을 떼며, 처음 시작했을 때의 민관 협치 기구 구성은 어떻게 했으며 연말이 되면 1조 7000억 원에 달하는 발행 규모가 되는데 그에 걸맞은 조직을 구상하고 있는지를 물었다. 민관 협치 기구는 지자체장과 공무원 두 명에 여덟 명의 민간인으로 구성되었고, 8월 중에 지역화폐 팀을 만든다고 했다.

인천시 소상공인정책팀의 안광호 팀장은 "결국 소비자의 편리성과 사용 동기를 부여할 수 있는 유인책이 있어야 하고, 범시민적 공감대 형성이 되어야 하며, 중소상공인들의 비용 절감 등을 위한 확장성이 필요하다"라고 했다.

지역경제와 중소상공인을 위한 정책을 만드는 데 자신을 던지며 오로지 뚝심으로 정책을 일구어가는 공무원들에게 경의를 표한다. 인천시 공무원들을 만나고 오는 길에 문득 지역화폐가 중소상공인들 매출 상승의 수단으로만 끝나서는 안 된다는 생각이 들었다. 지역 경제 선순환과 공동체 의식을 키우고 지역 경제를 활성화하는 데 중소상공인들도 기여할 수 있도록 유도해야 할 것이다. 지금의 온누리 상품권처럼 일방만 혜택을 받는 것이 아니라 소비자와 중소상공인이 실익이 있다면 지역화폐의 승수효과에 더는 민감하지 않을 것이다. 하루빨리 부산에서도 제대로 된 지역화폐가 발행되어 어려운 지역 경제가 살아나고 중소상공인들이 늘어난 매출로 웃을 수 있기를 바란다.

정부별 자영업 정책

문재인 정부는 역대 정부 최초로 자영업 분야를 노동과 기업 사이에 두고 독자적인 경제의 한 주체로 인정했다. 그 일환으로 청와대 자영업 비서관직을 2018년 8월에 신설했다. 2017년 정권 출범 시 중소기업청을 중소벤처기업부로 승격시킨 이후의 조치였다. 과거 정부의 자영업 정책은 무분별한 창업 억제 및 경쟁력 강화와 지원책이 주된 내용이었다. 그럼에도 불구하고 급증한 자영업자 문제에 대한 해결책을 내놓지 못했던 것은 무슨 이유 때문일까.

자영업 문제는 복합적이고 구조적이다. 특히, 대기업이 동네 상권에 진출하고 온라인 쇼핑이 확대되자 산업 구조적인 경계선이 무너지며 자영업 분야는 몰락했다. 대기업이 골목상권을 잠식해가는 동안 중소상공인 · 자영업자들이 대통령을 만나 자영업자의 어려움을 호소하니 '대기업 때문에 힘들면, 인터넷으로 장사하면 되지 않느냐'라는 등 엉뚱한 대답이 메아리처럼 되돌아와 답답했을 정도였다.

중소상공인의 답답한 현실을 타개할 정책이 시급한 지금, 현

정부와 과거 정부의 자영업 정책을 비교해보고, 앞으로 자영업 정책이 어떤 방향으로 나아가야 할지 고민해보고자 한다.

노무현 정부

2005년 중소기업특별위원회가 '영세 자영업자 종합대책'을 내놓았다. 핵심적인 내용은 자영업자의 무분별한 창업을 억제하고, 기존 자영업자들이 경쟁력을 강화할 수 있도록 지원하겠다는 것이었다. 제과점, 세탁소, 피부미용, 메이크업 등 영세 업종에는 자격증 제도를 도입하겠다고 했다. 또한, '온라인 창업자 진단시스템'을 운영해 적정성을 평가하면 무분별한 창업을 예방할 수 있다고 보았다.

생계형 창업을 대신할 간병전문 요양보호사, 요양관리요원 등 5만 8000개의 일자리 창출을 추진하겠다고 했다. 자영업 중 17만 개의 한계업체를 유형에 따라 2만 5000개는 폐업시키고 3만 9000개는 전직이나 업종 전환을 할 수 있도록 지원하겠다는 내용이 있었다. 이 대책은 "먹고살기 위해 음식점을 하려는 것마저 억제하겠다는 발상"이라는 식의 비난 여론 때문에 불과 1주일 만에 폐기됐다.

노무현 정부의 자영업자 종합 정책은 경쟁력이 취약한 영세 자영업자를 대상으로 한 재취업 지원 서비스 제공, 자영업자 고용보험 임의가입제 도입 등 유의미한 내용이 포함되어 있었지만 무분별한 창업을 억제하기 위한 과도한 퇴출 정책으로 인해 현실성이 떨어졌다.

이명박 정부

정권 초기 자영업 경쟁력 강화를 위한 주요 정책은 '프랜차이즈 산업 육성'과 '동네슈퍼 살리기'였다. 2009년 9월 국가경쟁력강화위원회는 '자영업자 경쟁력 강화를 위한 프랜차이즈 산업 활성화 방안'을 내놓았다. 정부 관계자는 "자영업자를 조직화해 규모의 경제를 실현해야 한다"라며 "가맹점 1000개 이상의 대형 프랜차이즈를 10개 수준에서 2012년까지 100개로 늘리겠다"라고 밝혔다. 당연히 이는 자영업자의 과잉 진입으로 연결됐다.

이러한 정부 정책의 결과로 2010년 프랜차이즈화가 가장 많이 진행된 업종은 치킨업과 피자업이었다. 베이비부머 세대의 은퇴자들은 퇴직 없는 자영업에서 오아시스를 찾았고, 정부는 해외진출을 지원하며 프랜차이즈 산업을 육성했다. 이후 프랜차이즈 본사와 가맹점 수는 급격히 증가했다. 프랜차이즈 산업의 육성에 초점을 맞춘 까닭에 프랜차이즈 본사와 계약을 맺은 가맹점주들은 보호조항 없는 갑을계약을 맺었고, 분쟁조정이 2배 이상으로 늘어나며 사회 문제화되기 시작했다.

2010년 1월, 대형마트와 대기업 슈퍼마켓에 맞서 동네 슈퍼마켓의 경쟁력을 살리기 위해 만들어진 '나들가게' 정책은 3년에 걸쳐 1만 개의 나들가게 점포를 육성하고자 했다. 이 정책은 2012년, 점포 수 9704개로 목표치에 근접했지만, 현재(2019년 3월) 급변하는 유통환경에 대응하지 못하며 점포 수 7772개로

20% 이상 줄어들며 폐업 속도는 가속되고 있다.

자영업자의 경쟁력을 강화하기 위한 정책은 현장과는 큰 괴리가 있었고, 프랜차이즈 산업 육성은 도리어 자영업자를 과잉 진입시켰으니, 사회적 안전망은 거의 작동되지 않은 셈이다.

박근혜 정부

2014년 1월, 국민경제자문회의 세미나를 통해 '생계형 자영업자 퇴출 정책 추진'을 발표했다. 도 · 소매, 음식, 숙박 등 생계형 서비스 업종의 퇴출이 필요하다는 내용이었다. 경제 양극화를 심화시키는 원인이 생계형 서비스업의 과잉 진입에 있으며 또한, 자영업자의 과당 경쟁을 해소하기 위해 퇴출 등 구조 조정이 필요하다고 본 것이다. 현경택 자문회의 부의장은 2014년 3월 유통산업포럼에서 "규제는 자율적 질서를 무너뜨린다. 정부가 일일이 규제하는 것은 이 시대에 맞지 않는다. 중소기업 · 전통시장을 보호하기 위해 대형유통업체에 대한 규제를 강화하는 것은 올바른 방법이 아니다"라며 의무휴업 등 대형유통업체에 대한 규제 완화를 주장했다. 산업통상자원부 역시 국회 차원에서 제기되는 대형유통업체에 대한 규제입법안에 대해서 과도하다는 주장을 했다. 산자부는 규제보다는 자율합의를 중시한다면서 대기업과 일부 중소기업 간의 협의체인 '유통산업연합회'를 2012년에 발족시켰다. 유통산업연합회는 '의무휴업일 공휴일 지정'을 평일인 매주 수요일로 하겠다고 맞섰다. 대부분의 자영업자가 원한 공휴일 지정과는 대치되는 상황이었다.

2016년, '소상공인 경쟁력 강화 3개년 계획'이란 자영업 대책이 발표됐다. 내용은 자영업자의 과당 경쟁으로 인한 부작용을 막겠다는 취지였다. 상권 과밀지역에서 창업하는 소상공인에게 2018년부터 창업자금을 대출받을 때 가산 금리를 매기고, 융자 지원 대상에서도 배제시키겠다고 했다. 과당 경쟁이 우려되는 지역을 '소상공인 과밀지역'으로 지정하고 소상공인 사이트에 '폐업정보 시스템'을 구축해서 원활한 폐업을 돕겠다고 했다.

폐업 후 임금근로자로 전환할 사람을 매년 7500명씩 선정해서 '희망리턴패키지'로 교육, 컨설팅, 정책자금을 지원하고, 2019년까지 혁신적 경영 · 마케팅 능력을 갖춘 소상공인 5000여 명을 선정해 정책 자금을 우대하겠다고 했다. 시행 시기를 2018년 이후로 잡았으니 차기 정부의 몫이었다. 결과적으로 박근혜 정부는 자영업 대책을 차기 정부에게 떠넘겨버린 셈이 되었다.

문재인 정부

제로페이, 카드수수료 인하와 일자리안정자금 등의 자영업자 경비 절감 정책 외에 자영업 · 중소상공인 대책을 다양하게 내놓고 있지만 급격한 최저임금 인상으로 인한 자영업자의 위기감은 상상을 초월한다.

2022년까지 추진될 핵심 정책과제의 특징은 크게 다음의 네 가지이다. 첫째, 무분별한 자영업 창업을 막고 폐업 과정 및 사후관리를 일괄 지원하며, 프랜차이즈 편의점의 근접 출점을 자율적으로 제한해 과당 경쟁을 해소한다. 둘째, 복합쇼핑몰 허가제 도입과 소상공인 생계형 적합 업종 강화, 상권영향평가를 법제화하여 공정한 유통생태계를 조성한다. 셋째, 지역 경제 활성화를 통한 자영업 경기 부양 대책으로 지역사랑 상품권 8조 원과 온누리 상품권 10조 원을 예산으로 책정한다. 특히, 지역사랑 상품권은 지역의 자본이 다른 지역으로 유출되지 않고 '돈이 도는 지역사회'를 조성하려는 정책이라 대형마트의 월 2회 의무휴무일에 견주어볼 만하다. 넷째, 중소기업 제품과 소상공인의 공공구매 우선 제도를 시행한다.

문재인 정부는 중기청을 중소벤처기업부로 승격시키고, 청와대 자영업비서관직을 도입하고, 지역사랑 상품권을 발행하는 등 획기적인 정책을 쏟아내고 있다. 하지만 자영업자들의 최저임금 인상발 위기의식과 세계경제의 불황 속 미중 무역전쟁, 일본의 한국수출규제로 인한 한일군사보호협정(GSOMIA) 종료 등 여전히 넘어야 할 과제들도 많다.

자영업 · 중소상공인 정책이 성공하려면 산업구조적인 시스템을 중소기업과 자영업 정책 쪽으로 획기적으로 바꾸어야 한다. 우선, 대기업과 중소기업 자영업자들이 경쟁할 수밖에 없는 구조를 탈피하도록 관련 정책과 법률을 재정비하거나 마련할 필요가 있다. 특히, 중기부의 문어발식 산하 조직을 지방 중기청 중심으로 일괄적으로 통합 관리하여 하위 조직 간, 부서 간 무관심과 엇박자 정책을 극복하는 것이 중요하다. 무엇보다 현장의 생생한 목소리가 정부 정책이나 시정 중심으로 이어질 수 있도록 현

장 전문가를 지속적으로 발굴하고 산학 협력 및 연구자를 육성
하고 연구소를 만들어 정책 개발하는 것이 중요하다.

6장
새로운 시작

굼벵이 부부의 간절한 소원

일요일 아침 일찍 집을 나서는 아내의 표정이 유난히 밝아 보인다. 가방을 챙겨 나가는 모습이 여유가 있고 생기가 돈다. 아내는 방송통신대학교에 다니는 늦깎이 대학생이다. 2018년 2학기 기말고사가 방송대 경영학과를 4년 동안 다니며 치르는 마지막 시험이다. 아내는 시험 일주일 전부터 새벽 2~3시까지 밤을 새우다시피 열심히 공부했다. 군대 제대 후 휴학 중인 아들과 비교하면 누가 진짜 대학생인지 헷갈릴 정도다.

아내는 나와 살면서 힘든 일이 너무 많았다. 어차피 운명으로 여기고 꿋꿋하게 견뎌내겠다고 마음먹었다지만 그게 쉬운 일이었을까. 창원에서 운영하던 생활정보지 회사를 폐간하다시피 후배에게 넘겨주고 빚만 잔뜩 진 채 헤매고 있을 무렵이었다. 꽃다운 나이 스물두 살인 그녀와 2년간 만나고 있었지만, 그 만남을 이어가는 것이 참 어려웠다. 커피 한 잔 살 돈이 없었으니 데이트하며 밥값을 내는 것은 늘 그녀의 몫이었다. 당시 나는 동맥경화증으로 한쪽 다리를 절단해 걷지 못하는 어머니와 부산 남구 대연동 언덕배기에 전셋집을 얻어 살았다. 시내버스에서 내려서도 오르막길 경사가 심해 몇 번을 쉬어야 했다. 그녀는 홀로 계신 어머니를 두고 우리끼리만 다닐 수 없다며 어머니를 모시고 하는 데이트를 고집했다. 택시를 불러야만 이동을 할 수 있었기에 여간 불편한 것이 아니었다.

그때 나는 북구 사상 쪽에서 가구점, 시계방, 꽃집, 식당 등을 운영하던 자영업자들의 모임인 '상우회'의 막내였다. 어느 날 어떻게 알았는지 회원들이 휠체어를 구입해 가지고 왔다. 세상 무엇보다 귀한 어머니의 특급 자동차였다. 얼마나 고맙고 기뻤는지 말할 수가 없을 정도였다. 어머니도 연신 고개를 숙이며 감사 인사를 전했다. 지금 하는 협회의 일에 최선을 다해 그때 도움을 주신 자영업자들에게 조금이나마 돌려드릴 수 있으면 좋겠다.

어머니를 모시고 그녀와 함께 지인의 봉고차로 경주로 여행을 갔다. 불국사에서 그녀가 휠체어를 밀 때 어머니는 함박꽃처럼 웃으며 좋아하셨다. 돌아가신 어머니의 웃는 얼굴을 떠올리면 그때 일이 생각나 코끝이 찡해진다.

밖으로 나갈 수 없는 처지의 어머니는 요강을 사용했다. 그녀는 직장을 마치고 특별한 일이 없으면 우리 집에 들러 요강에 가득 찬 용변을 비우고 씻어놓았다. 이른 아침에 내가 나가면서 비웠지만 이후엔 어머니도 신경이 많이 쓰였던 모양이었다. 어머니는 궂은 일을 아무렇지도 않게 대하는 그녀의 마음씨에 늘 고마워했다. 그런 면에서는 아들인 나보다 그녀가 더 편했던 것 같다. 그녀는 곧잘 어머니가 좋아하는 생선을 사다가 밥상을 차려드렸다. 종일 혼자 방에 계셨던 어머니는 그녀가 와서 조잘조잘 이야기하는 것이 커다란 즐거움이었다. 결혼도 하지 않은 채 5년을 연애하면서도 투정 한 번 없었다. 단둘이 데이트를 나간 것은 손에 꼽을 정도였다.

결혼을 한 이후 대기업 대리점을 시작하며 아내는 늘 억척스럽게 함께 일했다. 새벽부터 저녁 늦도록 같이 일해도 마냥 즐거워했고 내일을 꿈꾸는 것처럼 보였다. 형편이 나아질 무렵 내 영업 관할지였던 해운대 신도시에 이마트가 들어와 매출이 절반 이하로 떨어졌다. 앞으로 살길이 막막했다. 그러나 내겐 아내와 코흘리개 두 아이가 있었기에 가만히 앉아서 죽을 수는 없었다. 피눈물이 날 정도로 뛰고 또 뛰었다. 겨우 매출을 만회할 때쯤 이번에는 홈플러스 SSM이 1km 반경 내에 여섯 곳이나 들어온다는 소문이 돌았다. 모든 것을 잃을 수 있다는 불안감으로 가슴이 두근두근했다. 내가 나서서 포기하고 있는 상인들을 모아 홈플러스 입점을 막아야 된다며 아내를 설득했다. 아내도 이마트가 들어왔을 때 힘들었던 상황을 잘 알고 있었기에 공감을 하면서 상인운동을 같이 시작했다. 집회 준비로 내가 일을 못할 때는 장부정리부터 창고 관리 등 온갖 일을 아내가 혼자 할 수밖에 없었다. 아내는 크고 작은 나의 빈자리를 메우기 시작했다.

추위가 기승을 부리던 2010년 2월 18일, 정부와 국회의 SSM 규제를 위한 허가제도 입법 마련을 위한 대책 회의 중에 한 상인의 제안으로 단식을 하기로 했다. 나는 회의차 왔으니 마치는 즉시 부산으로 가서 현업에 복귀해야 했다. 아무런 대책을 마련하지 않고 와서 다음 날 배송할 일정이 밀렸다. 일일 식품 배송업이라 눌러앉아 단식할 처지가 아니었다. 직접 차를 몰고 일하지 않으면 거래처 관리가 되지 않아 사업을 말아먹을 수밖에 없었다. 그러나 허가제 입법은 모두의 바람이었다. 혼자 살기 위해 단식을 못 한다고 할 형편이 안 되었다. 부산에서는 2월 23일과 24일 양일간 야간 촛불대회도 준비하고 있었다.

전화를 걸어 어떻게 하면 좋을까 묻자 아내는 "부산 일은 신경을 쓰지 마시고 같이 하세요. 모든 상인을 위한 일인데 개인의 일 때문에 망치면 안 되죠. 1t 냉동 차량 몰 사람만 구해주면 내가 납품할게요"라고 말했다. 한시름을 놓으면서도 너무 미안했다. 트럭 기사와 아내를 보조할 아주머니를 구한 후 상복 차림으로 '재벌 슈퍼마켓의 규제를 위한 허가제 촉구'를 명목으로 무기한 단식에 들어갔다.

21일 자정이 넘어 아내는 단식을 하고 있는 서울 여의도 중소기업중앙회로 혼자서 찾아왔다. 단식 4일 차에 접어들자 건강이 걱정되어 급하게 올라온 것이었다. 일을 늦게 마치고 오면서도 단식하는 나를 보러 오느라 저녁도 못 먹은 모양이었다. 새벽이라 먹을 곳도 마땅찮은 데다 나갈 상황도 아니었다. 곧장 잠자는 장소로 들어갔지만 먹을 것은 물과 소금밖에 없었다.

사실 같이 단식하는 다른 대표들에게는 지역에서 상인들이 계속 찾아와 같이 1박을 했기에 조금 속이 상했다. 부산에서는 23일과 24일 야간 촛불대회 때문에 바빠서 많이 못 온다고 둘러댔다. 아내의 방문은 한 달을 단식한다고 해도 거뜬하게 이겨낼 수 있을 만큼 큰 힘이 되었다.

아내는 상인운동으로 생긴 나의 빈자리를 군말 없이 메워주었다.
투쟁을 위한 나의 단식과 삭발은 가족들의 마음을 아프게 하기도 했다.

여분의 침낭을 아내에게 줬다. 차디찬 냉방에서 지원받은 침낭 속에 파묻혀 머리끝까지 침낭 지퍼를 올리고 몸에서 나오는 열기로 추위를 달래야 했다. 침낭 속의 모습은 흡사 굼벵이 같았다. 우리는 침낭 안으로 쏙 들어가 얼굴만 내밀고 나란히 누웠다. 옆으로 고개를 돌리다 마주친 우리 둘은 아무 말 없이 웃었다. 웃는 아내의 얼굴을 마주 보니 속으로 눈물이 났다. 돈 번다고 이 자리에 있는 것도 아니면서 아내를 힘들게 하고 있다는 생각에 자신을 쥐어박고 싶었다. 내 마음을 모르는 아내는 계속 내 얼굴만 보면서 환하게 웃었다. 나를 보고 웃는 아내의 얼굴은 무엇과도 바꿀 수 없는 천사의 모습이었다. 아내를 보며 단식 투쟁의 성과물이 제대로 이루어질 수 있길 간절하게 빌었다.

응급실에서
무릎을 꿇으며

아내는 신음 소리를 내지 않으려고 입술을 깨물고 속으로 악을 쓰고 있다. 마음대로 되지 않는지 결국 비명을 지른다. 과도한 스트레스가 아내를 새벽에 쓰러뜨렸다. 천장이 뱅글뱅글 돈다며 몸을 주체할 수 없어 고함을 지르다 구급차에 실려 온 것이다. 새벽의 적막을 뚫고 앰뷸런스가 좋은강안병원 응급실로 달렸다.

새벽의 응급실은 그야말로 생지옥이다. 술을 먹고 싸우다가 칼에 찔려 온 환자, 가족들에게 둘러싸인 위급한 환자 등으로 난리다. 바쁜 걸음으로 달려온 인턴 의사의 발걸음이 아내 앞에 멈췄다. 긴급 처치를 하는 도중에도 아내는 내 손을 꽉 잡고 비명을 지른다. 의사는 아내의 눈동자를 뒤집어 살피더니 어디론가 전화를 건다. 링거액이 한 방울씩 아내 손목으로 타고 내린다. 얼마나 시간이 흘렀는지 모르겠다. 수액이 없어지는 동안 동이 텄다. 아내가 계속 고통스러워하는 것을 마냥 보고 있기 힘들어 달리 처방을 해달라고 했다. 간호사는 전화로 이야기를 하더니 손가락 크기의 소형 링거액을 다시 투여했다.

나는 극심한 고통을 호소하는 아내의 손을 잡고 응급실에서 무릎을 꿇었다. "하나님 이 사람의 고통을 깨끗하게 낫게 해주십시오. 그러면 이 사람의 손을 잡고 당신을 찾아가겠습니다." 얼마나 간절하게 기도를 드렸는지 나도 모르게 혼잣말로 중얼거리며 울고 있는 것이었다. 교회에 다니는 것도 아니었는데 하나님을 찾았다. 상인운동을 하면서 아내를 힘들게 한 지난 일들이 파노라마처럼 스쳐 지나갔다. 자기 앞가림도 못 하면서 남의 일을 돌보고 다니기만 한 주제넘은 내가 밉고 원망스러웠다.

협회를 만들어 대기업의 입점 저지운동을 할 때도 힘든 기색 하나 내비치지 않고 내 몫까지 도맡았던 아내였다. 처음 SSM이 생긴다는 소문이 났을 때 동의를 구했다고 여겨, 이후로 아내 걱정은 하지 않았다. 대신 언제나 아내는 내 건강 걱정뿐이었다. 저녁에 있는 협회 회의에도 아내는 함께 꼭 참석하려고 했다. 다들 집으로 가도 된다고 했으나 괜찮다며 같이 있고 싶다는 것이었다.

한 번은 회의를 마치고 집으로 가는 도중에 처음으로 아내가 걱정되어 짜증을 냈다. 아내는 상인운동의 필요성을 느껴 동의했지만 걱정스러운 마음에 가만히 있을 수가 없었다고 말했다. 아내는 용하다는 점집에 가서 점을 보았는데 24시간을 같이 다니지 않으면 남편의 목숨은 남의 것이라는 점쟁이의 말을 듣고 계속 같이 다닌 것이라고 했다. 나는 "쓸데없이 그딴 점쟁이의 말을 믿고 다니냐?"라며 면박을 주었다. 그러나 "같이만 있으면 안심된다"라는 아내 말에 더 이상 말을 할 수가 없었다.

사실 아내가 내 걱정을 많이 하게 된 것은 그 사건이 있고 난 후였다. 그 날은 홈플러스 SSM 입점에 반대하는 집회 5일 전이었다. 토요일이라 집회 준비로 일도 많이 밀렸고 일요일 하루를 쉬려면 자정을 넘겨 새벽까지 일을 해야 했다. 저녁 6시 무렵 그 기업의 점포 개설자가 만나자며 전화가 왔다. 일도 많고 대형마트 관계자와는 저녁 약속을 하지 않는다고 했더니 이후 자정이 될 때까지 세 번이나 더 전화가 왔다. 그는 술에 취해 횡설수설하며 내가 사는 아파트 입구에서 기다리고 있다고 했다. 전화기 너머로는 여러 명의 남자 목소리가 들렸다. 나는 그에게 "비굴하게 살지 마라. 이런 식으로 대기업에서 성장했냐? 당장 철수해라"라며 고함을 쳤다. 화가 났지만 내가 사는 곳을 안다는 생각에 은근히 걱정도 되었다. 그러나 아내에겐 아무렇지도 않은 듯 표를 내지 않았다. 그 일이 있고 난 뒤 아내는 친구와 같이 점을 보러 간 모양이었다.

소형 링거액이 다 떨어질 즈음 아내는 잠들었다. 잠든 아내를 보니 가여워 견딜 수가 없었다. 흰 가운을 입고 응급실로 들어오는 의사가 담당과장임을 한눈에 알아볼 수 있었다. 시계를 보니 7시 16분이었다. 응급실 환자 때문에 걱정이 되어 일찍 나왔다고 했다. 의사는 아내의 양쪽 눈을 뒤집어 보고 몇 가지를 검사하더니 컴퓨터 앞으로 나를 불렀다. 그는 손으로 컴퓨터 화면을 가리키며 "신체의 균형을 유지하는 귀의 가장 안쪽 전정기관에 이상이 생겼다. 과도한 스트레스가 원인인데 그 고통은 말로 하기 힘들다. MRI 검사를 해보고 머리에도 이상이 있는지 확인해보자"

라고 말했다. 검사 결과, 다행히 머리엔 이상이 없었다.

퇴원 후에 통원 치료차 그 병원을 다시 찾았다. 진료실에 들어서는데 담당과장인 의사가 되레 일어서서 인사를 하며 우리를 맞았다. 그는 자신도 아내와 같은 병을 앓아 힘들었을 때 하나님을 믿었다며 심적 안정을 위해서 종교를 가져보길 권유했다. 그러고 보니 이른 아침에 응급실에서 처음 만났을 때, 친절하게 보호자에게 설명할 때, 없는 병실을 직접 잡아주며 하루 만에 검사를 마치도록 배려해주던 행동에서 환자를 위한 진심이 느껴졌다. 히포크라테스가 말한 의료의 윤리적 지침을 실천하는 그에게 깊은 존경심이 생겼다. 이후 지인의 인도를 받아 신앙을 갖게 되었고 일요일이면 아내와 함께 교회를 찾고 있다.

아빠, 괜찮아요?

"아빠, 괜찮아요?" 누군가 하고 뒤돌아보니 딸이 서 있다. 딸은 배시시 웃으면서 내 얼굴을 살핀다. 고등학교 3학년이던 딸이 학교 수업을 마치고 집에 가면서 들렀단다. 연제구청 앞 단식 농성장으로 온 딸의 웃음 뒤에는 근심이 가득하다. 상복에 삼베 두건을 쓴 몰골을 보고 걱정을 털어놓는다. 이마트타운 연산점 입점 반대 단식 열흘째 되던 날이었다. 딸은 단식 사흘째부터 하루도 빠짐없이 들러 나를 살폈다. 얼굴을 확인하고 나서야 버스 세 정거장 거리를 걸어서 집으로 갔다.

단식을 시작하기 전날 밤 간단한 옷가지와 세면도구를 챙기는 걸 지켜보던 딸의 눈이 촉촉이 젖어 있었다. 다음 날 아침 아내와 딸을 가볍게 안아주고 나서는데 딸이 "아빠 꼭 무사히 집으로 돌아오세요"라고 인사를 한다. 나는 뒤돌아 선 채 손을 좌우로 흔들어 보이며 아무 일 없을 거라는 표시를 했다. 이제는 어른이 되어가는 딸이 초등학교 때 했던 이야기가 생각나 얼굴에 잠깐 미소가 그려졌다.

그때도 유통법 개정안을 통과시키려고 서울에서 단식을 했고,

그 결과 월 2회 대형마트 의무휴무일이 주요 개정안에 담겨 국회에서 통과되었다. 아내는 딸이 나를 찾자 "아빠는 법을 만들려고 서울에서 단식하고 있다"라고 말했다. 그 말을 들은 딸은 "아빠가 올 때 맛있는 것 많이 가지고 오나요?"라고 물었단다. 그때 딸은 단식이라는 말이 한식, 양식 같은 먹는 음식인 줄 알았다고 했다. 훗날 그 말을 듣고 우리 가족들 모두 참 많이 웃었다.

사업체를 아내에게 맡기고, 가족들의 염려를 뒤로한 채 상복을 입고
단식에 나섰다. 온갖 편법으로 무장한 대기업에 맞설 무기가
이것 말고는 우리에겐 없었다.

단식 농성장이 집과 가까이 있어서 그런지 저녁이 되면 왠지 모를 허전함이 생기곤 했다. 많은 사람이 왔다 갔지만 아내는 자정이 다 되어서야 단식 농성장을 찾았다. 조합 일과 내일촌식품 업무를 끝내고 부산 기장에서 연제구청 앞 단식 농성장까지 시

내버스로 한 시간 반 정도 걸려 오는 것이었다. 늦은 시각에 방문 오는 상인들과 이야기를 나누곤 새벽 한 시가 넘어서야 15분 정도 거리를 걸어 집으로 돌아가는 아내를 바라보는 마음이 늘 무겁고 애처로웠다.

사실 내가 꾸리는 사업체는 하루하루가 다급했으니 단식을 할 상황이 전혀 아니었다. 8년 전 2010년 유통법 개정안 때처럼 또 다시 단식을 한다면 언제 끝날지 모르는 상황에서 아내가 나를 대신해야 했다. 아내가 협동조합 일과 내 사업체를 모두 돌봐야 했다. 그동안 계속 적자가 나던 사업체는 내가 현장에 뛰어들면서 그나마 돌아갔다. 단식으로 직원 두 명이 납품만 한다면 다시 적자가 커질 것은 자명했다. 주위에서도 단식을 많이 말렸다.

연제구청장은 이마트타운 영업등록을 인가해줄 것이 뻔했다. 자기 손에 피 묻히지 않을 구실만 찾는 것이 눈에 보였다. 이 싸움은 처음부터 가능성이 없었다. 상대는 마음먹은 대로 뭐든 할 수 있지만 우리에겐 어떤 무기도 없었다. 그렇다고 온갖 술책과 편법으로 무차별적으로 들어오는 대기업에게 쉽게 물러설 수는 없었다. 칠흑 같은 어둠 속에 던져진 상황에서 목숨 말고는 걸 것이 없었다. 단식을 한다고 해도 물러설 상대가 아니라는 걸 잘 알았다. 하지만 이것저것 머리를 굴리며 판세를 궁리할 틈조차 없었다.

2년 동안 집회에 나온 상인들의 노력과 그에 따른 막대한 집회 비용에도 답을 만들지 못했으니 회장으로서 마지막 결단이 필요했다. 그 결단만이 모든 이의 마음을 달래고 모래알처럼 흩어진 마음을 모을 수 있는 유일한 수단으로 보였다. 단식을 결심하고 아내에게 전화를 걸었다. “그것이 마지막 방법이라면 그렇게 해라”라는 대답이 전화기 너머로 들렸다. 단식을 시작하면 몸도 사업체도 무너질 수가 있었다. 또 가족들이 평생 눈물을 흘리며 살아갈 수도 있다. 하지만 이번에도 가족들의 가슴에 대못을 박고 말았다.

단식 열하루째 군에 있는 아들에게서 전화가 왔다. 아들에게는 단식하는 것을 알리지 말라고 미리 당부해두었기에 전화를 받으면서도 걱정이 되었다. “단식 중인 거 알고 있어요. 아버지 건강은 어떠세요?” 군 복무 중에 혹시라도 욱하는 마음에 뛰쳐나와서는 안 된다는 생각에 망치로 머리를 맞은 기분이었다. 아들은 인터넷을 보고 알았다고 했다. “아빠는 괜찮다. 군 복무를 잘하는 것이 아빠를 위하는 일이다”라고 타일렀으나 아들은 진정하지 못하는 듯했다. 엉뚱한 생각을 가지지 말라고 아들을 안정시키고 전화를 끊었다. 단식 기간 내내 아들 생각에 마음이 더 무거웠고 불안했다. 나중에 아들은 “왜 하필 아버지가 또 총대를 메야 하는지 화가 나서 미칠 지경이었다”라고 당시 심경을 이야기했다. 부산에 거주하는 칠순이 넘는 큰형도 저녁마다 전화로 안부를 확인해오니 가족과 형제들에게도 못 할 짓을 하는 것이었다.

17일간의 단식을 마치고 안정을 취한 후 장모님이 어떻게 지내는지 걱정이 되어 찾아갔다. 평상시에는 자주 전화를 드렸지만 단식 전후로 상당 기간 전화를 드리지 못했다. 장모님은 내 손을 덥석 잡으며 거의 울다시피 말했다. “이 사람아, 상복을 입고 거기 앉아서 뭐 했나? 뉴스에서 자네가 그렇게 앉아 있는 것을 보고 기절할 뻔했네. 아무리 세상을 바꾸려고 해도 그렇지. 그 옷을 입고 배를 곯는다는 것이 말이 되는가? 이젠 제발 자네 집사람 생각도 하게.” 장모님은 걱정을 하면서도 아내에게 전화도 못 했다고 했다. 나는 어떤 말도 할 수가 없었다. 고개를 들지 못했다.

큰 자본과 조직을 가진 대기업이 열심히 일하고 있는 우리의 터전을 더는 빼앗지 말았으면 좋겠다. 나라를 구하는 일도 아닌데 목숨을 걸어야 하는 힘든 현실을 우리 후세들에게 물려줄 수는 없지 않은가.

뒤늦은 배움,
마침내 열리는 안목

무안함에 얼굴이 화끈거렸다. 부산시청 경제 관련 부서의 한 공무원에게 무시를 당한 것이었다. "이 회장은 이걸 봐도 몰라요?" 그는 들고 있던 언론자료에 나온 유통법 개정안을 곁눈질하며 짜증스러운 듯 내뱉었다. 부산경제살리기 시민연대 박인호 의장과 함께 관련 부서를 찾은 자리에서 이런 망신을 당했다.

기업형 슈퍼마켓(SSM)의 무분별한 입점에 대한 조치를 취해달라고 부산시청을 들른 참이었다. 대기업의 입점 횡포를 내버려두면 지역 경제도 어려워질 것이라며 논쟁을 벌이던 중이었다. 그 공무원은 부산시 조직에는 기업형 슈퍼마켓의 입점을 다루는 부서가 없고, 지금 조직은 전통시장만 담당할 뿐이라고 이야기한 뒤에 신경질적으로 말을 내뱉었다.

사실 유통법 개정안은 전국유통상인연합회 공동회장이었던 우리가 국회의원들과 논의해 국회에 발의한 내용이었다. 당연히 알고 있었지만 더 이상 말을 할 수가 없었다. 박 의장이 그 공무원을 나무랐지만 공부를 더 해야겠다는 생각만이 머릿속에 뱅뱅

맴돌았다. 2010년 11월의 이 사건은 내 삶에서 잊을 수 없는 충격이었다. 자본의 논리에 따라 열심히 일만 했던 나에게 자아발견을 하도록 만든 계기였다.

급하게 필요한 법을 알아야 했기에 방송통신대학교 법학과 문을 두드렸다. 배움의 길이 멀고도 험하다는 것을 이미 알고 있었다. 단단한 각오로 입학했지만 학업의 길은 호락호락하지 않았다. 당시 나는 어묵, 두부 등 식품의 일일배송을 하며 하루도 쉬는 날이 없는 생계형 업종을 하고 있었다. 대형마트와 SSM 입점을 막기 위한 집회 준비와 수없이 생기는 협회의 민원, 조합 설립 등으로 몸을 쪼개 써도 모자랄 지경이었다. 방송대의 인터넷 강의를 MP3에 녹음하여 납품 도중 반복해 들어야 했다.

한 학기에 사흘간 대학교에 연속 출석해 하루 종일 수업을 들어야 하는 일정이 특히 문제였다. 부산시 북구 화명동에 있는 대학교에서 오후 6시까지 수업을 마친 뒤 새벽 2시까지 아내와 함께 납품을 했다. 유통기간이 짧은 제품이라서 재고를 많이 둘 수도 없었다. 그렇다고 진열 쇼케이스를 텅텅 비우며 결품을 낼 수는 없는 노릇이었다. 자정이 넘어서 점포에 가면 슈퍼마켓 점주들은 내 처지를 이해하고 도와주며 음료수를 내놓았다. 덩달아 아내도 몸살이 날 지경이었다. 하루 4시간 남짓 자고 다음 날 제품 발주만 하고 수업을 들으러 가면 몸과 마음이 천근만근으로 느껴져 발걸음조차 떨어지지 않았다. 일요일까지 사흘간의 연속 출석 수업을 마치고 나면 온몸은 파김치가 되어 한 주가 시작되는 월요일은 영혼이 없는 흡사 강시 귀신 같았다.

그러나 틈만 나면 공부를 하고 법의 개념을 배우게 되면서 자신감이 생겼다. 이마트 트레이더스 서면점의 항소심 때였다. 2011년 이트레이더스 서면점을 상대로 협회는 사업조정을 신청했고 우여곡절 끝에 중소기업청(중기청)으로부터 사업조정 개시 결정을 받았다. 그러나 이마트는 중기청의 결정이 부당하다며 소송을 냈고 1심에서 중기청이 패소했다.

이후 중기청이 항소를 했고 서울행정고등법원에서 항소심 2차 변론이 있었다. 이마트 측에서는 변론을 위해 십여 명의 변호인단이 와서 PPT 자료까지 틀었지만 우리 측은 중기청 변호인과 관계자 두 명만이 참석해 더욱 애가 탔다. 특히 행정소송은 1심 패소 후 항소심에서 승소할 확률은 거의 없다고 들었기에 절박했다. 자영업 환경을 법으로 담지 못한다고 늘 생각했는데 마침내 털어놓을 기회가 온 것이다. 중기청의 변호인에게 쪽지를 건네려 했다. 재판장에게 발언의 기회를 얻고자 했는데 마침 재판장이 쳐다봤다. 순간 발언 기회를 주지 않을까 하는 기대에 심장이 멎는 줄 알았다. 재판장은 내가 부산에서 온 걸 알았던 모양인지, 하고 싶은 말이 있으면 해보라고 했다.

"존경하는 재판관님! 저는 부산에서 중소상공인살리기협회를 이끌며 장사를 하는 상인입니다. 저는 엄청난 자본력을 가진 대기업이 저희 같이 힘없는 상인들의 삶의 터전을 빼앗는 것이 법의 정의는 아니라고 방송대 법학과에서 배우며 늘 생각했습니다. 법은 약자를 위해 실현될 때 법의 정의가 완성되는 것입니다. 오늘 저의 옹색한 발언을 들으시고 이마트로부터 저희 같은 약자를 지키기 위한 역사적인 재판 현장을 이끌어 주시기를 간절히 기도하는 마음으로 말씀드립니다." 나는 5분 정도 발언 시간을 얻었지만 거의 10분이 넘도록 간절하게 말했다. 피고 보조참가인 자격으로 법정에 참가한 나는 이 법정에서 모든 것을 쏟아냈다. 법학과를 다니며 배운 지식을 고등법원에서 거침없이 표현하고 나니 힘들게 공부했던 나 자신이 자랑스러웠다.

방송대 법학과 졸업 직전에 방송대 경영대학원 서류전형을 통과하고 2차 면접을 보면서 30초 동안 자기소개를 했다. "방송대는 선진국형 진보 교육기관입니다. 대학원에서 배우고 연구한 경영 지식을 어려운 처지에 놓인 사람들과 공유하고 나누어 보다 나은 세상을 만들도록 할 것입니다. 만약에 저를 뽑지 않는다면 방송대의 존립 근거가 없는 겁니다." 나의 황당한 자기소개에 면접관이던 교수 세 분은 눈을 동그랗게 뜨며 당황하는 모습이 역력했다. 자기소개 후 합격이 어렵겠다는 느낌이 확 몰려왔다. 그래서인지 이후 답변은 더욱 솔직하고 당당하게 대답했다. 면접을 마치고 부산으로 돌아오는 열차 안에서는 아쉬움과 시원함이 반반인 심정이었다. 떨어질 줄 알았던 경영대학원은 운이 좋았는지 4대 1에 가까운 경쟁률을 뚫고 입학했다. 깊이 있는 경영지식을 습득할 수 있는 좋은 기회였다. 경영대학원에서 연구한 지식으로 상인들의 처지를 보다 명석하게 꿰뚫어 보는 관점을 가지게 되었다.

석사 졸업 후 2018년 부경대 대학원 박사 과정에 지원했다. 노사 관계가 전공인 윤영삼 지도교수는 노동자에 대한 애정과 열정이 대단했다. 노조에 관한 토론으로 밤새는 줄 모를 정도였지만 사실 나는 이전 전공과 달라 어려웠고 괴리감마저 들었다. 자영업에 대한 편견을 가진 지도교수의 발언에 자존심이 상한 적이 한두 번도 아니었다.

하지만 많은 갈등을 겪으면서도 노동조합에 관한 지식을 넓힐 수 있었다. 노동자의 삶과 투쟁이 자영업자의 환경과 별반 다르지 않다는 것을 알게 되었다. 자영업자들 또한 자본과의 제로섬 게임을 치르고 있었기에 공감하는 을들과의 연대가 필요하다는 시각을 가지게 되었다. 대형마트의 휴점일을 유럽에서는 노동자의 휴식 보장권으로 제정한다. 하지만 우리나라 유통산업발전법에서 상권 보호는 태생적인 한계를 가지고 있다. 노동자의 권리와 상인들의 생존권 보호 법안을 묶어서 개정한다면 이 한계를 뛰어넘을 수 있을 것이다.

2019년, 최저임금 인상 문제로 우리 사회는 엄청난 갈등을 겪고 있다. 나는 자영업을 하면서도 소득주도성장 정책에 동의했고, 최저임금 1만 원 인상에도 찬성했다. 정부 차원에서는 자영업 대책을 세운 후 최저임금 인상을 논의했어야 했지만 그렇게 하지 않았다. 늦었지만 최저임금 인상의 대책을 하루라도 빨리 세워야 자영업 생태계를 그나마 지킬 수 있다고 기자회견장 등에서 틈만 나면 주장했다. 언론 · 방송 관계자 등 많은 사람들은 나의 이러한 사고방식에 대해서 의외라는 이야기를 했다. 자영업자의 어려운 상황이 최저임금 인상만으로 볼 수 없으니 복합적인 문제를 풀기 위해서는 상인 계층과 노동자 계층이 연대해야 한다는 유연한 생각에 놀랐다는 것이다. 아무래도 박사 과정에서 노사관계 공부를 하며 깨달아서 그런 모양이다.

오늘도 학술연구의 제반 사항들을 다루는 박사 과정의 기초소양 과목인 연구방법론을 익히고 있다. 상인들이 조직화되지 못하는 이유에 대한 주제로 연구에 매진하고 있다.

운명처럼
작은 힘을 협회에 보태다

삼천포에 있던 아버지의 산소를 찾아 소주 한 잔 올리고 싶었으나 마음뿐이었다. 몇 년 전에 파묘한 후 화장했으니 더는 가볼 수가 없었다. 오랫동안 해온 사업을 생각지도 않게 정리하니 공허한 마음이 들었나 보다.

사업을 접기는 정말 힘들었다. 13년간의 협회 봉사가 20년 사업 경력을 접는 결과로 돌아온 것이다. 있는 돈 없는 돈 모두 끌어모아 힘들게 사업을 시작해 겨우 기반이 마련될 무렵에 협회 회장직을 맡았다. 오랜 회장직 수행으로 힘들어진 사업을 다시 본 궤도에 올리기 위해 회장직을 그만두겠다고 했다.

더구나 조합의 OEM 사업*은 나에 대한 제조업체의 무한 신뢰에서 시작했다. 제조업체들의 선의에 대해 나 몰라라 할 수는 없었다. 그들은 일 년간 '원 플러스 원' 행사로 밀어주었다. 제조업체들이 신제품 동판 비용이나 포장비까지 감내하면서 OEM 생

* 생산자가 주문자의 요청에 의해 제품을 생산하는 시스템. 주문자의 상표가 부착되어 새로운 브랜드가 만들어진다.

산을 해준다는 것은 신생 조합에는 불가능한 일이었다. 적어도 대형마트만큼의 판매가 된다는 확신이 있어야 가능했다. 그들의 도움으로 시작한 나와 조합은 도의적인 책임을 져야 했다.

또한 도매와 소매 간의 협력으로 지역 상품을 브랜딩하겠다는 오랜 생각을 쉽게 떨칠 수가 없었다. 지역 언론에서도 이 시도를 주목하며 높게 평가를 해주었다. 언론의 관심은 광고비를 들이지 않고서도 조합 홍보로 이어졌다. 이러한 점이 나와 조합이 앞으로 해야 할 일이 무엇인지 되새겨주었다. 내가 그 역할을 제대로 해야 지역 경제에 조그마한 이바지라도 하는 것이라고 여겼다. TV 광고를 하는 대기업 대리점 사업을 할 때보다 훨씬 어려웠다. '두리누리' 신제품을 입점 등록하기 위해 소매점의 관리자에게 설명할 때면 힘은 들었지만 지역 상품을 확대한다는 긍지로 마음이 뿌듯했다. 내가 회장이기에 영업이 쉽다고 생각한 사람도 많았지만 소비자의 마음을 얻는 것은 별개의 문제였다. 소비자는 이름 없는 조합 제품에 대한 믿음이 부족했다. 먹는 식품에 대한 소비자의 이런 심리는 당연한 거였다.

나는 두리누리 두부와 소시지를 들고 시식 행사에 나갔다. 이진우 사장이 운영하는 영도 대교마트에서 시식 행사를 시작했다. 미리 제작해온 룰렛 돌림판을 회전시켰다. '두리누리 엄지 척' 소시지를 시식한 사람들이 돌아가는 룰렛 판에 핀을 던지는 게임이었다. 꽝만 피하면 소시지와 미역 등 두리누리 제품을 덤으로 가져가는 재미에 많은 사람이 줄을 서서 참여했다. 흰색 두건을 쓰고 이어폰 마이크를 목에 두른 채 "고객님 준비하시고 두!

두!두!두! 쏘세요"라는 효과음까지 넣으면서 외쳤다. "고객님 축하합니다. 40g 두리누리 유기농 미역 한 봉지 당첨되셨네요." 미역을 건네며 "현재 전국에서 생산되는 유기농 미역은 두 가지 제품인데 그중 하나가 우리 조합에서 만든 제품입니다"라고 제품 설명을 했다.

룰렛 이벤트는 참가자들이 같이 사진 찍기를 원할 정도로 인기 만점이었다. 4시간 행사에서 1000원의 소시지를 25만 원 이상 판매하니 마트에서도 놀랐다. 다른 슈퍼마켓에서도 행사를 해달라는 요청이 들어왔다. 내가 "지역 상품을 사용해야 지역 경제가 살아난다"라고 말하면 소비자들은 "맞다. 부산 경기가 너무 어려우니 지역 상품을 사야 한다"라며 동감했다.

조합원들이 많이 포기해 마음은 무거웠지만 하루하루가 소중했다. 어떤 날은 아침부터 부산을 일주하듯 160km 정도를 돌며 납품하고 오후 11시가 넘어 기장 조합 사무실에 들어가는 일이 허다했다. 큰 건물에서 늦게 남아 홀로 나를 기다리는 아내가 고맙고 미안했다. 불이 꺼진 조합 창고에서 혼자 물품 정리를 하는 내 처지가 마음이 아팠던지 아내는 직원들이 퇴근한 후에도 집에 가지 않고 조합을 지킨 것이었다. 현장에서 소비자들을 직접 만나면서 매출은 쑥쑥 커지고 희망이 보이기 시작했다.

메가마트 본사 바이어와 임실치즈 납품 조건을 이야기하다가 마무리를 짓지 못했을 때이다. 그들은 조합 창고를 둘러보고 시설에 아주 흡족해했다. 메가마트 바이어들이 요구하는 판매분 입점*에 나는 동의할 수가 없었다. 그 조건만 받아들이면 거래는 성사되는 것이었다. 그들과 점심을 먹으면서 이야기하던 도중 내가 협회장이라는 사실이 드러났다. 굳이 숨길 이유도 없었다. 그들은 밥을 먹다가 체한 듯 얼굴이 굳어졌다. 협회 회장이라 부담스럽다고 하니 회장직은 여러모로 사업의 걸림돌이었다.

강대호 사장에게 메가마트 납품 건에 대해 의논하니 무조건 납품해야 한다고 주장했다. 강 사장은 내가 협회장을 오래 맡으면서 사업체가 어려워지는 것을 보고 늘 걱정했다. 대기업 대리점 사업을 정리하고 임실치즈 총판을 시작함과 동시에 조합에서도 OEM제품 생산을 할 수 있겠다는 생각이 들었다. 강 사장은 괜찮아 보인다며 사업을 하라며 초기 자금을 목돈으로 내주었다. "이 회장은 부지런하고 끝까지 최선을 다하니 성공할 것이다. 성공하면 내 돈을 돌려주면 되지만 실패하면 비싼 술 먹은 것으로 하겠다"라고 말했다. 강 사장의 전폭적인 도움을 받은 나는 쉬는 날도 없이 정말 열심히 사업을 일구었다. 그는 오로지 나만 믿었다. 이따금 조합 사무실에 들러 고생한다며 식사까지 챙기는 그였다.

그사이 부산시 연제구의 이마트타운 연산점 입점 반대 투쟁이 절정에 이르렀다. 모든 걸 쏟아부으며 투쟁했지만 원하는 결과를 끌어내지 못해 단식을 결심했다. 단식을 결심한 뒤 아내에 이

* 유통가에서 쓰이는 단어로, 납품 후 소비자들이 구매한 만큼 결재하는 거래형태다. 팔리지 않고 매장에 있는 재고분의 분실은 책임지지 않는다.

어 강 사장에게 전화를 걸었다. 그는 "단식한다는 걸 사모님에게는 말했습니까?"라고 묻더니 "이 회장이 그렇게 생각한다면 단식을 하세요"라고 했다. 그는 나의 무기한 단식이 무슨 의미인지 알고 있었다.

20년간 일궈온 사업체를 내려놓고
위기에 처한 중소상공인을 위해
몸을 내던지기로 결단했다.

단식이 끝난 이후 몸을 돌볼 사이도 없이 다시 새벽부터 늦은 밤까지 일했다. 석 달을 죽으라고 뛰었던 결과 협회장직을 더는 수행할 수 없다고 결론을 내리고, 이사회와 확대 임원기구에 이 사실을 통고했다. 한 달 반이 지나 돌아온 결론은 사업을 정리하고 협회를 상근으로 맡아달라는 것이었다. 강 사장과 메가마트 납품 건을 의논하는 와중에 받은 이사회의 결정은 솔직히 무책임해 보였다. 조합과 내일촌식품 사업을 일구고 싶은 생각이 앞섰다. 이사회의 결정을 무시하고 일하는 내내 상인들로부터 전화가 빗발쳤다. 푸드엔 식자재 업체를 운영하는 김광원 사장은 내 처지를 잘 알았다. 그런 김 사장도 "회장님의 마음을 상인들이 압니다. 저도 강대호 사장과의 신뢰는 깨면 안 된다고 생각하지만 그분에게 양해를 구한다면 이해할 겁니다"라고 말했다. 그러나 늘 나를 존중해주던 강 사장을 실망시킬 수는 없었다.

협회를 방치할 수 없는 상황이 계속 생겼다. 이마트타운 행정 소송이 시작된 직후라 늘 마음이 무거웠다. 특히, 여러 곳의 대형 마트와 이마트 노브랜드 입점 예정 사실이 많은 이들의 마음을 옥죄고 있었다. 후임 협회장을 빨리 구하지 못하면 협회가 정상적인 기능을 할 수 없다는 말이 마음을 더욱 힘들게 했다. 결국 마음이 바뀌기 시작했다. 사업을 펼쳐 하늘을 얻는다고 해도 마다하고 나를 원하는 중소상공인들과 함께하겠다고 마음을 고쳐먹기 시작했다. 강 사장에게 의논하니 그도 당연하다는 듯이 나의 또 다른 선택을 존중해주었다. 그는 내 결정에 대해 단 한 번도 서운한 표정을 짓지 않을 정도로 내가 어떻게든 잘 되기를 원했던 것이다. 협회를 꾸려나가야 했다. 2017년 10월 15일, 그렇게 사업의 꿈을 내려놓았다. 20년 넘게 일궈오던 자영업자로의 길인 희로애락의 행군을 정리하고 나의 작은 힘을 협회에 운명처럼 보태게 되었다. 수소문 끝에 사업체를 맡은 젊은 사장이 조합까지 이끌어나가기로 했다. 나의 꿈과 포부를 대신하는 그가 내 몫까지 잘해주길 진심으로 빌었다.

글을 마무리하며

용기를 내어 자영업자의 아픔과 고통을 드러내 사회에 알리고자 했습니다. 글쓰기는 가슴이 뜨거워지는 꿈이었으나, 막상 글을 다 적고 보니 걱정이 앞섭니다. 분노와 투쟁의 단어가 너무 많아서 읽는 이를 불편하게 만드는 것은 아닌지 우려됩니다. 상인들을 만나기 위해 전국을 다녔습니다. 그들의 고통스럽고 처절한 삶을 글로 쓰는 일은 고민스럽고 어려웠습니다. 여전히 고난의 행군을 이어가는 그들의 사연에 많이 울었고, 지금 이 순간에도 여전히 벼랑 끝에 매달린 상인들을 방치하는 세상이 야속하기만 합니다.

자영업자와 중소상공인에게 지원 정책을 마련하려면 현장의 목소리를 잘 들어야 합니다. 전통시장과 소상공인 정책도 중요하지만, 정부 정책은 더욱 다양하게 준비되어야 합니다. 납품업자들을 대상으로 한 정부 정책은 거의 보이지 않고, 중견업체와 관련한 정책이 나오지 않으니 이들의 소외감은 상상을 뛰어넘습니다. 중견업체에는 많은 일자리가 있지만 최저임금 인상 이후 너무 힘든 나머지 그만 포기하고 처분하려는 곳이 늘었습니다.

이 글을 마무리하던 2019년 4월 말, 지인이 운영하던 중견업체가 부도 나고 말았습니다. 연쇄 부도 사태로 번지지 않기를 기원합니다. 2019년 최저임금 인상의 후유증은 예상보다 컸습니다. 얼어붙은 소비심리로 매출은 바닥까지 떨어져 폐업하는 자영업자들이 너무 많습니다. 쫓겨나는 아르바이트생도, 문을 닫을 수밖에 없는 자영업자도 다 피해자입니다. 정치인들의 이념과 철학에 따라 많은 사람들의 삶이 왜 변해야 하는지 이해하기 힘든 너무 아픈 고통입니다. 대기업 규제를 원하면서도 자신보다 못한 노동자와 소규모의 경쟁자에겐 자본의 힘을 내세우는 행위를 어떻게 봐야 할까요. 주변에 대기업 점포가 들어오는 것을 막아달라면서, 점포를 내놓을 때는 대기업에 넘기려는 이중적인 모습은 무엇일까요.

일부 상인단체와 대기업 간의 음성적인 기금 수수는 전국적으로 심각했습니다. 대기업 돈을 받지 않은 상인들이 바보라는 소리가 들릴 정도로 우리 사회는 도덕 불감증에 걸려 있습니다. 일부 전통시장 안에 이마트 노브랜드 매장을 입점시키고 상생이란 허울을 씌웁니다. 하지만 노브랜드가 시장만 좋아지라고 들어오진 않습니다. 이렇게 되면 전통시장 밖에 노브랜드 점포가 들어와도 반대할 명분이 없어집니다. 골목상인과 전통시장 상인 간의 연대가 멀어지면 상권은 대기업에 넘어갈 수밖에 없습니다.

오목눈이 어미새의 뻐꾸기 사랑이 생각납니다. 뻐꾸기는 다른 새의 둥지에 알을 낳고 떠나버리는 습성이 있습니다. 오목눈이 어미새가 알을 낳고 둥지를 잠시 자리를 비운 사이, 뻐꾸기는 알을 낳고 날아가 버립니다. 이 사실을 모르는 오목눈이 어미새는 뻐꾸기 알까지 품는데 뻐꾸기 알은 오목눈이 알보다 먼저 부화합니다. 부화한 뻐꾸기는 부화하지 못한 오목눈이 알을 둥지 밖으로 밀어냅니다. 오목눈이 어미새는 자기 알이 나무 아래로 떨어지는 걸 쳐다만 볼 뿐입니다. 오목눈이 어미새는 부화한 뻐꾸기가 마치 자신의 새끼인 양 먹이를 물어다 주며 정성스레 키웁니다. 날기 연습이 끝난 새끼 뻐꾸기는 오목눈이 둥지를 말없이 떠나갑니다. 우리 상인들이 상생을 외치다가 자신의 둥지를 대기업에 내어주는 상황이 오목눈이 어미새의 어리석은 사랑처럼 느껴집니다.

대형유통업체가 골목상권에 들어오면 상인들은 연대해야 합니다. 하지만 현실에서는 전통시장과 소상공인, 소매업체와 도매업체, 도·소매업체와 제조업체, 프랜차이즈 본사와 가맹주 간 불신의 골이 너무 깊습니다. 상대에 대한 배려보다는 이익, 사람보다는 돈이 앞서며 서로 존중하는 가치를 내팽개친 것입니다.

'상도'가 필요한 시점입니다. 상도는 자신의 생존권 요구를 뛰어넘어 연대하여 사람답게 사는 세상을 만드는 힘입니다. 자영업자와 상인들 스스로를 돌아보는 마음이 필요합니다. 장사가 중요하겠지만 시민의식을 가지고 참여하는 정신도 필요합니다. 이익만 좇아가면 주변을 돌보기가 어렵습니다. 주변뿐 아니라 지역에 관심을 가지고 지역 언론과 지역 은행 등 우리 지역을 향한 마음이 필요합니다. 그 마음으로부터 지역 경제는 활성화될 것입니다. 자영업자들은 시민들의 관심과 지원이 있었기에 그나마 버틸 수가 있었습니다.

"이마트타운 행정소송은 달걀로 바위 치는 격이지만 충분히 역사적이다"라고 평가한 양창영, 김남근 변호사에게도 감사드립니다. 다만, 이마트타운 연산점 행정소송 상고심 직전에서의 있을 수 없는 뼈아픈 실책이 너무 애통하고 분합니다. 그러나 다시 심기일전하여 반드시 역사적인 평가를 남기고자 합니다.

늘 초고 내용을 들어야 했던 가족, 특히 자신의 삶을 통째로 드러낸 아내에게 진심으로 감사를 전합니다. 잡다한 서류 정리와 자료 수집을 도와준 김영석 협회 사무처장에게 고마움을 표합니다. 졸필을 다듬어주신 부산일보 박종호 논설위원에게 깊이 감사드립니다. 그리고 산지니 출판사 강나래 편집자 외 모든 관계자의 수고에 감사인사 전합니다. 무엇보다 자신에게 혜택이 돌아가지 않지만 상인의 가치가 필요하다며 함께한 우리 상인들, 책 속의 주인공들에게 미안함과 고마움을 전합니다.

사력을 다해 글을 적었지만 아쉬움이 큽니다. 자영업 환경과 중소상인들의 미래를 염려하는 마음이 작았던 것은 아닙니다. 비록 한계는 있겠지만 저의 경험에서 우러난 여러 중소상인의 현실이 잘 전달되어 주변을 따뜻한 시선으로 살펴주셨으면 좋겠습니다.

"어제는 치킨집, 오늘은 빵집…" 자영업자로 산다는 것은 무엇인가

김영춘 국회의원

하루가 멀다하고 주인이 바뀐다. 인테리어 공사를 마친 지 얼마 되지 않았는데 또 다시 가게 내부가 휑하게 비워진다. 가게 앞에 놓인 축하 화환은 이름만 달리해 자리를 지킨다. 폐업 전문 용달차가 누군가에겐 마지막 희망이었을 법한 각종 집기를 나르는 모습은 보는 이들의 가슴을 짠하게 만든다. 흔히 보는 골목상권의 모습들이다.

위기와 기회가 공존하는 시대, 이 땅에서 상인으로 자영업자로 산다는 것은 무엇인가? 그 애환과 살고자 하는 몸부림을 처절하게 토해내고 상생과 공존의 비전을 담담히 얘기하는 이 책이 포용사회가 시대적 과제로 대두된 요즘 상황에 반갑고도 소중하다. 중소상공인살리기협회 회장이란 이력에서 짐작하듯 저자 이정식의 삶은 온통 소상공인들의 생존 투쟁과 연결되어 있다. 당연히 이 책은 자영업자를 포함한 사회경제적 약자들의 삶을 자신의 삶과 일치시키고 중소상공인의 생존을 대하는 한국사회의 전반적 상황을 엮어내고 있다. 또한 영세 자영업자를 약탈해온 정글 자본주의의 민낯과 언론, 법, 관료사회의 힘 센 자들을 향한 교묘한 편향에 대한 고발이 저자의 경험담에 생생히 기록되어 있다.

뉴 노멀의 시대, 약육강식과 적자생존의 낡은 시스템을 넘어설 수 있는 대안은 무엇인가? 진영논리를 뛰어넘어 상생, 공존의 가치를 토대로 '사회적인 것'에서 대안을 찾을 수는 없을까? 저자는 시대가 요구하는 협동조합에 대해 고민한다. 또한 새로이 '두리조합'을 시도하는 등 사회적 경제에 대한 치열한 실천적 문제의식을 책 곳곳에서 드러내고 있다. 극심한 양극화를 해소하고 더불어 사는 아름다운 공동체를 향한 실천적 해법은 저자의 삶에서 이미 제시되어 있고 진지한 시선으로 철옹성의 벽에 도전해온 저자는 새로운 길은 언제나 가까이 있음을 웅변하고 있다.

저자의 책을 읽는 동안 소상공인 기본법 제정에 본격적 시동이 걸렸다는 반가운 소식이 들린다. 소상공인의 기본 개념을 구축하고 소상공인 지원 및 보호방안의 구체적이고 세부적인 내용들이 법안에 포함되기를 바란다. 중소기업기본법의 이름만 바꾸는 것이 아니라 소홀했던 사업영역 확보와 소상공인 복지 문제 등이 망라되고 처우가 개선될 수 있는 '소득보장제' 개념도 폭 넓게 논의되어야 할 것이다. 쟁점으로 떠오르고 있는 자영업자 포함 여부도 전향적으로 검토되어야 한다. 정부 정책과 사회안전망에서 늘 소외되어온 소상공인을 새로운 경제 주체로 정의하는 경제헌법이 소상공인기본법이라면 자영업자 또한 당연히 그 범주이기 때문이다. 또 한 가지 꼭 필요한 것은 소상공인과 자영업자의 삶을 한 몸에 응축시키며 실천적 해법을 고민하는 저자와 같은 현장의 목소리들이 반드시 반영되어야 한다는 것이다. 그렇지 않으면 이 법 또한 아무한테도 소용없이 공허한 뒷골목만 떠돌다 사문화되기 십상이기 때문이다.

파노라마처럼 펼쳐지는 저자와 '을'들의 삶의 풍경 속에는 '사람사는 세상', 공동체가 중심되는 '사람경제'가 들어가 있다. 공존과 상생을 향한 저자의 강한 의지로 탄생된 이 책은 사회적 경제에 대해 고민하는 활동가뿐만 아니라 일반 시민까지도 쉽게 읽을 수 있도록 풀어낸 저자의 삶의 치열한 기록이다. "목숨처럼 지켜온 정치적 중립성을 버리기로" 마침내 고백하는 저자에게서 그 결정의 옳고 그름을 얘기하는 것은 저자의 삶의 치열함과 그들의 살고자 하는 몸부림 앞에서는 가당치도 않은 일이다. 사람 중심의 공동체를 제안하는 따뜻하면서도 치열한 저자의 실천적 프로젝트에 동참하고 싶은 분들에게 자신있게 『골목상인 분투기』를 권한다.

상인운동이 다양한 연대를 통해 지역공동체 운동으로

김종민 부산참여연대 대표

연산동 이마트타운 건립 저지를 위해 연제구청 앞 도로변에서 단식을 하고 있는 그를 방문했다. 그에게서 결연한 의지가 강하게 느껴지는 한편 대한민국의 아저씨라는 여린 내면과 삶의 무게가 느껴졌다. 그런 그가 왜 극단적인 단식투쟁을 해야 할까? 그가 단식투쟁을 선택한 것이 아니라 극단적인 단식투쟁으로 내몰린 것이었다. 살아야 하니까. 죽기 위해서가 아니라 오로지 살기 위해서 온몸으로 울부짖는 그를 본 것이다.

이를 두고 비판의 목소리도 들린다. 자영업의 몰락을 지속적으로 증가하고 있는 자영업자의 수 등 개인적인 문제로 돌리면서 개인적인 문제를 단식이라는 극단적인 투쟁을 통해 사회문제로 만든다는 비판이 그것이다. 하지만 자영업으로 내몰릴 수밖에 없는 사회구조, 경제구조에 대해서는 외면한다. 비정규직이 늘어나고, 정년이 단축되고, 구조조정이 일상인 노동현실과 이런 노동현실을 보완할 제대로 된 사회안전망이 없는 상황이 자영업을 더욱 위기로 몰아가고 있는데도 우리 사회는 이를 애써 외면한다. 즉 자영업의 증가와 몰락은 개인의 문제가 아니라 사회문제이며 우리 이웃의 문제이며 결국 우리의 문제인 것이다.

이정식 회장이 그동안 활동해온 내용을 정리해서 책을 낸다고 할 때 한시가 바쁜 사람인데 어려운 작업을 할 수 있을지 걱정이 되었다. 얼마 전에 책의 초고를 건네주면서 읽고 눈물 흘리지 말라는 당부도 함께 받았다. 글을 읽어갈수록 슬픔과 분노가 함께 밀려와 눈물을 흘리지 말라던 그의 당부를 지킬 수가 없었다. 상인운동을 이끌고 있는 한 사람의 애환과 고민을 넘어 다양한 사례에서 대한민국 상인들의 처절한 삶과 투쟁을 잘 보여주고 있었기 때문이다.

이 책은 상인운동의 주체, 지역공동체 운동으로서의 상인운동, 다양한 영역과의 연대를 통한 사회운동으로서의 상인운동의 고민과 과정이 잘 그려진 상인운동의 지침서로서의 가치가 충분하다. 상인운동을 이해하기 위해 이정식 회장이 생각하고 활동해온 상인운동에 대해 책의 일부를 소개하면 다음과 같다.

첫째, 대형 자본의 탐욕에 맞서 지역 경제의 건강한 생태계와 지역민들의 삶의 터전을 지키려는 우리 상인들의 투쟁이 바로 경제민주화 운동이다. 경제민주화는 재벌 개혁에만 한정된 것이 아니라 중소상인과 중소기업 등 모든 업종에 해당하는 우리들의 문제이고, 과제이다. 경제민주화는 대형 자본의 골목상권 진입을 막는 무기로 쓰임으로써 우리 이웃인 중소상인들의 삶을 지켜내고 마을과 지역의 경제를 순환하게 만들어 결국 우리의 삶에 지대한 영향을 끼치고 있는 것이었다.

둘째, 자영업자의 삶과 투쟁이 노동자의 그것과 별반 다르지 않다. 자영업자들 또한 자본과의 제로섬 게임을 치르고 있기에 을과의 연대가 필요하다. 자본과 보수 세력에 의한 노동자와 상인들의 대립 정책을 극복하고 노동자의 권리와 상인들의 생존을 보호하는 법안이 같이 마련되어야 한다.

셋째, 중소상인 스스로 경쟁력을 갖추고 일정한 방어시스템을 만들지 못한 채 대기업의 도움을 받아 상생해나간다면 중소상인은 결국 대기업과 자본 논리대로 움직이게 되는 것이다. 전통시장 내에 입점하는 노브랜드의 경우 자신들의 제품 판매와 영업영역을 넓히는 것이 목표이기 때문에 노브랜드의 입점과 함께 지역의 상품은 점차 사라지고 이에 따라 지역의 중소상인들은 몰락함으로써 결국 지역 경제가 무너지게 되는 악순환에 놓이게 되는 것이다.

일시적이고 부분적인 재정 지원을 통한 상생이 아니라 근본적으로 대기업 중심의 경제 시스템을 혁신시켜 지역의 중소기업과 자영업에 좋은 환경을 조성하지 않는다면 이런 악순환의 고리는 끊이지 않을 것이다.

이 책을 통해 지금까지 이정식 회장의 활동과 상인운동에 대한 이해의 폭이 더 넓어지게 되었고, 한국의 왜곡된 경제 시스템으로 인해 상인운동이 사회운동의 한 영역이 될 수 있음을 인식하는 계기가 되었다.

2018년 여름 부산참여연대에서 개최한 알바 실태 토론회에서 민주노총, 중소상공인살리기협회, 부산참여연대가 공동으로 주최하는 기자회견이 제안되었다. 최저임금 1만 원 쟁취와 중소상공인살리기를 촉구하는 공동기자회견이었다. 대한민국은 1%의 대자본이 대한민국 부의 대부분을 독점하다시피 함으로써 경제적 양극화가 세계 최고 수준에 도달해 있어 나머지 99%의 국민들의 삶은 나아질 수가 없는 구조이다. 이런 상황에서 노동자와 중소상공인이 연대투쟁을 한다는 것은 당연해 보이지만 그동안 자본, 보수 세력, 보수 언론이 이들에 대한 분리와 대립을 조장해왔고 이는 이들의 연대를 어렵게 만들었다. 하지만 토론회에서 이들의 대립을 조장하는 구조적 문제에 대해 인식의 공유와 연대를 공감함으로써 참석자들이 큰 박수를 보냈던 기억이 난다.

이 책을 통해 대략 700만 명에 이르는 자영업에 종사하는 분들의 삶을 조금이나마 이해 할 수 있게 되어 감사드리며 상인들의 애환을 다루는 자서전에 머무르지 않고 사회혁신운동으로서 상인운동에 대한 인식의 지평을 열어줄 것으로 기대한다. 나아가 상인운동을 하는 분들이나 상인운동과 연대하고자 하는 분들에게 훌륭한 지침서가 되기를 바란다.

공무원들이 꼭 읽어야 할 생생한 현장의 이야기

조종래 부산지방중소벤처기업청장

이정식 회장의 이야기는 상인에게는 용기와 희망을 주고, 공무원에게는 현장감과 정책 아이디어를 제시한다. 이 이야기가 자영업자, 공공부분을 넘어 우리 대한민국의 전역으로 퍼져 따뜻한 온기를 전하는 거름이 되기를 기원한다.

대부분의 사람은 죽을 때가 되면, 시도해서 실패한 것보다는 시도해보지 않은 것에 대해 '한번 해볼걸…' 하고 후회한다고 한다. 그래서 나는 어떤 기회가 오면 무엇이든 흔쾌히 하겠다고 나선다. 이정식 회장의 『골목상인 분투기』 추천사를 부탁받았을 때도 마찬가지였다. 하지만 공무원의 입장에서 13년 넘게 상인운동을 하신 분의 책에 추천사를 쓰는 것이 얼마나 어려운가는 오래지 않아 알게 되었다. 공무원 생활을 하면서 사고가 경직되고, 변화에 대한 거부감이 습관이 되어 버렸기 때문이리라. 하지만 책을 읽어 나가면서 소상공인과 자영업 현장의 이야기를 들을 수 있었고, 나아가 소상공인 자영업자를 이해하면서 마음을 활짝 열 기회를 가진 것이 좋은 점이었다.

『골목상인 분투기』를 읽는 내내 이정식 회장은 참으로 따스하고, 끈기 있는 상인운동가라고 생각했다. 상인운동을 하려면 소상공인의 단합이 필요한데, 단합보다도 더 앞서는 게 당장의 생계 문제이다. 마음을 같이 하고 싶지만 그럴 수 없는 상인들의 아픈 마음을 누구보다 이 회장은 따뜻하게 감싸고 있다. 이러한 이 회장의 따스한 리더십이 상인운동을 지속하게 해온 동력이 아니었나 생각한다. 이 회장의 가족에 대한 사랑도 느낄 수 있다. 마지막에 내가 의지할 곳은 가족이라는 사실을 많은 사람이 놓치고 산다. 핵가족화 되고 개인주의가 만연하면서 일어나는 많은 사회문제는 '가족'이 해결책이다. 이 회장의 이야기를 읽으면서 우리 주변에 항상 머물러 있는 가족의 고마움을 느껴보기 바란다.

이 회장은 참으로 끈기 있는 사람이다. 13년이 넘게 상인운동을 해오면서 초심을 잃지 않고 한 길만 걸어왔다. 생업을 뒤로하고 상인운동을 한다는 것은 보통의 사람은 견디기 어려운 일이다. 처음에는 촛불을 들고, 조합운동을 시작하고, 대기업의 횡포에 맞서다가, 나중에는 법과 제도를 개혁하기 위해 공부를 시작하고, 결국 깨어 있는 시민인 '상인'을 위한 운동을 해온 것이다. 어떤 일이든 13년 동안 하면 일인자는 아니더라도 그 분야의 전문가로 평가된다. 올바른 전문가가 많은 사회가 건강한 사회다. 요즘 우리 사회는 꾸준히 뭔가를 하는 끈기가 부족하다. 한 직장에 오래 머무르지 못하고 여기저기 옮기는 젊은 세대뿐만 아니라, 그러한 젊은이의 마음을 읽어줄 여유를 가지지 못하고 있는 기성세대 모두에게 해당되는 말이다. 참을 인(忍)자와 견딜 내

(耐) 두 글자는 우리가 험한 세상을 살아가는 데 꼭 붙들어야 하는 두 글자라고 『채근담』에서 말하고 있지 않은가. 이 회장의 끈기를 책을 통해 꼭 만나보기 바란다.

마지막으로 이 회장은 우리 사회에 꼭 필요한 상인운동가이다. 책의 말미에서 깨어 있는 시민이 올바른 세상을 연다고 이 회장은 역설하고 있다. 깨어 있기 위해서는 마음을 열어놓아야 한다. 흔히 마음먹기에 달려 있다고 쉽게 이야기한다. 그러나 마음먹기만큼 어려운 일이 세상에 또 있을까. 사람은 태어나면서 각각 다른 기운을 가지고 태어나고, 또 성장하면서 겪는 환경이 그 사람의 성격을 규정하기 때문에 사람이 바뀌기는 정말로 힘들다. 오죽하면 사람은 고쳐 쓰지 말고 바꿔 쓰라고 했겠는가. 열린 마음은 스펀지와 같다. 밀도가 높지 않아서 수축과 팽창이 자유롭고, 공기든 물이든 빈 공간에 담을 수 있는 여유와 아량이 있어서 좋다. 소통(疏通)이란 현란한 언어기술로 다른 사람의 생각을 휘어잡는 게 아니라, 그야말로 엉기성기 빈틈이 있어서 그 틈으로 통하는 것이 소통의 원뜻이라고 말해 주고 있지 않은가? 열린 마음과 소통이 공존하고 상생하는 세상을 만든다는 이 회장의 주장에 전적으로 동의한다. 대기업과 중소기업이 상생하고 대형유통점과 소상공인이 공존하는 아름다운 세상을 만드는 법을 놓치지 말기 바란다.

이 책이 하루하루 정신없이 살아가는 700만 자영업자에게는 우리도 할 수 있다는 자신감과 위로를 주기 바란다. 소상공인 삶의 현장에 눈물이 있다면 그 눈물도 치유해 주기를 바란다.

정책을 입안하는 공공부문의 종사자들은 이 책을 꼭 읽어보아야 한다. 공무원들은 '우리의 문제는 현장에 답이 있다'라고 말로는 외친다. 그러나 이러저러한 이유로 현장에 자주 가기는 어려운 상황이다. 나도 지난 25년간 본부에서 정책업무를 하다가 최근 2년 현장근무를 하게 되었다. 현장경험 2년은 지난 25년의 경험보다 값진 것이고 앞으로의 생활에도 더 영향을 미치리라 생각한다. 정부의 대책에 탁상행정이라는 비판이 나오고, 장관들이 현장을 자주 찾아가려고 하는 것은 공무원의 현장감이 떨어져서이다. 현장을 찾아가기 어렵다면 현장의 이야기가 담긴 이야기를 읽으면 업무에서 현장감을 높일 수 있다. 이 책이 바로 그 책이다.

정부가 더 많은 일을 해야 한다는 사실을 일깨워

이정호 부산연구원장

내가 이정식 회장을 처음 만난 것은 2012년 대통령 선거 즈음이었다. 나는 허황한 공약보다는 정책소비자의 생생한 이야기와 현실을 제대로 반영한 정책공약의 필요성 때문에 정책소비자운동을 하고 있었다. 그는 그때도 중소상공인살리기운동에 전념하고 있었다. 중소상공인의 어려움에 정부가 진심을 담아서 대책을 마련하지 않으면 안 된다고 주장하던 그의 절실한 눈빛을 지금도 잊을 수 없다.

이정식 회장은 10년이 넘는 세월을 한결 같이 중소상공인살리기운동에 헌신해온 보기 드문 사람이다. 한 가족의 운명을 걸고 장사에 나선 사람들의 억울한 사정을 좇아서 지내온 세월이었다. 이 책은 그와 그 이웃들의 피눈물 나는 현장 기록이다. 작년 중반 즈음에 조심스럽게 책 이야기를 꺼내기에 '매우 소중한 기록이다. 이걸 이 회장이 아니면 누가 쓰겠는가?'라며 세상에 기록으로 남기기를 권했다. 기록으로 남기기를 권한 빚 때문에 팔자에도 없는 추천사를 쓰게 되었다.

대기업의 골목상권 침투 현장에서 몸으로 저항하면서 느낀 우리 사회의 문제점과 이를 해결하기 위한 약자들의 연대와 단결, 그리고 동료 시민들의 관심을 이끌어내기 위해 벌여야 했던 노력들은 실로 눈물겹다. 그리고 운동의 중요한 고비 고비마다 요구되었던 정확한 현실인식과 냉철한 결단을 회피하지 않고 몸을 던져온 그의 헌신이 놀랍다.

그가 현장에서 만난 우리 이웃들의 절절한 사연들을 읽다 보면 우리 사회의 현주소를 다시 생각하게 된다. 평생을 걸고 가꾸어온 가게가 돈의 힘 앞에서 어떻게 무너지고 또 사람이 어떻게 파괴되는지, 그 현장을 생생하게 알게 해준다. 시장권력이 거침없이 진격할 때 우리 사회의 골목골목에서는 어떤 일들이 일어나는지를 이보다 더 생생하게 증언하기는 힘들 것이다. 시민의 삶을 시장권력으로부터 보호하기 위해 정부는 훨씬 더 많은 것들을 해야 한다는 것을 이 책은 웅변하고 있다. 정부가 더 많은 일들을 하게 하기 위해서라도 이 책은 많은 사람들이 읽어야 할 책이라고 생각한다.

이정식

대자본에 중소상인과 자영업자의 삶이 난도질당하는 걸 보고만 있을 수는 없었다. 식품대리점을 운영하다 중소상공인살리기협회를 만들어 회장을 맡은 것이 시작이었다. 부산시 중소기업 사업사전조정협의회와 부산시 유통업상생발전협의회 위원을 맡아 골목상인의 입장을 반영하고자 노력했다. 전국유통상인연합회 공동회장을 맡아 골목상권 보호 입법운동을 펼치기도 했다. 현재 부산도소매유통생활사업협동조합 이사장직을 맡아 협동조합 사업과 사업조정제도를 활용한 상권보호에 힘쓰고 있다.

골목상권 보호 입법운동을 하면서 공부가 부족하다는 생각이 뼈저리게 들었다. 늦은 나이에 한국방송통신대학교에서 법학과 공부를 시작해 경영대학원까지 마치고, 현재 부경대학교 경영컨설팅 박사 과정에 있다.

골목상인을 지키고 싶다. 또한 상인들의 생존권 요구를 뛰어넘어 서로 연대하여 사람답게 사는 사회를 만드는 상도정신을 세상에 전파하고 싶다.

:: 산지니 · 해피북미디어가 펴낸 큰글씨책 ::

문학

보약과 상약 김소희 지음
우리들은 없어지지 않았어 이병철 산문집
닥터 아나키스트 정영인 지음
팔팔 끓고 나서 4분간 정우련 소설집
실금 하나 정정화 소설집
시로부터 최영철 산문집
베를린 육아 1년 남정미 지음
유방암이지만 비키니는 입고 싶어 미스킴라일락 지음
내가 선택한 일터, 싱가포르에서 임효진 지음
내일을 생각하는 오늘의 식탁 전혜연 지음
이렇게 웃고 살아도 되나 조혜원 지음
랑(전2권) 김문주 장편소설
데린쿠유(전2권) 안지숙 장편소설
볼리비아 우표(전2권) 강이라 소설집
마니석, 고요한 울림(전2권) 페마체덴 지음 | 김미헌 옮김
방마다 문이 열리고 최시은 소설집
해상화열전(전6권) 한방경 지음 | 김영옥 옮김
유산(전2권) 박정선 장편소설
신불산(전2권) 안재성 지음
나의 아버지 박판수(전2권) 안재성 지음
나는 장성택입니다(전2권) 정광모 소설집
우리들, 킴(전2권) 황은덕 소설집
거기서, 도란도란(전2권) 이상섭 팩션집
폭식광대 권리 소설집
생각하는 사람들(전2권) 정영선 장편소설
삼겹살(전2권) 정형남 장편소설
1980(전2권) 노재열 장편소설
물의 시간(전2권) 정영선 장편소설
나는 나(전2권) 가네코 후미코 옥중수기
토스쿠(전2권) 정광모 장편소설
가을의 유머 박정선 장편소설
붉은 등, 닫힌 문, 출구 없음(전2권) 김비 장편소설
편지 정태규 창작집
진경산수 정형남 소설집
노루똥 정형남 소설집
유마도(전2권) 강남주 장편소설
레드 아일랜드(전2권) 김유철 장편소설
화염의 탑(전2권) 후루카와 가오루 지음 | 조정민 옮김
감꽃 떨어질 때(전2권) 정형남 장편소설
칼춤(전2권) 김춘복 장편소설
목화-소설 문익점(전2권) 표성흠 장편소설
번개와 천둥(전2권) 이규정 장편소설
밤의 눈(전2권) 조갑상 장편소설
사할린(전5권) 이규정 현장취재 장편소설
테하차피의 달 조갑상 소설집
무위능력 김종목 시조집
금정산을 보냈다 최영철 시집

인문

엔딩 노트 이기숙 지음
시칠리아 풍경 아서 스탠리 리그스 지음 | 김희정 옮김
고종, 근대 지식을 읽다 윤지양 지음
골목상인 분투기 이정식 지음
다시 시월 1979 10 · 16부마항쟁연구소 엮음
중국 내셔널리즘 오노데라 시로 지음 | 김하림 옮김
파리의 독립운동가 서영해 정상천 지음
삼국유사, 바다를 만나다 정천구 지음
대한민국 명찰답사 33 한정갑 지음
효 사상과 불교 도웅스님 지음
지역에서 행복하게 출판하기 강수걸 외 지음
재미있는 사찰이야기 한정갑 지음
귀농, 참 좋다 장병윤 지음
당당한 안녕-죽음을 배우다 이기숙 지음
모녀5세대 이기숙 지음
한 권으로 읽는 중국문화 공봉진 · 이강인 · 조윤경 지음
차의 책 The Book of Tea
오카쿠라 텐신 지음 | 정천구 옮김
불교(佛敎)와 마음 황정원 지음
논어, 그 일상의 정치(전5권) 정천구 지음
중용, 어울림의 길(전3권) 정천구 지음
맹자, 시대를 찌르다(전5권) 정천구 지음
한비자, 난세의 통치학(전5권) 정천구 지음
대학, 정치를 배우다(전4권) 정천구 지음